古典文獻研究輯刊

七 編

潘美月・杜潔祥 主編

第 20 冊

《上海博物館藏戰國楚竹書（四）》疑難字研究

金 俊 秀 著

國家圖書館出版品預行編目資料

《上海博物館藏戰國楚竹書（四）》疑難字研究／金俊秀　著——
初版 — 台北縣永和市：花木蘭文化出版社，2008〔民97〕

序 4+ 目 2+224 面；19×26 公分
（古典文獻研究輯刊 七編；第 20 冊）

ISBN：978-986-6657-70-2（精裝）
1. 簡牘文字　2. 研究考訂
796.8　　　　　　　　　　　　　　97012767

ISBN - 978-986-6657-70-2

9 789866 657702

古典文獻研究輯刊
七　編　第二十冊　　　　　ISBN：978-986-6657-70-2

《上海博物館藏戰國楚竹書（四）》疑難字研究

作　　　者　金俊秀
主　　編　潘美月　杜潔祥
總 編 輯　杜潔祥
企劃出版　北京大學文化資源研究中心
出　　版　花木蘭文化出版社
發 行 所　花木蘭文化出版社
發 行 人　高小娟
聯絡地址　台北縣永和市中正路五九五號七樓之三
　　　　　電話：02-2923-1455／傳眞：02-2923-1452
電子信箱　sut81518@ms59.hinet.net
初　　版　2008 年 9 月
定　　價　七編 20 冊（精裝）新台幣 31,000 元　　版權所有・請勿翻印

《上海博物館藏戰國楚竹書（四）》疑難字研究

金俊秀　著

作者簡介

金俊秀（Kim, Jun-soo）

韓國首爾人，1977 年生。2000 年 2 月韓國漢陽大學中文系畢業。2007 年 6 月獲得國立臺灣師範大學國文研究所碩士學位，現就讀於同校同所博士班。

提　　要

今人研讀出土文獻，其所以從文字解讀著手，是因為畢竟它是以古文字所寫成，時間的隔閡、文字使用習慣的不同，使通讀更加困難。尤其戰國時期整個社會處於劇烈的變革之中，這對當時的經濟、政治、文化等各方面，皆起了莫大的影響，文字使用方面亦不例外，更是影響深遠。講得更具體一些，該時期文字使用人數日益增多，其應用範圍亦空前擴大，導致文字形體上的各種譌變，諸如簡化、繁化、異化、同化等。所幸，近五十年以來，戰國文字材料不斷出土，吸引了一批批研究者投入，如今該學科已有大幅度的進步。其中成為大宗的，無疑是楚文字。1950 年代開始在大陸各地出土的楚簡，已使楚文字躍為學者討論的焦點。到了 1996 年上海博物館購自香港古玩市場的大批楚簡，繼郭店楚簡以後，又掀起新的一波學術高峰。其資料自從 2001 年起陸陸續續公佈，正在震驚著全世界的漢學界。

2004 年 12 月，《上海博物館藏戰國楚竹書（四）》正式出版。書中共發表七篇，依次為〈采風曲目〉、〈逸詩〉、〈昭王毀室・昭王與龔之脽〉、〈柬大王泊旱〉、〈內豊〉、〈相邦之道〉、〈曹沫之陳〉，皆前此未見之古佚文獻。原書中馬承源、陳佩芬、濮茅左、李朝遠、張光裕、李零先生等諸位整理者已經做了很好的梳理，然而部分內容仍存爭議，造成釋讀上的困難。是以本論文針對其中特別有爭議性的文字，即所謂的「疑難字」，進行討論。

本論文主要研究目的有二：首先是個別疑難字的形、音、義方面的探討；由於戰國文字上承商周甲金文，下啟秦篆漢隸，是重要環節，因此其討論範圍不受限於戰國楚文字。其次，盡量去釐清其在簡文中的用法，以便能夠通讀簡文。簡言之，為得到正確的釋讀，先應滌除文字上的障礙，此為本論文之目的所在。

序　季旭昇
自　序
凡　例
第一章　緒　論 ……………………………………………… 1
第二章　采風曲目 ………………………………………… 11
　第一節　說「郙」 …………………………………… 11
　第二節　說「𦺕」 …………………………………… 19
第三章　昭王毀室、昭王與龔之脽 ……………………… 27
　第一節　說「袼」 …………………………………… 27
　第二節　說「𤟭」 …………………………………… 34
　　附論一、「𢇍」讀「箭」 ………………………… 42
　　附論二、「至」從「𡗉（矢）」得聲 …………… 43
　　附論三、「矢」、「箭」同源 …………………… 44
　第三節　說「督」 …………………………………… 46
　　附論一、匣紐能否通脣音？ ……………………… 59
　　附論二、楚簡中的「暴」字 ……………………… 61
第四章　柬大王泊旱 ……………………………………… 71
　第一節　說「庪」 …………………………………… 71
　第二節　說「害」 …………………………………… 88
　　附論一、文字的糅合 ……………………………… 102
　第三節　說「叼」 …………………………………… 110
第五章　曹沬之陳 ………………………………………… 121
　第一節　說「褻」 …………………………………… 121
　第二節　說「疊」 …………………………………… 131
　第三節　說「盈」 …………………………………… 141
　第四節　說「祝」 …………………………………… 147
　　附論一、柞伯簋的「祝」字 ……………………… 157
　　附論二、「昌」的來源 …………………………… 161
　第五節　說「厽」 …………………………………… 165
　第六節　說「扸」 …………………………………… 172
　　附論一、「丨」的來源 …………………………… 179
　　附論二、楚簡中「慎」字的寫法 ………………… 184
　第七節　說「戠」、「𢦏」 ………………………… 186
　第八節　說「鬃」 …………………………………… 193
　　附論一、「髟」與「㪔」 ………………………… 199
第六章　結　論 …………………………………………… 205
徵引論文及書目 …………………………………………… 209
附錄、上古韻部對照表 …………………………………… 223

目
次

序

季旭昇

　　我對韓籍同學一向很有好感，大約是由於我就讀碩士班時的同班韓國同學都很用功，很有拼勁，充分顯示出大韓民族不服輸的性格。我所指導過的幾位韓籍同學也莫不皆然，金俊秀棣便是其中的一個典範。

　　俊秀進入臺灣師大國文系碩士班後，很早就來找我，說是韓國老師的推薦，希望請我擔任他的指導老師。求學期間，俊秀的表現讓我非常欣賞，待人處事彬彬有禮，求學問道奮發用功，與學長同儕切磋論學，功力進步得很快，較之本地同學，毫不遜色。

　　等到要開始撰寫碩士論文時，我給俊秀的題目是〈《上海博物館藏戰國楚竹書》（四）疑難字研究〉。我指導的其他同屆本地同學都是做《上海博物館藏戰國楚竹書》（四）單篇的研究，因此俊秀的這個題目其實難度是比較高的，因為涵蓋的範圍較廣。隨著他論文逐步完成，我對他的能力及論文水準也日益放心，他能夠「上窮碧落下黃泉，動手動腳找材料」，而且在諸家說法中能夠冷靜分析，做出最精確的判斷，有些判斷甚至於改變了我的看法。例如第三章第三節附論二「楚簡中的『暴』字」，文中對於楚簡中「暴」字的分析，讓我完全同意，並且接受了他的看法。

　　本論文探討了「邯」、「蒜」、「袼」、「獄（幸）」、「晢」、「庶」、「害」、「吋」、「褻」、「曼」、「盬」、「稅」、「昌」、「惢」、「技」、「丨」、「愼」、「戠」、「戮」、「髤」、「髟」、「敓」等字，由這些字幾乎都是電腦中打不出來的，就可以看出這些字都不是好惹的，每個字都是高難度的挑戰。俊秀在戰國文字的榛莽中能夠披荊斬棘，開出一片天地，可以說是極為難得。他對每一個字的字形考辨，都能夠條分縷析，證據充分，結論自然令人信服。

　　中華文化博大精深，兼容並蓄，孔子當年有教無類，因此其道能夠傳之久遠。我雖不材，任教上庠多年，一直以此自勉，對外國同學一視同仁，傾囊相授，也希

望外國同學能和本地同學同一標準，勉力向學。俊秀在臺多年，相信體會自深，所得亦多。我對他的期望也很高，相信他在順利進入博士班之後，能夠憑藉著碩士論文的基礎，更上層樓，致廣大，盡精微，對世界人類文明做出有意義的貢獻，這才不負他在華多年，燈火雞鳴的辛勞。

承蒙花木蘭出版社厚愛，將爲俊秀出書，並索序於我。我推重其人，因樂於推薦其書。《上博》楚簡的文字考釋固然難度甚高，但其材料價值，有更在文字考釋之外者，昔賢云「筆墨之外有主張」，與俊秀及讀者共勉之。

季旭昇　民國九十七年六月一日序於臺北市

自　序

　　幼時家母特別注重我的教育，在入小學前便安排我學習書法。起初，在半強迫的情況下，總是無法領略書法的美感，然對漢字字形的千姿百態愈來愈感到好奇，而對學習漢字感到興味盎然。高中時期研讀日文時，我更用心學習每個字。原本是基於日文學習上的需求，但後來卻被中國文字的深奧奇妙所吸引，因此打消了以日文系爲第一志願的念頭，而決定進入中文系。大學期間，一直醉心於吸收中華文化，從未後悔選擇這條路，但唯一遺憾的是，讀大陸書籍時，面對那些簡化字：無數的字形結構不但被嚴重破壞，而且有的甚至被毫無相干的同音字所取代，令人感到痛心不已。

　　大學畢業，服完兵役後，負笈抵臺，於師大附設國語中心研習國文。是時旁聽了　許師錟輝之文字學課（大學部二年級課程），起初雖感吃力，然同時亦深刻體會到中國文字學之廣博，這使我更加期勉自己。翌年，有幸考上師大國文研究所，在兩年修課期間中，修習了　許師錟輝的甲骨文研討及金文研討、　季師旭昇的秦漢魏晉篆隸研討及戰國文字研討。此外，也旁聽了兩位老師在大學部所開設的文字學相關課程。俊秀雖不敏，但在如此專業薰陶下，慢慢對古文字學有了初步的認識，並感到對於當今古文字學界而言，戰國文字研究才是當務之急。因此從二年級開始參加　季師所主持的「戰國文字讀書會」，會中以何琳儀先生之《戰國古文字典》爲教材，每個字都去細心檢討，若遇到可議之處，　季師則授予最合理的思考方向，引領我們思考問題、解決問題。

　　求學之路，猶若航行，茫茫大海，看似無涯，幸而有座燈塔引導，不致於讓船隻迷航。在論文寫作過程中，也曾感到挫折、沮喪，但每每在　季師的引導之下，皆順利渡過難關。業師的諄諄教誨，俊秀豈能輕易忘記！

　　最後，由衷感謝我的雙親，若沒有家人的包容和支持，我肯定是無法走到這裏的。

　　由於個人學識淺薄，論文中必有許多缺陷，祈請諸家指正。

中華民國九十五年十月廿九日

〔韓〕金俊秀　謹序於臺北泰順街寓所

凡　例

（1）本論文以上海古籍出版社出版之《上海博物館藏戰國楚竹書（四）》〔註1〕一書中的疑難字為主要討論對象。

（2）凡古文字字形皆以掃描方式錄入為數位圖像，然後利用電腦影像程序（Photo shop 6.0）處理之：力求清晰易辨，儘量去復原原形。

（3）古文字隸定字形基本上使用中央研究院所研發之「漢字構形資料庫」〔註2〕，然間或仍有所缺者（如上博簡初見字形），則由筆者親自造字。

（4）引文中遵從各家隸定，不作硬性的統一，然或視需要注明與其相應之本文隸定。

（5）本論文採用陳師新雄《古音研究》〔註3〕的上古音體系，其所訂古韻卅二部，與大陸學者習用之王力廿九部，名稱上或有所出入。引文中不作硬性的統一，本文中亦不作一一註明，請參看附錄「上古韻部對照表」。關於上古音的歸類，參照《新添古音說文解字注》〔註4〕。除個別需要外，一般只標上古聲紐和韻部，不做擬音。

（6）《說文解字》釋文以大徐本為底，所用版本為同治十二年番禺陳昌治刻本〔註5〕。

〔註1〕 馬承源主編《上海博物館藏戰國楚竹書（四）》（上海：上海古籍初版社，2004年12月初版）。

〔註2〕 中央研究院、資訊科學研究所、文獻處理實驗室、教育部、電子計算機中心聯合製作「中文電腦缺字解決方案－漢字構形資料庫2.33」（2006年5月修訂）。

〔註3〕 陳師新雄《古音研究》（臺北：五南圖書出版有限公司，2000年11月初版第2刷）。

〔註4〕 鍾宗憲主編〔東漢〕許慎撰／〔清〕段玉裁注《新添古音說文解字注》（臺北：洪葉文化事業有限公司，2001年10月增修1版第2刷）。

〔註5〕 〔東漢〕許慎撰／〔宋〕徐鉉等校定《說文解字》（北京：中華書局，2004年2月第22刷）。

（7）爲敘述方便，本論文中經常以「△」符號代替論證中之古文字。

（8）凡引清儒、民國以來學者之說，本文中一律使用標楷體。其餘引古籍文字，除了分開處理者外，僅加上「 」號，不改字體。

（9）簡文釋文中所用各家意見，爲避免繁瑣，除論證中之文字相關意見外，恕不一一注出。

（10）簡號以【 】中加阿拉伯數字標在每簡簡末。

（11）授業師稱某師，其餘依學界慣例，直呼姓名。

第一章　緒　論

壹、前　言

今人研讀出土文獻，其所以從文字解讀著手，是因爲畢竟它是以古文字所寫成，時間的隔閡、文字使用習慣的不同，使通讀更加困難。尤其戰國時期整個社會處於劇烈的變革之中，這對當時的經濟、政治、文化等各方面，皆起了莫大的影響，文字使用方面亦不例外，更是影響深遠。講得更具體一些，該時期文字使用人數日益增多，其應用範圍亦空前擴大，導致文字形體上的各種譌變，諸如簡化、繁化、異化、同化等。所幸，近五十年以來，戰國文字材料不斷出土，吸引了一批批研究者投入，如今該學科已有大幅度的進步。其中成爲大宗的，無疑是楚文字。1950 年代開始在大陸各地出土的楚簡，已使楚文字躍爲學者討論的焦點。到了 1996 年上海博物館購自香港古玩市場的大批楚簡，繼郭店楚簡以後，又掀起新的一波學術高峰。其資料自從 2001 年起陸陸續續公佈，正在震驚著全世界的漢學界。

2004 年 12 月，《上海博物館藏戰國楚竹書（四）》〔註1〕正式出版。書中共發表七篇，依次爲〈采風曲目〉、〈逸詩〉、〈昭王毀室・昭王與龔之𦞤〉、〈柬大王泊旱〉、〈內豊〉、〈相邦之道〉、〈曹沫之陳〉，皆前此未見之古佚文獻。原書中馬承源、陳佩芬、濮茅左、李朝遠、張光裕、李零先生等諸位整理者已經做了很好的梳理，然而部分內容仍存爭議，造成釋讀上的困難。是以本論文針對其中特別有爭議性的文字，即所謂的「疑難字」，進行討論。

本論文主要研究目的有二：首先是個別疑難字的形、音、義方面的探討；由於

〔註1〕馬承源主編《上海博物館藏戰國楚竹書（四）》（上海：上海古籍初版社，2004 年 12 月初版）。

戰國文字上承商周甲金文，下啓秦篆漢隸，是重要環節，因此其討論範圍不受限於戰國楚文字。其次，盡量去釐清其在簡文中的用法，以便能夠通讀簡文。簡言之，爲得到正確的釋讀，先應滌除文字上的障礙，此爲本論文之目的所在。

貳、研究背景與動機

近百年來，大量的古文字材料不斷出土，使學者應接不暇，驚喜連連。這些材料對於整個學術的發展貢獻極大，尤其文字學方面藉以得到了空前的進步。現在我們要特別予以關注的是七十年代以後的有關簡帛材料的考古發掘，其數量之龐大，內容之豐富，足以使研究者大量投入，迄今相關研究成果亦相當豐碩，已蔚成一門新的學問，正如巨儒王國維所云：「古來新學問起，大都由於新發見。」〔註2〕茲將最近二三十年中的重要發掘略述如下：

一、馬王堆漢墓帛書：1973 年發掘湖南長沙馬王堆 2 號與 3 號兩座漢墓，其中在 3 號墓出土了一批帛書，總共有十多萬字，其中包括有《老子》、《周易》等二十多種古籍，內容涉及古代的思想、歷史、軍事、天文、曆法、地理、醫學等。〔註3〕

二、睡虎地秦墓竹簡：1975 年湖北雲夢縣，共發掘墓葬 12 座，其中 11 號墓出土竹簡，有字簡共計 1,155 枚，總字數達 4 萬餘字，內容爲法律文書、文告、日書等。〔註4〕

三、曾侯乙墓竹簡：1978 年湖北隨縣發掘曾侯乙墓，所出竹簡共 240 餘枚，約 6,600 字，大都保存完整，所記爲葬儀用之車馬及車上配件、武器、甲冑和駕車官吏。〔註5〕

四、包山楚墓竹簡：1987 年湖北荊門市包山大崗上，共發掘墓葬 9 座，其中 2 號墓出土竹簡，有字簡共計 278 枚，總字數達 12,472 字，內容大抵可分爲

〔註2〕 王國維〈最近二三十年中中國新發見之學問〉《靜庵文集》（瀋陽：遼寧教育出版社，1997 年 3 月初版），頁 203。該文中王氏說：「有孔子壁中書出，而後有漢以來古文家之學。有趙宋古器出，而後有宋以來古器物、古文字之學。惟晉時汲冢竹簡出土後，即繼以永嘉之亂，故其結果不甚著；然同時杜元凱注《左傳》，稍後郭璞注《山海經》已用其說……然則中國紙上之學問賴於地下之學問者，固不自今日始矣。」

〔註3〕 馬王堆漢墓帛書整理小組編《馬王堆漢墓帛書（肆）·出版說明》（北京：文物出版社，1985 年 3 月初版），頁 1～3。

〔註4〕 季勛〈雲夢睡虎地秦簡概述〉《文物》1976 年第 5 期，頁 6～7。

〔註5〕 湖北省博物館編《曾侯乙墓（上）·竹簡》（北京：文物出版社，1989 年 7 月初版），頁 452～458。

卜筮祭禱記錄、司法文書、遣策等幾項。〔註6〕

五、郭店楚墓竹簡：1993 年湖北荊門郭店 1 號墓遭盜掘，隨後荊門博物館進行搶救性清理發掘，得出一批竹簡，有字簡共存 730 枚，總字數達 12,626 字，其內容大多屬於儒家學派的著作。〔註7〕

六、上海博物館藏竹簡：1994 年上海博物館從香港古玩市場購得一批竹簡，經過專家研究，判定為戰國楚簡，簡數共約 1200 餘枚，總字數約有 35,000 字左右，數量相當可觀，其內容涉及有八十部戰國古籍。〔註8〕自從 2001 年起，每年依序發行一冊，至今已出到第六冊。

如同上列資料，其中戰國楚文字材料則成為大宗，李學勤先生如此陳述楚文字研究的重要性：

> 現在大家看到的戰國簡帛書籍皆出於楚墓，這就使我們對當時的楚文字得有更多的認識。然而六國雖說「文字異形」，彼此究竟有不少共通之處，楚文字研究可成為六國古文研究的突破口。同時，古文內又蘊含著許多商周以來傳襲的寫法，為解讀更早的文字充當了鑰匙。〔註9〕

這些出於楚墓的古文字資料，為研究者展現了以往從未見過的種種文字現象，使得戰國時期實際文字使用情況變得更加清晰。尤其楚文字研究便受賜於新出土材料，則取得了非常令人矚目的成就，不僅如此，學者運用其新研究成果，成功地考定了些以往未能釋破的商周文字。如果說「如今楚文字研究正推動著整個文字學的發展」也絕非誇辭。

目下海內外有不少學者在刻苦鑽研這一門新學科，但仍有許多地方亟待深入開展，並且已出土的材料有不少尚未整理公佈，預期今後還將有新材料陸續面世。我們正處於這樣的時代，楚文字的研究意義與必要性，實不言而喻。

參、研究方法

考釋戰國楚簡文字應該採取甚麼步驟，利用甚麼方法，才能作出正確的判斷或

〔註6〕 包山湖北省荊沙鐵路考古隊《包山楚簡·包山二號楚墓簡牘概述》（北京：文物出版社，1991 年 10 月初版），頁 3～15。

〔註7〕 荊門市博物館《郭店楚墓竹簡·前言》（北京：文物出版社，1998 年 5 月初版），頁 1～2。

〔註8〕 季師旭昇主編《上海博物館藏戰國楚竹書·自序》（臺北：萬卷樓圖書股份有限公司，2003 年 7 月初版），頁 1。

〔註9〕 李學勤〈簡帛書籍的發現及其影響〉《文物》1999 年第 10 期，頁 42。

結論，並在前人的基礎上，有所進一步的突破與發展，這是個值得討論的問題。關於考釋古文字的方法，前人說過不少，各有所見。現在，筆者根據個人撰寫此論文的一點粗淺的體會，針對考釋楚簡文字，陳述一些鄙見，僅供大家作參考。

考釋某一個字，一般從搜集相關材料入手，此時我們往往會面對各家的不同見解。其實，每門學科都會如此，而戰國文字這一領域尤爲甚然，有時十家有十種說法，這就要參看其他相關材料互相比證。下面從形體、古音、訓詁三方面來討論「如何考釋楚簡文字」此一問題。

一、形　體

考釋古文字，首先要正確地辨識出其字形結構，如果這第一步踏錯了，以後的釋讀自然都只能是空談。于省吾曾云：「留存至今的某些古文字的音與義或一時不可確知，然其字形則爲確切不移的客觀存在。因而字形是我們實事求是地進行研究的唯一基礎」〔註10〕中國文字學自古以來重視形體，即有「以形爲主」的傳統觀念，這無疑是正確的。我們該如何知道前人對字形的認知是否正確呢？又如何知道眾多說法當中何者爲可從呢？筆者認爲最好的方法是「全面性的字形比對」。舉例而言，《上博（四）·昭王毀室》「𢧜」字，原考釋認爲其左半從「屰（逆字所從）」，然而我們經過全面性的字形比對以後，便可發現它並不是「屰」，而是倒寫的「矢」。〔註11〕再舉一例，至於《郭店·成之聞之》「𥄎」字的字形來源，學界以往有兩種看法，或認爲與「㸚」有關，或認爲與「彭」有關，遇到此類問題，我們首先要彙整相關字形，然後作一番全面性的字形比對，如此才能確定其字形來源應該是與「彭」有關。〔註12〕

目前已公佈的楚簡文字材料相當的多，在這龐大的資料庫裡面，能夠一個不漏的找出所要的字形，實不容易。幸好已有幾本不錯的楚文字文字編，我們可以把它們當作工具書來運用，如滕壬生《楚系簡帛文字編》〔註13〕、李守奎《楚文字編》〔註14〕，這兩本都很好，應該充分的加以利用。但不管任何工具書都會避免不了一些錯誤，這是我們使用上應當要注意的。還有一點，雖然在考釋楚簡文字，但僅搜集楚簡文字中的相關字形，當然不能說「全面性的字形比對」，楚文字上承商周甲金文，下啓秦漢篆隸，因此還得認識其字形發展的全過程。本論文的字形表有時也會

〔註10〕于省吾《甲骨文字釋林·序》（北京：中華書局，1999 年 11 月第 4 刷），3～4 頁。
〔註11〕詳見本論文第三章第二節〈說「𢧜」〉。
〔註12〕詳見本論文第五章第八節〈說「𥄎」〉。
〔註13〕滕壬生《楚系簡帛文字編》（武漢：湖北教育出版社，1995 年 7 月初版）。
〔註14〕李守奎《楚文字編》（上海：華東師範大學出版社，2003 年 12 月初版）。

視需要將甲金文字形都納入進去，是基於如此考量的。此外，有時還要探討隸楷以後的字形發展。舉例而言，本論文通過「隸楷字形比對」，而確定「埶」、「執」二旁的混同是隸書以後的字形訛變所造成，據以反駁將楚文字「埶」視爲「執」之訛的看法。〔註15〕

　　最後想要強調的是，親手摹寫的重要性。要辨識古文字形體，光靠一些文字編，仍有不足，而應透過平時勤於摹寫，熟悉此一文字體系。

二、古　音

　　考釋楚簡文字時，上古音方面的知識是不可缺少的。在這裡不得不指出過去部分學者談古音時，其標準往往過於寬鬆，導致不諦之論。甚至有時僅管雙聲，不顧及韻部，便認爲二字聲韻關係可以成立；或僅管疊韻，不顧及聲紐，就認爲二字聲韻關係可以成立。王力曾云：

> 如果僅僅是疊韻，而聲母相差較遠，或者僅僅是雙聲，而韻母相差較遠，就不能產生別字。例如北京人把「驅使」寫成「趨使」，「絕對」寫成「決對」，上海人和廣州人就不會寫這一類的別字，因爲它們在上海話和廣州話裏僅僅是疊韻，而聲母相差較遠。又如上海人把「過問」寫成「顧問」，把「陸續」寫成「絡續」，北京人就不會寫這類的別字，因爲它們在北京話裡僅僅是雙聲，而韻母相差較遠。因此同音字的假借是比較可信的：讀音十分相近（或者是既雙聲又疊韻，或者是聲母發音部位相同的疊韻字，或者是韻母相近的雙聲字）的假借也還是可能的。而談古音通假的學者們卻往往喜歡把古音通假的範圍擴大到一切的雙聲疊韻，這樣就讓穿鑿附會的人有廣闊的天地，能夠左右逢源，隨心所欲。雙聲疊韻（包括準雙聲、準疊韻）的機會是很多的，字與字之間常常有這樣那樣的瓜葛，只要注釋家靈機一動，大膽假設一下，很容易就能攀上關係。曾經有人認爲楊朱就是莊周，因爲「莊」「楊」疊韻，「周」「朱」雙聲；這樣濫用古音通假，不難把雞說成狗，把紅說成黃，因爲「雞」「狗」雙聲，「紅」「黃」雙聲；又不難把松說成桐，把旦說成晚，因爲「松」「桐」疊韻，「旦」「晚」疊韻。這好像是笑話，其實古音通假的誤解和濫用害處很大，如果變本加厲，非到這個地步不止。在語音學知識比較不普遍的時代，雙聲疊韻的現象被塗上一層神祕的色彩，似乎一講古音通假，就能令人深信不疑。現在我們

〔註15〕詳見本論文第五章第一節〈說「褭」〉。

知道，單憑雙聲疊韻，並不能在訓詁上說明甚麼問題。〔註16〕講古音通轉時，必須要同時照顧聲紐和韻部，否則很難令人信服。先談韻部，本論文採用陳師新雄《古音研究》〔註17〕的上古音體系，該書中古韻分成三十二部、十二類，即「歌月元」、「脂質眞」、「微沒諄」、「支錫耕」、「魚陽鐸」、「侯屋東」、「宵藥」、「幽覺冬」、「之職蒸」、「侵緝」、「怗添」、「盍談」。如果屬於同一類，我們認爲它們是可以對轉的，此爲一個大原則。在旁轉部分，主要參照《古音研究》所列旁轉之例，同時運用《古字通假會典》〔註18〕盡量翻查古書中的實際通假之例。至於旁對轉，我們認爲A、B二部經常旁轉，B、C二部亦經常對轉的時候，A、C二部才可以旁對轉。舉例而言，眞元旁轉、元月對轉，古書裡都很常見，因此本論文認爲眞月二部當可旁對轉。〔註19〕接下來談聲紐的部分。關於單聲母，一般分爲脣、齒、舌、牙、喉五大系，但其中喉、牙二聲常互通（或認爲本屬同類），因此就上古音通轉而言，實際上可以分成脣、齒、舌、喉牙四系。如果屬於同一系，我們認爲它們是可以互通的，此亦爲一個大原則。固然間或見不同系之間互通者，然而除非有足夠的證據，本論文對其保留。〔註20〕至於複聲母，我們基本上承認上古有之，但實際運用上，採取謹愼的態度。舉例而言，「歲」字之古聲母一般歸於心紐，且部分聲韻學家爲之構擬*sk-複聲母，但本論文所採爲濁喉音ɦ-的看法。對此，除古音學上的證據之外，楚文字「戉」可作旁證。「戉」爲「歲」之分化字，楚簡中一般讀「衛（匣／月）」，其疊加聲符「乂」亦爲匣紐字。〔註21〕

附帶一提，我們應要注意楚方言的特色。孟子說楚人許行是「鴃舌之人」〔註22〕，可見當時中原雅言與楚語肯定已經是幾乎無法溝通。近些年來，楚簡材料大量出土，告訴我們楚方言的具體情況。舉例而言，「朕」之初文「𦩘」及从其得聲之若干字，如「弁」、「嗇」、「恋」，楚簡中各讀作「寸」、「尊」、「遜」，皆爲諄部字。由此不難推斷，戰國時期楚方言中部分蒸部字確實變讀作諄部。〔註23〕許愼有云：「言語異

〔註16〕 王力〈訓詁學上的一些問題〉《王力語言學論文集》（北京：商務印書館，2003年4月第2刷），頁526～527。此文原載於《中國語文》1962年1月號。

〔註17〕 陳師新雄《古音研究》（臺北：五南圖書，2000年11月第2刷）。

〔註18〕 高亨《古字通假會典》（濟南：齊魯書社，1997年7月第2刷）。

〔註19〕 詳見本論文第三章第二節〈說「狀」〉之附論一〈「𢆶」讀「箭」〉。

〔註20〕 詳見本論文第三章第三節〈說「嗇」〉之附論一〈匣紐能否通脣音〉。

〔註21〕 詳見本論文第三章第三節〈說「嗇」〉。

〔註22〕 《孟子・滕文公上》：「今也南蠻鴃舌之人，非先王之道，子倍子之師而學之，亦異於曾子矣。吾聞出於幽谷、遷于喬木者，未聞下喬木而入於幽谷者。魯頌曰：『戎狄是膺，荊舒是懲。』周公方且膺之，子是之學，亦爲不善變矣。」

〔註23〕 詳見第五章第六節〈說「杖」〉之附論一〈「丨」的來源〉。

聲，文字異形。」隨著戰國文字研究的發展，我們對各國文字之間的「異形」，已有相當程度的瞭解。但相對而言，各國語音之間究竟如何個「異聲」，我們對其知之甚少。希望將來聲韻學界更多人投入此一方面，讓楚方言的輪廓更加清楚。〔註24〕

三、訓 詁

閱讀楚簡，我們往往會遇到認清了字形結構以後，仍不能確定該字在簡文中用來表示甚麼詞的情況。這通常由於如下兩個原因：一來楚簡中假借字的使用相當普遍，二來其用字習慣則不同於傳世文獻，這些都會造成釋讀上的困難。關於楚系之用字習慣，已有幾位學者討論過〔註25〕，但對其我們的瞭解仍不夠全面。上面雖分為兩個原因，實際上很多時候我們還不敢斷言，是臨時單憑聲韻關係而借過來用的，抑或是楚系的習慣用字。下面姑且分為「可與傳世文獻對照者」、「無傳世文獻可資對照者」二種情況來討論楚簡的訓詁問題。

（1）可與傳世文獻對照者

比如《郭店・老子》、《郭店・緇衣》、《上博（一）・緇衣》、《上博（三）・周易》等材料，有相應之今本可資對照；或如《郭店・性自命出》，部分內容見於《禮記・樂記》、《禮記・檀弓》，亦可比對。雖然簡本與今本在章句結構、順序及文句字詞上往往都有些出入，但仍對我們的釋讀裨益甚大。於此限於篇幅，只談一些異文問題。舉例而言，《上博（三）・周易》「𧝓」字，古文字初見，今本《周易》裡其相應之字為「褫」。遇上此類問題，我們應當考慮兩種可能：「𧝓」、「褫」所記錄為同一詞，抑或根本就是不同詞？一般來說，屬於前者的情況似乎較為多一些，但我們仍要考慮後者的可能性，有時出土文獻的文字更為接近原貌，譬如今本《老子》作：「民之饑，以其上食稅之多，是以饑。」，而馬王堆帛書本則作：「人之饑也，以其取食逆（隧／道）之多也，是以饑。」裘錫圭認為今本作「稅」，應是漢人的改易，並云：「如果這種異文比後來各本的文字更符合原書的思想和文風，就可以肯定它是反映

〔註24〕最近出版了兩本相關博士論文。趙彤《戰國楚方言音系》（北京：中國戲劇出版社，2006年5月初版）。／吳建偉《戰國楚音系及楚文字構件系統研究》（濟南：齊魯書社出版社，2006年8月初版）。

〔註25〕裘錫圭〈簡帛古籍的用字方法是校讀傳世先秦秦漢古籍的重要根據〉《中國出土古文獻十講》（上海：復旦大學出版社，2004年12月初版），頁170～176。此文原載於《兩岸古籍整理學術研討會論文集》（南京：江蘇古籍出版社，1998年）。／李零〈郭店楚簡研究中的兩個問題・二、「閱讀習慣」的反省〉《郭店楚簡校讀記（增訂本）》（北京：北京大學出版社，2002年9月第2刷），頁190～193。／禤健聰〈戰國楚簡所見楚系用字習慣考察〉《第十八屆中國文字學國際學術研討會論文集》（臺北：輔仁大學中國文學系，2007年5月），頁269～285。

原本面貌的。」〔註26〕在這裡關鍵在於如何判斷何者更爲符合原書的思想和文風，爲此首要的工作當然是徹底瞭解整篇文章的思想體系與邏輯性，對此前人講述甚多，茲不贅述。然本文要強調的是，若僅憑上下文決定詞義，缺乏形音方面之根據，無論文義講得再怎麼怡然理順，亦只是空中樓閣。王力曾云：「脫離了語言的正確瞭解而去體會文章思想的連貫性，就會見仁見智，莫衷一是。」〔註27〕再回到「𪊨」字上來，大多學者認爲當讀今本之「褫」。季師認爲簡本字上從鹿，下從衰聲，即「麤」之異體。〔註28〕「麤」、「褫」聲同韻近，簡本「𪊨」當爲「褫」之音近假借字。此外，帛書《周易》作「攄」，其聲旁「慮」亦與「褫」聲同韻近。由此可知，「𪊨」、「攄」、「褫」，其實都是同一詞的不同寫法。

（2）無傳世文獻可資對照者

　　李學勤曾說：「應當承認，商周古文字有些訓詁是不能在古書中查到的，這些古義失傳已久，在文獻裡沒有例證。在這樣的情形下，只能依靠例句的對比和上下文義的推求了。」〔註29〕相較之下，我們的條件比他們好很多，由於戰國楚簡時代較晚，有些材料即使沒有今本可資對照，但在部分字詞的釋讀上仍可徵於傳世文獻，比如《上博（一）·孔子詩論》「萬覃」、「采萬」，李零釋出「葛覃」、「采葛」〔註30〕，其皆今本《詩經》所見篇名。又如《上博（四）·曹沫之陳》「改鬃爾鼓」之「鬃」字，禤健聰讀作「冒」〔註31〕，「冒鼓」一詞見於《周禮·考工記·韗人》。

　　有時傳世文獻中可以找出類似的說法，這雖不能當作是直接的證據，但仍對我們的釋讀有所裨益，比如《上博（四）·曹沫之陳》中「居不褻文，食不二茱」一句，相似於《左傳·哀公元年》：「食不二味，居不重席」。〔註32〕簡文第三個字，從形

〔註26〕裘錫圭〈關於《老子》的「絕仁棄義」和「絕聖」〉《出土文獻與古文字研究》第 1
　　　　輯（上海：復旦大學出版社，2006 年 12 月初版），頁 14。／裘氏對《老子》此句的
　　　　看法又見於裘錫圭〈出土古文獻與其他出土文字資料在古籍校讀方面的重要作用〉
　　　　《中國出土古文獻十講》（上海：復旦大學出版社，2004 年 12 月初版），頁 105～107。
　　　　此文原載於《中國社會科學》1980 年 5 期。

〔註27〕王力〈訓詁學上的一些問題〉《王力語言學論文集》（北京：商務印書館，2003 年 4
　　　　月第 2 刷），頁 519。此文原載於《中國語文》1962 年 1 月號。

〔註28〕季師旭昇〈《上博三·周易》簡六「朝三褫之」說〉，簡帛研究網，2004 年 4 月 18
　　　　日。

〔註29〕李學勤〈形音義〉《古文字學初階》臺灣版（臺北：萬卷樓圖書有限公司，1993 年 4
　　　　月第 2 刷），頁 16。

〔註30〕李零《上博楚簡三篇校讀記》（臺北：萬卷樓圖書股份有限公司，2002 年 3 月初版），
　　　　頁 27、34。

〔註31〕禤健聰〈上博楚簡釋字三則〉（簡帛研究網，2005 年 4 月 15 日）。

〔註32〕詳見本論文第五章第一節〈說「褻」〉。

體看，是「埶」字無疑，但在這裡該怎麼解釋它？這時我們需要查明其古義。古人作過不少彙集古訓的工作，他們的著作現在仍值得去翻查。此外，適當運用《故訓匯纂》〔註33〕一書，可讓我們全面掌握某一字的各種古訓及古書中的實際用法。本論文依其而判斷，該簡文中「埶」不宜讀本字，而將「居不埶文」讀作「居不設文」。「埶」、「設」古音密近，並且古文字資料中以「埶」爲「設」之例，屢見不鮮〔註34〕，讀「埶」爲「設」，聲韻上當可成立。並且古書中可以找到這種用法之「設」字，如《荀子・正論》：「居則設張容。」。〔註35〕

　　清儒段玉裁在《廣雅疏證》代序中有言：「學者之考字，因形以得其音，因音以得其義。治經莫重於得義，得義莫切於得音。」〔註36〕同書王念孫自序中有言：「竊以詁訓之旨，本於聲音。」、「今則就古音以求古義，引伸觸類，不限形體。」〔註37〕時至今日，我們釋讀楚簡，乾嘉學派的這一番話仍爲金科玉律。

　　以上所提，內容既雜亂又平淺，只是個人的一點體會，僅供參考。

〔註33〕宗福邦、陳世鐃、蕭海波主編《故訓匯纂》（北京：商務印書館，2004 年 3 月第 2 刷）。

〔註34〕裘錫圭〈古文獻中讀爲「設」的「埶」及其與「執」互訛之例〉《東方文化（Journal of Oriental Studies）》第 26 卷 1998 年第 1、2 期合訂，頁 39～45。

〔註35〕詳見本論文第五章第一節〈說「埶」〉。

〔註36〕〔清〕王念孫《廣雅疏證・段玉裁序》（香港：中文大學出版社，1978 年初版），頁 17。

〔註37〕〔清〕王念孫《廣雅疏證・原序》（香港：中文大學出版社，1978 年初版），頁 22。

第二章　采風曲目

第一節　說「䢼」

一、引　言

　　本文從〈采風曲目〉篇中的「䢼」字出發，將「巷」字的字形原委考察清楚，並對古文字材料中與之相關的一系列字作了重新檢討。據楚簡材料，從行（或辵）、䏌聲之字才是「巷弄」之「巷」的本字，今字改從共聲，作「衖」形，讀音亦稍變作「弄」；從邑、共聲者則本爲地名字，只是秦以後慢慢開始流行借爲巷弄字用，使其本義逐漸被湮沒，其字形本作「𨞰」或「䢼」，秦漢以後省譌作「巷」形，即隸楷所本。

二、〈采風曲目〉的「䢼」字

𨞰	宮△：〈喪之末〉。宮訏（衍）：〈疋（胥）𡎚（供）月〉、〈埜（野）又（有）蘘（葛）〉、〈出門以東〉。【1】

〈采風曲目〉簡 1

　　〈采風曲目〉簡 1「宮䢼」一詞，應爲音階名稱。其中對「䢼」字，原考釋者馬承源云：「『䢼』所從聲符『䏌』，與《上海博物館藏戰國楚竹書（二）・魯邦大旱》篇『䢟路』即『巷路』之聲符相同，疑『䢼』亦爲『巷』字。」〔註 1〕其釋正確可從。董珊認爲此「巷」字疑讀爲「弘」，云：「似指宮音之弘大者，即低音區的宮音。」〔註 2〕「巷」上古音隸於匣紐東部，「弘」則匣紐蒸部，東蒸二部旁轉之例雖然並非

〔註 1〕馬承源主編《上海博物館藏戰國楚竹書（四）》（上海：上海古籍初版社，2004 年 12 月初版），頁 165。
〔註 2〕董珊〈讀《上博藏戰國楚竹書（四）》雜記〉（簡博研究網，2005 年 2 月 20 日）。

多見〔註3〕，但在聲紐、韻尾相同的條件之下，其通假之可能仍頗高，董說應可成立。「鄁」字所从之部件「帠」，過去或誤釋作「吊」〔註4〕，但其爲「弔」之後起俗體，初見於後魏之墓碑〔註5〕。魏晉南北朝時期，由於地方割據、南北阻隔以及使用文字趨於簡易等原因，打破了秦漢以來文字統一的局面，大量出現俗體字，「吊」亦爲其中之一，與楚文字「帠」並無關連。

三、秦封泥的「𡩻」字

1990 年代初，在北京古玩市場陸續出現了一大批古代封泥，經過西北大學考古教研室及相關學者的研究，確定爲秦封泥，進而考察到其出土地點在西安市漢城遺址之內，秦阿房宮遺址東北部。〔註6〕1997 年《書法報》和《考古與文物》分別公佈了其中一部分封泥拓本。新公佈的這批材料爲考釋楚簡中从「帠」之諸字提供了重要契機。

1 秦封泥集 1.2.53.1	2 秦封泥集 1.2.53.2	3 秦封泥集 1.2.54.1	4 秦封泥集 1.2.54.2
永　巷	永　巷	永巷丞印	永巷丞印
			〔註7〕
5 秦封泥集 1.2.54.3	6 秦封泥集 1.2.54.4	7 秦封泥集 1.2.54.5	8 秦封泥集 1.2.54.6
永巷丞印	永巷丞印	永巷丞印	永巷丞印

〔註3〕 陳師新雄云：「東讀〔auŋ〕，蒸讀〔əŋ〕，二部同具舌根塞音韻尾，且有圓脣與不圓脣之差異，而元音相去稍遠，雖有旁轉，但其例亦不多也。」《古音研究》（臺北：五南圖書出版有限公司，2000 年 11 月初版第 2 刷），頁 472。

〔註4〕 滕壬生《楚系簡帛文字編》（武漢：湖北教育出版社，1995 年 7 月初版），頁 147「逊」字條、頁 549「鄁」字條所收字形，其實皆从「帠」。

〔註5〕 詳見季師旭昇《說文新證》下冊（臺北：藝文印書館，2004 年 12 月初版），頁 8～9。

〔註6〕 詳見周曉陸、路東之、龐睿〈秦代封泥的重大發現〉《考古與文物》1997 年第 1 期，頁 35。／周曉陸、路東之編著《秦封泥集》（西安：三秦初版社，2000 年 5 月初版），頁 13～14。

〔註7〕 殘缺過甚者，筆者參照其他比較完整的形體，以意摹補。

〔註8〕

　　傅嘉儀對1、3兩方封泥分別釋爲「永巷」、「永巷丞印」，並謂：「永巷，官署名。宮中囚禁有罪宮人之所在，周已設。《漢書‧百官公卿表》載，少府、詹事屬官均有永巷令、丞。」「永巷丞，官名，永巷令之佐官。少府、詹事屬官均有永巷令（長）、丞。」〔註9〕2、8兩方之原釋文亦作「永巷」、「永巷丞印」，附云：「秦少府屬下有永巷。」〔註10〕王輝亦釋作「巷」，並指出「永巷」一詞多見於古書〔註11〕，不盡如此，此詞漢印中亦多見，如下：

1 官印徵存 277	2 古封泥集成 118	3 古封泥集成 365	4 古封泥集成 366	5 古封泥集成 367
楚永巷丞	永巷丞印	楚永巷印	齊永巷印	齊永巷丞

　　總之，秦封泥中的「永𡔫」一詞，釋作「永巷」，當可確信。

四、包山簡的「衕」、「逜」

　　秦封泥的「𡔫」字各家釋作「巷」。白於藍在這基礎上，考釋出以往不識之兩個楚簡文字，即包山簡中的「衕」、「逜」二形，其字形與文例爲如下：

	甲辰之日，小人之州人君夫人之故愴之拘一夫，失趣至州衕，小人將捕之，夫自傷焉守之，以告。
	《包山》簡 142

〔註8〕　1、3兩方首次公佈於《書法報》1997年4月9日4版；2、8兩方原載於周曉陸、路東之、龐睿〈秦代封泥的重大發現〉《考古與文物》1997年第1期44頁，其餘則《秦封泥集》所增補。詳見周曉陸、路東之編著《秦封泥集》（西安：三秦出版社，2000年5月初版），頁149～150。

〔註9〕　傅嘉儀《新出土秦代封泥印集》（杭州：西泠出版社，2002年10月初版），頁38～39。

〔註10〕周曉陸、路東之、龐睿〈秦代封泥的重大發現〉《考古與文物》1997年第1期，頁36。

〔註11〕《史記‧范雎蔡澤列傳》：「於是范雎乃得見於離宮，詳（佯）爲不知永巷而入其中。」《爾雅‧釋宮》：「宮中衖謂之壺。」邢昺疏引王肅曰：「今後宮稱永巷，是宮內道名也。」又《史記‧呂太后本紀》：「呂后最怨戚夫人及其子趙王，迺令永巷囚戚夫人，而召趙王。」《漢書‧廣川惠王劉越傳》：「使其大婢爲僕射，主永巷。」詳見王輝《秦文字集證》（臺北：藝文印書館，1999年1月初版），頁152。

	小人逃至州𨗨，州人將捕小人，小人信以刀自傷，州人焉以小人告。 《包山》簡 144

白於藍云：

包山楚簡「衖」實即巷字的原始寫法，由「衖」演變爲漢封泥（按：應改爲秦封泥）之「𢔭」，實是在其原字形上又纍加了「𠬞（収）」聲，古音巷爲匣母東母字，収爲見母東部字，兩字聲紐同屬喉音，韻則疊韻，是故巷可以從収聲作。〔註 12〕

古文字中偏旁「行」、「彳」、「辵」多可互用；就文例言，包山簡 142 的「州衖」與簡 144 的「州𨗨」，應指同樣的地方，「衖」、「𨗨」當係一字。其中「衖」形與秦封泥「𢔭」字上半寫法完全相同，只是「𢔭」字下方增益「収」旁，白氏認爲其爲疊加聲符。此外，簡文中的「州巷」一詞，古書中亦有實際用例〔註 13〕。總之，包山簡的「州衖」、「州𨗨」釋爲「州巷」，確切無疑。

五、郭店簡的「𨗨」字

秦封泥拓本部份公佈之次年，《郭店楚墓竹簡》一書面世。其中〈緇衣〉篇裏有一個从「𢓎」之字，如：

	夫子曰：「好美如好〈緇衣〉，惡惡如惡〈𨗨白〉，則民咸服而刑不屯（蠢）。《詩》云；儀刑文王，萬邦作孚。」 〈緇衣〉簡 1

該篇的內容與傳本《禮記・緇衣》大體相合，今本作：「子曰：『好賢如〈緇衣〉，惡惡如〈巷伯〉，則爵不瀆而民作愿，刑不試而民咸服。大雅曰：儀刑文王，萬國作孚。』」與今本對照之下，簡中的〈𨗨白〉讀成〈巷伯〉，毫無疑問。原考釋中裘錫圭按語云：

𨗨，讀作「巷」，《說文》「巷」字作𨛜，《古韻四聲韻》引崔希裕《纂古》

〔註 12〕白於藍〈釋包山楚簡中的「巷」字〉《殷都學刊》1997 年第 3 期，頁 45。趙平安亦根據秦封泥「𢔭」字，將包山簡「衖」、「𨗨」二形字釋作「巷」字。詳見趙平安〈釋包山楚簡中的「衖」和「𨗨」〉《考古》1998 年第 5 期，頁 80～81。

〔註 13〕《禮記・祭義》：「居鄉以齒，而老窮不遺，強不犯弱，眾不暴寡，而弟達乎州巷矣。古之道，五十不爲甸徒，頒禽隆諸長者，而弟達乎獀狩矣。軍旅什伍，同爵則尚齒，而弟達乎軍旅矣。孝弟發諸朝廷，行乎道路，至乎州巷，放乎獀狩，修乎軍旅，眾以義死之，而弗敢犯也。」鄭玄注：「一鄉者五州，巷，猶閭也。」

「巷」字作「鄉」、「蒼」。上述各形之「巷」字均从「共」，「巷」字从「共」
聲。簡文的「帯」似爲「共」字的異構。〔註14〕

郭店「遻」字，其相當之今字當爲「巷」，但認爲「『帯』似爲『共』字的異構。」，
似恐可商（後詳論）。

六、上博簡的「衚」、「匶」字

衚	夫子曰：「好美如好〈緇衣〉，惡惡如惡〈衚伯〉。
	《上博（一）‧緇衣》簡1
遻	出遇子貢曰：「賜，爾聞匶路之言，毋乃謂丘之答非歟？
	《上博（二）‧魯邦大旱》簡3
遻	遇主于匶，無咎。
	《上博（三）‧周易》簡32

以上簡中的「衚」、「匶」，皆當釋爲「巷」字。

七、「帯」爲何字？

經過上述彙整，我們可以肯定秦封泥「糞」字及楚簡中之「遻」、「衚」、「匶」
等形，其實都相當於後世的「巷」字。

	包 山 簡	郭 店 簡	上 博 簡		秦 封 泥
字　形	衚、遻	遻	衚	匶	糞
詞　語	州 巷	巷 伯	巷 伯	巷 路	永 巷

這一系列的字形所从之「帯」，無疑是聲旁，其古音應近於「巷」或其聲旁「共」。
對於其結構，何琳儀、徐在國認爲：

我們懷疑A（按：指「帯」）應分析爲从「巾」、「共」省聲，乃帹之省文。
《集韻》：「帹，徽幟類。」《字彙》：「帹，幟類。」而《璽彙》5389「恭」
字作「恭」，从「心」、「共」省聲，是其佳證。〔註15〕

若接受此說，「巷」、「帯」二字皆从「共」得聲，「巷」、「帯」當可視爲同音。附帶
說明，上列从帯之字，其中「帯」旁的下半或作「市（分勿切）」，這只是古文字常

〔註14〕荊門市博物館《郭店楚墓竹簡》（北京：文物出版社，1998年5月初版），頁131。
〔註15〕何琳儀、徐在國〈釋「帯」及其相關字〉《中國文字》新廿七期（臺北：藝文印書館，
　　　　2001年12月），頁106。

見的義近形符替換，季師旭昇曰：「（巾）字與『市』常互通，金文賞賜物『赤市』或作『巾』，偏旁中尤其常常通用。」〔註16〕此外，戰國時期還有一些本來從巾的字常被改作從市，如下：

1 晉・璽彙 2871（帶）	2 侯馬 16.3（帥）	3 包山 2.214（常）	4 郭店・六德 27（布）	5 上博一・詩 22（帛）

白於藍認爲「帯」字的緣由可溯及到西周金文，西周晚期銅器乖伯簋銘文中有如下之字：

	朕丕顯祖文、武、膺受大命，乃祖克弼先王，翼自它邦，有帯于大命。
	〈乖伯簋〉

該字舊釋「萳」〔註17〕、「帯」〔註18〕、「菫」〔註19〕等，白於藍認爲這就是獨體的「帯」字，云：

> 將之讀爲與巷字音近的「共」、「恭」、「龔」，則文通義順，古代典籍中「共命」、「恭命」、「龔命」之辭頗爲常見，如：
>
> 《尚書・甘誓》：「左不攻于左，汝不恭命；右不攻于右，汝不恭命；御非其馬之正，汝不恭命。」
>
> 《國語・魯語下》：「子計其利者，小國共命。」
>
> 《周書・孝閔帝紀》：「子雖不明，敢弗龔天命，格有德哉。」
>
> 此外，銅器銘文中亦有類似之辭句，如：

〔註16〕 季師旭昇《說文新證》上冊（臺北：藝文印書館，2002 年 10 月），頁 620。

〔註17〕 高田忠周云：「按：帯，《說文》無之。蓋疑萳省文，网省當爲巾。又此萳字，當讀爲滿，滿充也，當也。《廣雅》：『萳，當也。』正滿字義，與此文可互證矣。」《古籀篇》卷十七第九頁。此說見於周法高主編《金文詁林》（京都：中文出版社，1981 年 10 月），頁 4904。

〔註18〕 于省吾依形隸作「帯」，並云：「《說文》帯，相當也。讀若宀，母宮切。即帯字之譌。朱駿聲謂不从羊角之丫，疑从廿是矣。言有當于大命也。」于省吾〈羌伯𣪘銘〉《雙劍誃吉金文選》（北京：中華書局，1998 年 9 月），頁 182。／楊樹達從之：「于省吾謂帯爲《說文》丫部之帯字。是也。《說文》帯訓相當。有帯于大命，謂有當於天命也。」楊樹達〈菲伯𣪘再跋〉《積微居金文說（增訂本）》（北京：中華書局，2004 年 1 月第 2 刷），頁 185。

〔註19〕 〔清〕吳闓生：「帯與菫同，即勤字。《說文》菫，古文𦰩。此又省𠙹耳。」《吉金文錄》卷三第七頁。此說見於周法高主編《金文詁林》（京都：中文出版社，1981 年 10 月），頁 4904。

　　蔡侯簋：蔡侯龘虔共大命

　　禹鼎：共朕辟之命

　　秦和鐘：龔龠天命〔註20〕

其說可信。从「帒」得聲之「遵」、「術」、「饐」等字，既然讀爲「巷」，其聲旁「帒」字當可與「共」通轉。此外，西周金文裡有似乎是以帒爲聲的字，如：

（字形）	榮有嗣再作齍鼎，用媵嬴女龘母。 〈榮有嗣再鼎〉
（字形）	榮有嗣再作齍鬲，用媵嬴女龘母。 〈榮有嗣再鬲〉

　　白於藍主張銘文中的「龘」字很可能是「龔」的異構，〔註21〕何琳儀、徐在國亦從之。〔註22〕然其爲人名，從文義上無從得到佐證。

八、从邑、共聲之「巷（巷）」字

　　《說文・邑部》：「巷〔註23〕，里中道也。从邑、从共，皆在邑中所共也。巷：篆文，从邑省。」事實上「巷」應非會意字，而是「從邑、共聲」的形聲字。巷、共二字，上古音同屬匣紐東部，「巷」當从「共」得聲。字形本作「巷」，秦漢文字將「邑」旁省譌作「卩」，即成後世隸楷所本。《說文》「巷」字，與上述之從行、帒聲的巷字，似有不同來源。从邑、共聲之字形未見甲金文，始見於春秋戰國文字中。值得注意的是，其皆非用爲巷弄字。於此依照其用例，分爲二類來討論之，如下：

1. 用為「拱」

（字形）	（字形）	（字形）
1 春秋晚期・晉・ 邨戈（邨）	2 戰國早期・楚・ 旒作邨戈（巷）	3 戰國時期・晉・ 王子□之邨戈（邨）

〔註20〕白於藍〈釋包山楚簡中的「巷」字〉《殷都學刊》1997 年第 3 期，頁 45。

〔註21〕白於藍〈釋包山楚簡中的「巷」字〉《殷都學刊》1997 年第 3 期，頁 45。

〔註22〕何琳儀、徐在國〈釋「帒」及其相關字〉《中國文字》新廿七期（臺北：藝文印書館，2001 年 12 月），頁 107～108。

〔註23〕季師旭昇認爲該字頭應爲譌形，曰：「目前考古文字材料還沒有見到，而且從古文字的觀點來看，『邑』當釋『卯（象二人相向形）』，與『巷道』無關，疑所从『邑』形爲『行』形的訛變。」《說文新證》上冊（臺北：藝文印書館，2002 年 10 月初版），頁 531。

何琳儀《戰國古文字典》中將上揭三形皆收於「𨛜」字條下，附云：「从邑，共聲。《玉篇》『𨛜，邑名。』《集韻》『𨛜，亭名。在宣城。』晉兵𨛜（按：指1、3形），讀拱。《爾雅·釋詁》『𨛜，執也。』鴋作𨛜戈𨛜（按：指2形），讀拱。」〔註24〕兵器銘文中之「𨛜戈」一詞，讀爲「拱戈」，當屬假借。

2. 用為姓氏字

1 戰國時期·晉·八年相邦劍（䢽）	2 戰國末期·楚·包山簡188（𨛜）

八年相邦劍銘文作：「八年，相邦建信君、邦左庫工師䢽破、冶尹𣪘執劑。」銘中「䢽」字位於「工師」後，當爲工匠之姓氏。包山簡中之「𨛜遬」爲人名，其人在包山簡中僅出現一次。巫雪如認爲「𨛜」乃古書中的共氏，並指出其氏多見於先秦文獻，一爲以地爲氏者；二爲以諡爲氏者，「𨛜」應屬前者。〔註25〕

古文字中偏旁的位置往往不固定，「䢽」、「𨛜」當爲一字。本文認爲其本爲地名字。古多以地名爲氏，「巷」亦應屬此類。今驗《說文》邑部諸字，釋爲地名者（包含所封地），佔大多數，如：扈、郝、酆、鄭、部、鬱、酈、邾、邽、郖、鄏、於、邗、邵、邢、鄔、祁、邯、鄲、鄧、邱等，其中不少字迄今仍用爲姓氏字。此外，後世字書中亦記載著此一本義，《集韻》：「𨞛，胡降切。《說文》里中道也。或作巷、衖、䢼、闀。巷，又姓。」

「䢽」應本爲地名字，或假爲「拱」。今專借爲巷弄字用，但此一用法出現得較晚，目前所能看到的古文字材料中，最早見於睡虎地簡：

〔註24〕何琳儀《戰國古文字典》（北京：中華書局，1998年9月初版），頁418。

〔註25〕巫雪如說：「𨛜爲地名，即共。《通志·氏族略》列共氏於以國爲氏條下，云：『商末侯國，今河南共城即其地也。文王侵阮徂共，其子孫以國爲氏。晉有左行共華。或言共氏，共叔段之後也；又晉太子申生諡恭君，其後以爲氏。此皆以諡爲氏者。』是鄭樵以爲共氏有共國之後、共叔段之後及晉太子申生之後等三種說法，並以爲共叔段及晉太子申生之後均係以諡爲氏。按，共叔段見《左傳·隱公元年》，《杜注》：『段出奔共，故曰共叔，猶晉侯在鄂，謂之鄂侯。』楊伯峻《注》並以爲『共即閔二年「益之以共，滕之民」之共，本爲國，後爲衛別邑，即今河南省輝縣。』據此，則共叔段之共並非諡號，而係地名，乃以地爲氏者。晉太子申生諡恭，恭亦作共。先秦諡共之人甚多，曹、秦、陳、宋、楚、燕等國均有諡共之君，此外，魯有共仲（見《左傳·莊公三十二年》，即公子慶父），亦爲以共爲諡之人，其後或亦有氏共者。包山楚簡中𨛜爲地名，𨛜氏當係以地爲氏者。」巫雪如《包山楚簡姓氏研究》（臺北：國立臺灣大學中國文學研究所碩士論文，1996年），頁91～92。

	越里中之與它里界者垣，為院不為？巷相值為院；宇相值者不為院。〔註26〕

〈法律問答〉186

在目前的階段我們應該可以這麼說：雖然已有「从行、吊聲」的巷弄本字，但戰國中晚期以來在秦地慢慢開始流行借地名字「巷」來當作巷弄字，後世大多繼承此一假借用法。

巷	巷	衖
1 西漢・倉頡篇	2 西漢・曹全碑	3 東漢・魯峻碑

漢以後假借字和本字並存。1、2形為「巷」之省譌；3形作「衖」形，應可視為「衙」之所承，只是改為从共聲。《玉篇》、《集韻》皆僅注「胡降」一音，但至《正字通》則解作：「衖，同巷。通作弄。」〔註27〕可知至少明代之前發生了音變，其讀音已稍變作「弄」，但至今仍保留本義。

九、小　結

現在我們再回到本篇第一簡中的「䢽」字上來，該字从邑、吊聲。「䢽」字與「巷」、「邔」一樣，以邑為形，「共」、「吊」同音，「䢽」一形只是更換聲旁而已，當可視作「巷」字。其在簡文中用為「分類聲名」，當屬假借。根據楚簡實際用例，楚文字裡巷弄字作「逓」、「衙」、「壟」等形，從未借「巷」為之。由此可知，本篇中楚人借用的並非巷弄字，而是一個地名字。

第二節　說「藁」

一、引　言

〈采風曲目〉篇中出現許多曲名，考據其文字，必有一定困難：一為其中除〈碩人〉〔註28〕之外，其餘皆不見於文獻，故無可比對；二為因為是歌曲的篇目，無從

〔註26〕《睡虎地秦墓竹簡》臺灣翻印版（臺北：里仁書局，1981年11月），頁229。

〔註27〕〔明〕張自烈《正字通》（安徽：安徽教育出版社，2002年），頁447。

〔註28〕馬承源認為本篇第1簡「碩人」即傳本《詩經》之篇目〈碩人〉。馬承源主編《上海博物館藏戰國楚竹書（四）》（上海：上海古籍出版社，2004年12月初版），頁161、164～165。／然而季師旭昇則保留，曰：「本曲目似應讀為『〈碩人又（有）文〉──

文例上得到線索，因此大多情況只能僅靠字形進行考釋。其中「宮訐」調有一曲名稱爲〈野有△〉，以△代替的字，其下半的寫法初見於楚簡，原考釋釋作「束」，然字形顯然不合，不可從。董珊認爲其下半應爲「素」，故隸定作「藪」，讀「蔬」。陳劍在字形分析上贊成董說，並指出古文字中多以從艸從索（或素）之字爲「葛」，據以認爲△亦當釋爲「葛」。

二、〈采風曲目〉的△字

	宮巷（弘）：〈喪之末〉。宮訐（衍）：〈芷（秸）坓（供）月〉、〈埜（野）又（有）△〉、〈出門以東〉。【1】

〈采風曲目〉簡 1

原考釋者馬承源云：「疑『荣』。」〔註29〕其釋字形上似可商榷，因爲一般楚文字「束」旁不這麼寫。

【字形表 1──楚文字「束」及從其之諸形】

𣏂	𣏂	𥷚	𥷚	瘬
1 包 2.167（束）	2 郭・老甲 14（束）	3 包 2.260（策）	4 天・策（策）	5 包 2.168（瘬）
賣	賣	賣	賣	厡
6 包 2.98（賣）	7 包 2.146（賣）	8 包 2.152（賣）	9 郭・太 9（賣）	10 郭・忠 1（厡）

西周金文裡「束」、「來」二字寫法相當接近〔註30〕，△字草字頭底下作「𣥂」形，與楚系「來」字的寫法有所雷同，然楚文字裡「來」、「束」字形區分甚明，「束」的上頭則從未作「𣥂」形，因而將△字釋作「荣」，實不妥。

三、學者討論

董珊將之改釋爲「藪」，云：

──又敔』，謂『碩人有文彩──曲目有節奏樂器伴奏。』據此，本篇與《毛詩・衛風・碩人》未必有關。」季師旭昇主編《《上海博物館藏戰國楚竹書（四）》讀本》（臺北：萬卷樓圖書股份有限公司，2007 年 3 月初版），頁 7。

〔註29〕馬承源主編《上海博物館藏戰國楚竹書（四）》（上海：上海古籍出版社，2004 年 12 月初版），頁 165。

〔註30〕例如：市（王奠新邑鼎）、朱（康侯簋）、朱（作冊大鼎）等字形，《金文編》皆誤入於「束」字條下，其實當釋爲「來」。詳見董妍希《金文字根研究》（臺北：國立臺灣師範大學國文研究所碩士論文，2001 年 6 月），頁 301。

〈野有薏（蔬）〉。「薏」字原从艸、素（或索），以音近可讀爲「蔬」。〔註31〕其說就字形來說確實比較有可能。「素」、「索」爲一字之分化〔註32〕，其字楚文字習見，如：

【字形表2——楚文字裏能夠釋作「素」或「索」的諸形】

A	1 包2.151	2 包2.254	3 信2.012	4 望2策	5 天・策
	6 郭・老甲2	7 郭・緇29	8 上一・緇15	9 上二・容47	10 上三・彭6
B	11 天・策	12 帛乙6.22〔註33〕			

以往大多數文字編〔註34〕將A類字形歸於「索」字條下；B類字形則「素」字條下，但實際上A類字形在簡文裡大多讀爲「素」，或者認爲楚簡裡假索爲素，實不必，楚文字裡二字尚未分化，如此判斷之依據爲如下：

（1）甲文作「𥾝（黐・京都2161）」、「𥾝（絕・前2.8.7）」，金文作「𩎜（鞣・九年裘衛鼎）」、「𡘊（索・師克盨）」、「𥾝（索・輔師嫠簋）」等形，顯然A形的寫法是承襲金文的，楚文字也大部分仍然寫作A形，B形僅見於天星觀簡與楚帛書。

（2）B形上方類化作「來」形，當屬譌體。其實只要在A形的上頭加「卜」形，就很容易譌成「來」。戰國文字往往徒增一些無義偏旁，「卜」亦其中之一。

〔註31〕董珊〈讀《上博藏戰國楚竹書（四）雜記》〉（簡帛研究網，2005年2月20日）。

〔註32〕詳見施謝捷〈釋「索」〉《古文字研究》第20輯（北京：中華書局，2000年3月），頁201〜211。

〔註33〕下从「市（分勿切）」，應爲形符替換。

〔註34〕高明《古文字類編》（北京：中華書局，1980年11月初版）／滕壬生《楚系簡帛文字編》（武漢：湖北教育出版社，1995年7月初版）／湯餘惠《戰國文字編》（福州：福建人民出版社，2001年12月初版）／李守奎《楚文字編》（上海：華東師範大學出版社，2003年12月初版）等書皆「索」、「素」分開設立字頭，實不妥。唯有陳嘉凌《楚系簡帛字根研究》（臺北：國立臺灣師範大學國文研究所碩士論文，2002年6月）中「素」、「索」合併爲一，即「素」字條下收錄A、B兩類字形，這才合乎楚文字的實際情況。

〔註35〕

（3）「素（心／魚）」、「索（心／鐸）」古音密近。

綜上所述，楚文字裡「索（或素）」字雖有兩種寫法，但這並非意味著「索」、「素」已分化爲二，B形只能是一種類化譌體。或許可以認爲A、B形和小篆「𩏼（索）」、「𩏼（素）」各有相承，然字形上關連性並不明確。具體來說，小篆「素」字上部並不作「來」形，其寫法反而跟 7 形相似。此外，《說文‧素部》有「𩏼（𧂇）」字，許愼說「𧂇，素屬。从素、收聲。」施謝捷根據古文字材料指出許愼的字形分析有誤，云：「亦當是『索』之古形。」〔註36〕總言之，《說文》的「𩏼」、「𩏼」二形與楚文字A、B二類字形並無直接的傳承關係。

再回頭來看△字。其實只要從其下半去除「𠃬」，即成與 11 形幾乎是同形。

$$ 𤟴 \quad - \quad 𠃬 \quad = \quad 𥰔 $$

可見董珊對字形的理解是基本上正確的。至於簡文中的讀法，董氏認爲當讀「蔬」，即〈野有蔬〉。「素」、「蔬」古音同屬心紐魚部，其說聲韻上當可成立。

陳劍亦認爲△字是由「艸」、「索（或素）」組成的，但不贊成簡文中讀「蔬」，云：「『蔬』一般當爲人工種植於園圃，說『野有蔬』仍嫌不合。」〔註37〕並主張其當釋爲「葛」，其立論所據爲如下：

【字形表3】

1 魏三體石經	2《古璽》2263（蒜〔註38〕）	3《古璽》2264（蒜）	4 上三‧周43

1 形，陳文中引施謝捷之說〔註39〕，是《春秋‧僖公》所見人名「介葛盧」之「葛」；2、3 形，則引張富海之說〔註40〕，是姓氏字，即「葛」氏；4 形，今本中與之相應的字作「葛」。陳劍認爲上揭字形中除了「艸」之外的部分，其實都與△字

〔註35〕何琳儀《戰國文字通論（訂補）》（南京：江蘇教育出版社，2003 年 1 月初版），頁219～220。

〔註36〕施謝捷〈釋「索」〉《古文字研究》第 20 輯（北京：中華書局，2000 年 3 月），頁 202。

〔註37〕陳劍〈上博竹書「葛」字小考〉（武漢大學簡帛網，2006 年 3 月 10 日）。

〔註38〕此爲《古璽文編》之隸定。2264 字亦同。

〔註39〕施謝捷《魏石經古文彙編》（待刊）。陳劍所引的是作者提供的未刊稿。

〔註40〕張富海《漢人所謂古文研究》（北京：北京大學博士論文，2005 年 4 月），頁 34。筆者未能看到原書，茲僅據陳文之註解，註明此說之出處。

下半同字，云：

> 排比以上「葛」字諸形，不難看出其演變脈絡：〈采風曲目〉「」形下半的頭部省略、中間部分筆畫斷裂分離而略有變化（對比石經字形中的「兩」形），即成古璽「蘭」、「蘭」形；古璽兩形下半類似「冂」的外框再省略，即成《上博（三）·周易》簡43的「葬」形。〔註41〕

茲爲讀者方便，圖示於後：

| 上四·采 | 三體石經 | 古璽 | 上三·周 |

陳劍進而主張上列四形皆實爲「索（或素）」字，云：

> 很多研究者都曾指出，古文字中「╪」形和「╪」形、「╪」形的交替多見，如「平」、「方」、「彔」、「央」和「束」字等。⋯⋯金文「索」字或作偏旁的「素」字上端多從「╪」形，前引師克盨「素」字即其例。石經「葛」字字形中的「斗」，顯然屬於「╪」類形之變；〈采風曲目〉「葬」形下半的中間部分，細看圖版正是作「╪」類形的。所以，將石經和竹書諸「葛」字的下半字形看作「索」或「素」，在字形上確實是極爲有據的。〔註42〕

通過董、陳二位學者的研究，我們基本上可以肯定將這些字形可析作「從艸、從索（或素）」。另外，《汗簡》、《古文四聲韻》「索」字條收錄如下之字形：

【字形表4】

1《汗簡·牛部》無註出處（索）	2《古文四聲韻·鐸韻》王惟恭黃庭經（索）

其形頗似石經、古璽字，可資佐證。

四、「薾」爲古「葛」字

從字形看，△字當可析爲「從艸、從索（或素）」，本文姑且隸定作「薾」。陳劍認爲當釋爲「葛」，古文字中確實多見以「薾」爲「葛」之例（參【字形表】3），但「葛」字何以從索？對於此一問題，陳文中亦存疑待考。《上博（一）·孔子詩論》

〔註41〕陳劍〈上博竹書「葛」字小考〉（武漢大學簡帛網，2006年3月10日）。
〔註42〕陳劍〈上博竹書「葛」字小考〉（武漢大學簡帛網，2006年3月10日）。

篇中「葛」字作「萬」或「萬」形（詳見下文），「曷」、「禹」古音同屬見紐月部，作爲聲旁，當可互用。然而「索」之古音則隸於心紐鐸部，與「葛」讀音隔絕，可見「藁」並非形聲結構。另外，後世字書裏有「藁」字〔註43〕，但似是同形異字。至於本篇的「藁」字，季師旭昇認爲釋作「葛」，較合乎《毛詩》中的相關記載，曰：

> 《毛詩》中類似的意象有《唐風·葛生》「葛生蒙楚，薇蔓于野，予美亡此，誰與？獨處」、《鄭風·野有蔓草》「野有蔓草，零露漙兮，有美一人，清揚婉兮」。本篇〈野有葛〉取義或與二者之一相類似。不過，董說「野有蔬」也還是有成立的可能。《禮記·月令》「山林藪澤有能取蔬食、田獵禽獸者」鄭注：「草木之食爲蔬食。」《爾雅·釋天》郭璞注：「凡草菜可食者通名爲蔬。」是蔬未必都生在園中，只是人民日常耕種取食，應該以園中耕種者爲主。如今生在野地，似違反生活之常，但詩有違反常理而張力更強者（如《毛詩·鄘風·牆有茨》寫茨生在牆上），是「野有蔬」之釋仍不能完全排除。〔註44〕

五、《上博（一）·孔子詩論》的「萬」字

楚簡裡有個字形確爲可釋作「葛」，其原篆與文例爲如下：

① ②	孔子曰：「吾以〈①覃〉得祗初之詩，民性固然。見其美必欲反其本。夫②之見歌也，則【16下】以絺綌之故也。」【24】 〈孔子詩論〉簡 16 下＋24
③	〈揚之水〉其愛婦烈，〈采③〉之愛婦□□□□□□□□□□□【17】 〈孔子詩論〉簡 17

上列三形雖然寫法略不同，但原考釋者馬承源已指出應屬同字，可惜未釋出

〔註43〕 「藁」《說文》無載，典籍中亦查不到實際用例，僅見於若干後世字書中：如《玉篇·艸部》：「藁，桑落、色責二切。草名。」《廣韻·鐸韻》：「藁，草名。蘇各切。」《集韻·鐸韻》：「藁，艸名。昔各切。」《字彙·艸部》：「藁，昔各切。音索。草名。又山責切，音色。義同。」由於上列字書中的記載都過於簡略，從中我們只能得知其爲草名。又，根據反切，其所从之「索」當爲聲旁。這些字書裡的「藁」字，應該是我們在討論中的「藁」字的同形異字。或許是古文字「藁」被形聲結構的「萬」字取代以後，早已失傳，導致後代字書編撰者不識其字音與字義，而將「索」誤以爲是聲旁。

〔註44〕 季師旭昇主編《上海博物館藏戰國楚竹書（四）》讀本》（臺北：萬卷樓圖書股份有限公司，2007 年 3 月初版），頁 11～12。

〔註45〕。李零最早讀出簡 16 字爲《詩·國風·周南·葛覃》篇名之「葛」，並讀簡 17 字爲《詩·國風·王風·采葛》篇名之「葛」〔註46〕，誠屬卓見。隨後，李天虹〔註47〕、黃德寬、徐在國〔註48〕等學者將其結構解釋清楚，指出其下半實爲「萬」之省，即「傷害」之「害」的本字〔註49〕，其字形分析正確可從。「害」、「曷」上古音同屬匣紐月部，古書裡通假之例亦相當多〔註50〕。總言之，「从艸、萬聲」之「蒿」，讀作「葛」，毫無問題。

六、小　結

　　本篇所收曲名〈野有△〉之△字，上从艸，下从索（或素），窄式隸定可作「藜」，古文字中多以其爲「葛」，然其字形結構仍待考。

〔註45〕馬承源主編《上海博物館藏戰國楚竹書（一）》（上海：上海古籍出版社，2001 年 12 月初版），頁 145。

〔註46〕李零《上博楚簡三篇校讀記》（臺北：萬卷樓圖書股份有限公司，2002 年 3 月初版），頁 27、34。

〔註47〕李天虹〈《萬覃》考〉《新出簡帛研究——新出簡帛國際學術研討會文集》（北京：文物出版社，2004 年 12 月初版），頁 103。此文原載於《國際簡帛研究通訊》，2002 年第 2 卷第 2 期。

〔註48〕黃德寬·徐在國《《上海博物館藏戰國楚竹書（一）·孔子詩論》釋文補正》《安徽大學學報·哲學社會科學版》，2002 年第 2 期，頁 4。

〔註49〕詳見裘錫圭〈釋「虫」〉《古文字論集》（北京：中華書局，1992 年 8 月初版），頁 11～16。

〔註50〕參見高亨《古字通假會典》（濟南：齊魯書社，1997 年 7 月第 2 刷），頁 615。

第三章　昭王毀室、昭王與龔之脾

第一節　說「袼」

一、引　言

　　〈昭王毀室〉篇中所見「袼」、「条」、「袼」三形，原考釋對其瞭解不確，後經孟蓬生、董珊之研究才得到正確的釋讀，即「落成」之「落」字。本文在其基礎上試圖釐清楚文字「袼」與文獻所見「落」字之間的關係。

二、〈昭王毀室〉的「袼」、「条」、「袼」字

袼 簡 1 之 1 条 簡 1 之 2 袼 簡 1 之 3 袼 簡 5 之 1	昭王為室於死泜（渭）之澢（濟），室既成，將袼之。王誠邦大夫以飲，飲既，訢（行）条之。王入，將袼。【1】 「吾不知其爾薨（墓）。爾古（姑）須（堲）既袼，安（焉）從事？」【5】
	〈昭王毀室〉簡 1、5

　　原整理者陳佩芬謂：「『袼』，字書所無，假借為『格』，《爾雅・釋詁》：格，至也。」〔註1〕又云：「『条』字，《說文》所無。待考。」〔註2〕至於「袼」字，釋文

〔註1〕　馬承源主編《上海博物館藏戰國楚竹書（四）》（上海：上海古籍出版社，2004 年 12 月初版），頁 182。

〔註2〕　馬承源主編《上海博物館藏戰國楚竹書（四）》（上海：上海古籍出版社，2004 年 12 月初版），頁 183。

中亦當作「格」之異體。〔註3〕

三、學者討論

孟蓬生認爲「袼」當是「落成」之「落」字，謂：

> 袼，指宮室始成時的祭禮，相當於現在的落成典禮。傳世典籍皆借「落」
> 字爲之。《左傳·昭公七年》：「楚子成章華之臺，願與諸侯落之。」杜預
> 注：「宮室始成，祭之爲落。」這種典禮亦稱爲「考」。《詩·小雅·斯幹
> 序》：「斯幹，宣王考室也。」毛傳：「考，成也。」《春秋·隱公五年》：「考
> 仲子之宮，初獻六羽。」《禮記·雜記》云：「成廟則釁之，路寢成則考之
> 而不釁。釁屋者，交神明之道也。」鄭玄云：「言路寢生人所居，不釁者，
> 不神之也。考之者，設盛食以落之爾。〈檀弓〉曰『晉獻文子成室，諸大
> 夫發焉』是也。」〔註4〕

其說可從。「落」屬古祭禮之一，《左傳》裡還見一則有關「落祭」的記載，昭公四
年：「叔孫爲孟鐘，曰：『爾未際，饗大夫以落之。』」孟丙是叔孫豹在齊國時所生的
兒子，這時他爲其子鑄了一口鐘，並說：「你還沒與人正式交際，我替你設享禮宴請
大夫們來慶祝鐘的落成。」楊伯峻云：「此謂以卿之適長子與當時卿大夫之酬應周旋。」
〔註5〕「名之曰落，猶今言落成典禮。」〔註6〕由此可知，春秋時期確有落祭，根據
昭公七年的記載（參孟文），楚國亦然。

董珊進而主張「袼」、「条」、「袼」三形皆爲「落」字，云：

> 篇中出現4個「落」字，寫法多變，但都從「各」或「客」聲，都可讀爲
> 「落」。古代爲宮室或器物的始建成舉行的禮儀稱爲「落」。這個禮儀包括
> 兩個步驟：1、以牲血釁廟安神的祭祀；2、祭祀後以盛饌待客燕享。有時
> 或者略去其前者（見下引《禮記·雜記》「路寢成，則考之而不釁。」）。
> 於後一義，「落」或寫作「樂」（參看《詩·小雅·斯干》之〈序〉以及《大
> 雅·公劉》「食之飲之」兩處孔穎達〈疏〉）。〔註7〕

董氏將「袼」、「条」、「袼」三形釋「落」，可從。該三形當爲一個詞的不同寫法，它
們皆以示爲形，「袼」、「袼」分別從「各」、「客」得聲，「客」亦以各爲聲，二字當

〔註3〕 馬承源主編《上海博物館藏戰國楚竹書（四）》（上海：上海古籍出版社，2004年12
月初版），頁186。

〔註4〕 孟蓬生〈上博竹書（四）閒詁〉（簡帛研究網，2005年2月15日）。

〔註5〕 楊伯峻《春秋左傳注》（北京：中華書局，2000年7月第6刷），頁1257。

〔註6〕 楊伯峻《春秋左傳注》（北京：中華書局，2000年7月第6刷），頁1258。

〔註7〕 董珊〈讀《上海藏戰國楚竹書（四）》雜記〉（簡帛研究網，2005年2月20日）。

屬同音。至於「𢼻」一形，可析爲「从示、各省聲。」省去口旁，並作上下結構，其寫法雖然相當特殊，但類似的例子見於西周金文，如下：

| | 雯人守作寶。<div style="text-align:right">西周早期‧雯人守鬲</div> |

張亞初云：

> 甲骨文和金文有零字（《綜類》171 頁）。有時省口作雯（《金文編》589 頁〔註8〕雯人守鬲）。此字後來分化爲零和露。聲符各變成了路。雯人守鬲係山西出土器。所以雯就是露，就是文獻上的潞。《金文編》不知其爲零字之省，故無説。〔註9〕

若其説成立，「雯」字應可析爲「从雨、各省聲」。此外，戰國璽印文字中有如下字形：

| | 逄右攻帀<div style="text-align:right">齊璽‧《璽彙》0148</div> |

何琳儀《戰國古文字典》「路」字條之下收錄此形，其字璽文中讀爲「盧」，即地名。〔註10〕「各」、「足」兩個偏旁作上下結構，上方「各」則省作「夂」，但似乎是將之視爲「各、足共用口旁」，更爲妥當一些。「逄」一形應屬共筆之例，嚴格來説不能算是从各省聲。

董氏指出這種「落」字，古書中或寫作「樂」。「落」古音在來紐鐸部，「樂」則來紐藥部，二字雙聲，韻則旁轉。對於鐸藥二部，陳師新雄説：「二部韻尾雖同爲舌根塞音〔k〕，但有圓脣與不圓脣之異，元音雖近，但亦有低前元音與次低央元音之別，故雖得旁轉，但爲例不多也。」〔註11〕鐸藥二部雖有一定距離，但在古書中還見「落」字與藥部字互通之例，如：《荀子‧王霸》：「櫟然扶持心國，且若是其固也。」〔註12〕楊注：「櫟讀爲落，石貌也。」〔註13〕「落」、「樂」聲韻關

〔註8〕 第四版《金文編》的頁碼爲754。
〔註9〕 張亞初〈古文字分類考釋論稿〉《古文字研究》第 17 輯（北京：中華書局，1989 年 6 月初版），頁 238。
〔註10〕 詳見何琳儀《戰國古文字典》（北京：中華書局，1998 年 9 月初版），頁 486。
〔註11〕 詳見陳師新雄《古音研究》（臺北：五南圖書出版有限公司，2000 年 11 月初版 2 刷），頁 463。
〔註12〕 《荀子‧王霸》：「故用國者，義立而王，信立而霸，權謀立而亡。三者明主之所謹擇也，仁人之所務白也。挈國以呼禮義而無以害之，行一不義，殺一無罪，而得天下，仁者不爲也。櫟然扶持心國，且若是其固也。之所與爲之者，之人則舉義士也；之所以爲布陳於國家刑法者，則舉義法也；主之所極然帥群臣而首鄉之者，則舉義

係應可成立。此外，孟氏指出這種典禮在古書中或稱「考」。「落」之聲旁「各」，古音在見紐鐸部，「考」則溪紐幽部，二字聲屬一系，韻部遠隔。但在古書中卻見「落」與幽部字互通之例，如：《莊子・天地》：「夫子闔行邪？無落吾事！」〔註14〕《經典釋文》：「落，猶廢也。」《呂氏春秋・恃君覽》：「夫子盍行乎？無慮吾農事！」〔註15〕《新序・節士》落作留。《後漢書・馮衍傳、李固傳》李注引亦作留。〔註16〕「慮」古音在來紐魚部，與「落」古音密近，當是音近通假。但「落」何以通「留（來／幽）」？這似乎是跟鐸藥旁轉有關。幽、宵二部極近，藥部則為宵部之入聲韻。總言之，在某種特殊語音環境之下，「落」字似可變讀作幽部，因此本文懷疑被解為落成典禮之「考」，是否記錄「落」之這種變音。若此一假設能成立，「落」、「樂」、「考」皆應可視為一聲之轉。如今聲韻學者大都承認上古「各」聲系字的聲母原本是複輔音 kl，「落」的不同寫法「考」與「樂」，也似乎是正好反映出複輔音 kl 的分化。

　　陳偉則仍讀「格」，云：

> 疑此字仍當讀為「格」。格有升登義。如《書・呂刑》「庶有格命」，孔疏引鄭玄云：「格，登也。」《爾雅・釋詁下》：「格，升也。」此室有階，所以會有「格」的運作。金文常見「王各（格）大室」（如《師晨鼎》、《此鼎》），亦可為證。〔註17〕

其說有理，然而本篇開頭所講的是楚昭王的新宮建成，依文章大意，並據古書裡的相關記載，此字應當釋為「落成」字。讀為「格」，姑備一說。

　　志也。如是，則下仰上以義矣，是葊定也。葊定而國定，國定而天下定。」
〔註13〕高亨《古字通假會典》（濟南：齊魯書社，1997 年 7 月第 2 刷），頁 804。
〔註14〕《莊子・天地》：「堯治天下，伯成子高立為諸侯。堯授舜，舜授禹，伯成子高辭為諸侯而耕。禹往見之，則耕在野。禹趨就下風，立而問焉，曰：『昔堯治天下，吾子立為諸侯。堯授舜，舜授予，而吾子辭為諸侯而耕，敢問，其故何也？』子高曰：『昔堯治天下，不賞而民勸，不罰而民畏。今子賞罰而民且不仁，德自此衰，刑自此立，後世之亂自此始矣。夫子闔行邪？無落吾事！』俋俋乎耕而不顧。」
〔註15〕《呂氏春秋・恃君覽》：「堯治天下，伯成子高立為諸侯。堯授舜，舜授禹，伯成子高辭諸侯而耕。禹往見之，則耕在野。禹趨就下風問曰：『堯理天下，吾子立為諸侯，今至於我而辭之，故何也？』伯成子高曰：『當堯之時，未賞而民勸，未罰而民畏，民不知怨，不知說，愉愉其如赤子。今賞罰甚數，而民爭利且不服，德自此衰，利自此作，後世之亂自此始。夫子盍行乎？無慮吾農事！』協而耰，遂不顧。夫為諸侯，名顯榮，實佚樂，繼嗣皆得其澤，伯成子高不待問而知之，然而辭為諸侯者，以禁後世之亂也。」
〔註16〕高亨《古字通假會典》（濟南：齊魯書社，1997 年 7 月第 2 刷），頁 753。
〔註17〕陳偉〈關於楚簡「視日」的新推測〉（簡帛研究網，2005 年 3 月 6 日），註解 8。

四、「落」與「祫」的關係

從形體推敲，「祫」〔註18〕才是落祭本字，或以為「落」是其假借字，然而彙整相關字例之後，便可發現文獻用「落」字並非單純的同音假借，古文字中「各」字以及從其得聲的一些字，比如：「落」、「霝」、「殍」、「祫」、等字，頗疑屬同源關係。

首先瞭解一下「各」字的初形本義。甲骨文中「出」字作「ᗉ（鐵35.3）」、「ᗉ（鐵62.2）」、「ᗉ（甲452）」等形。從止、從凵（或從口，其作用相同。），表示外出之義，或增益彳旁，使其義更為顯明。其相對的字就是「各」，作「ᗉ（甲256）」、「ᗉ（甲404）」、「ᗉ（燕691）」等形。其構形部件與「出」字相同，只是所從「止」旁轉為向下（即後世的「夂」），表示來到之義。此義文獻中大多作「格」，如：《爾雅·釋詁》：「格，至也。」「格，致也。」《尚書·召誥》：「今相有殷，天迪格保。」疏：「格，至也。」《尚書·洛誥》：「王賓，殺、禋，咸格，王入太室祼。」疏：「格，至也。」「各」字的本義無疑是「至」，從其得聲之若干字亦有與此相關之義，如下：

（1）落

《說文·艸部》「落，凡艸曰零，木曰落。從艸，洛聲。盧各切。」許慎認為草葉凋衰叫「零」，樹葉脫落叫「落」。其解與形符合，先秦文獻中亦可找到實際用例，《楚辭·離騷》：「惟草木之零落兮，恐美人之遲暮。」《禮記·王制》：「草木零落，然後入山林。」

（2）霝

《說文·雨部》：「霝，雨零也。從雨，各聲。盧各切。」段玉裁云：「此下雨本字，今則落行而霝廢矣。」〔註19〕王力則云：「段說非是。『霝』是後起的分別字。」〔註20〕但實不宜斷言孰先孰後，因為其字已見於甲文中，作「ᗉ（河677）」形，字形確實上從雨下從各，但其在卜辭中用為地名，並且目前僅見一例，不敢確定是否落雨之「霝」字。但至少可以肯定的是，從字形看，「霝」為下雨本字無疑，迄今大多南方方言仍說「落雨」，則保留古老詞彙之例。

〔註18〕本篇中出現三種寫法，姑且以「祫」為代表。

〔註19〕〔東漢〕許慎撰／〔清〕段玉裁注《說文解字注》（臺北：洪葉文化事業有限公司，2001年10月增修1版第2刷），頁578。

〔註20〕王力《同源字典》（北京：商務印書館，2002年11月，第6刷），頁283。

【有關氣象的方言詞彙對照表】〔註21〕

國語	北京	濟南	西安	太原	武漢	成都	合肥	揚州	蘇州	溫州	長沙	雙峰	南昌	梅縣	廣州	陽江	廈門	潮州	福州	建甌
下雨	下雨	下雨	下雨	下雨	下雨、落雨	下雨、落雨	下雨	下雨	落雨	落雨	落雨	落雨	落雨	落雨、落水	落雨	落水	落雨	落雨	桐雨	落雨
下雪	下雪	下雪	下雪	下雪	下雪、落雪	下雪、落雪	下雪	下雪	落雪	落雪	落雪	落雪	落雪	落雪	落雪	落雪	落雪	落雪	桐雨、落雪	落雪
下霜	下霜	下霜	下霜、打霜	下霜	下霜、打霜	下霜、打霜	下霜	下霜	下霜	降霜	打霜	打霜	打霜	落霜	落霜	落霜	落霜	落霜	落霜	落霜

（3）殆

《汗簡》林罕集字	《古文四聲韻》林罕集	《古文四聲韻》林罕集

　　此字《說文》無載，見於《汗簡》與《古文四聲韻》。黃錫全云：

> 《爾雅・釋詁》「落，死也。」釋文「落，本作殆。」落為「零落」字，
> 殆為「死殆」字，二字音近假借。夏韻鐸韻錄作、，一從歺，一從死，
> 從歺之字或從死，如《說文》殂字古文作、殪字古文作等。〔註22〕

其說大致可從，只是「落」、「殆」二字的關係不必說成假借，「落」、「殆」應屬同源。
朱駿聲云：「《爾雅・釋詁》『落，死也。』字變作殆。」〔註23〕「殆」當為「死殆」
專用字，然並非廣泛使用，傳世文獻則皆用「落」字，如：《尚書・堯典》：「帝乃殂
落。」疏：「蓋殂為往也。言人命盡而往。」《國語・吳語》：「使吾甲兵鈍獘，民人
離落，而日以憔悴。」注：「落，殞也。」

〔註21〕北京大學中國語言文學系語言學教研室編《漢語方言詞彙（第二版）》（北京：語文
　　　　出版社，2005 年 1 月第 3 刷），頁 326～329。
〔註22〕黃錫全《汗簡注釋》（武漢：武漢大學出版社，1990 年 8 月初版），頁 177～178。
〔註23〕〔清〕朱駿聲《說文通訓定聲》（北京：中華書局，1998 年 12 月第 2 刷），頁 462。

(4) 𥛔

該字文獻未見，楚簡中首次出現，即古禮「落祭」之專用字。

此求簡明，將上述諸字之本義，表列於後：

各	來到。	殆	生命到了盡頭，即死亡。
落	樹葉到了地面。	𥛔	宮室的工程到了結束，故祝之。
零	雨水到了地面。		

可見這些字的基本意義都是由「到某處（或某階段）」派生出來的。後來「落」字獨行，「零」、「殆」、「𥛔」三字均廢而不用。

五、包山簡的「祫」字

本篇中的「𥛔」、「条」、「祫」等形，都是落祭專用字。其中「祫」一形又見於包山簡，如下：

 簡 202 之 1  簡 202 之 2	宋客盛〔公〕鸚聘於楚之歲，型层之月乙未之日，應會以央著為子左尹㾃貞：自型层之月以就型层之月，出內事王，盡卒歲，躳身尚無有咎？，占之：恆貞吉，少有慼於【201】躳身，且爵位遲踐，以其故敓之；舉禱於宮地主一羖；祫於親父蔡公子家特豬、酒食，饋之；祫親母肥豜、酒食。【202】 《包山楚簡》簡 201-202

原考釋云：「祫，讀作愙，《說文》：『敬也』。」〔註 24〕劉信芳讀「客」，云：

字從示，客聲。《周禮・秋官・大行人》：「掌大賓之禮及大客之儀。」客之禮與賓略同而次於賓。《禮記・祭義》：「濟濟者，客也」。〈釋文〉：「賓客也」。古代祭儀，祭祀自然諸神之時，同時祭祀列祖列宗，商代稱「賓」，武丁卜辭：「下乙賓於帝一咸不賓於帝」（乙 7434）。楚人襲殷禮，或稱「賓」，或稱「客」（「祫」之示旁是爲了強調其祭祀意義），《天問》：「啓棘賓商，九辯九歌。」《山海經・大荒西經》：「（夏后開）上三嬪于天，得《九辯》與《九歌》以下。」周人稱爲「配」，亦稱「配天」。《易・豫》：「殷薦之上帝，以配祖考。」《詩・周頌・思文》序：「思文，后稷配天也。」《史記・封禪書》：「郊祀后稷以配天，宗祀文王於明堂以配上帝。」〔註 25〕

〔註 24〕湖北省荊沙鐵路考古隊《包山楚簡》（北京：文物出版社，1991 年 10 月初版），頁 54。

〔註 25〕劉信芳《包山楚簡解詁》（臺北：藝文印書館，2003 年 1 月初版），頁 217。

該字與本篇的「袼」字，字形相同，且二者皆爲一種祭祀，但從簡文內容來看，包山簡「袼」字所指應非落成典禮。此爲落成字之引伸用法，還是二者僅屬單純的同形異字關係，目前不得而知，待考。

六、小　結

　　〈昭王毀室〉篇的背景是楚國昭王新宮建成後所舉行的落成典禮。簡文中出現「袼」、「条」、「袼」等字形，應爲「落祭」之專用字。除此之外，古代還有「零」、「殏」等字，本各有所用，然而後來「落」字獨行，這些專用字皆廢而不用。此外，「袼」字亦見《包山楚簡》，但其與「落祭」之專用字的關係爲何，目前無法確知。

第二節　說「犾」

一、引　言

　　楚昭王即將舉行落成典禮時，有個人穿著喪服擅自進入了中廷，並向昭王訴說：「不△僕之父之骨在於此室之階下。」其中以△取代的字，原考釋本隸作「犾」，讀「逆」，然其左半的寫法顯然與楚文字「屰」旁不類，其解不可從。陳劍、袁國華同時指出該字實從「倒矢」形，故不宜讀「逆」。陳劍分析此字爲「從矢、從犬」，認爲其乃爲「幸」字之初形；袁國華則視「倒矢」形爲「箭」字，認爲簡文中被假借爲「察」字。該字又見《上博（五）‧姑成家父》篇中，季師亦讀「幸」，解讀無礙，可從。

二、〈昭王毀室〉的△字

	告：「僕之母（毋）辱君王，不△僕之父之骨在於此室之階下，僕將埞（斂）亡老□□□【3】㠯（若）僕之不得幷（併）僕之父母之骨，私自塼（敷）。」【4】

〈昭王毀室〉簡 3-4

　　原考釋者陳佩芬將△字隸作「犾」，云：「從犬，屰聲，讀爲『逆』。『不逆』是君子的謙稱；『不逆之君』即有道之君，《晏子問下》：『君子懷不逆之君。』」並釋讀斷句爲「僕之毋辱君王不逆，僕之父之骨在於此室之階下」〔註26〕從字形來看，其

〔註26〕馬承源主編《上海博物館藏戰國楚竹書（四）》（上海：上海古籍出版社，2004 年 12

右半無疑从「犬」，然左半的「辛」形能否釋爲「屰」，則值得討論。下面羅列古文字中已識之「屰」字及从其之諸字形：

【字形表1】

1 明2181 （屰）	2 乙9043 （屰）	3 甲2707 （屰）	4 ■爵 （屰）	5 目父癸爵 （屰）
6 包2.719 （逆）	7 包2.75 （逆）	8 郭・性10 （逆）	9 郭・性11 （逆）	10 郭・性17 （逆）
11 郭・成32 （逆）	12 上一・性4 （逆）	13 上一・性5 （逆）	14 上二・容8 （逆）	15 上二・容52 （逆）
16 上五・季17 （逆）	17 包2.63 （朔）	18 包2.63 （朔）	19 包2.63 （朔）	20 包2.98 （朔）

《說文・干部》：「屰，不順也。从干下凵，屰之也。」從甲金文看，《說文》釋形顯然不確，字實爲象倒立之人，六書屬變體象形〔註27〕。目前楚簡中看不到獨體的「屰」字，然偏旁中多見，其寫法大抵分爲「ᖷ」、「ᖷ」、「ᖷ」三種。無論何種寫法都跟△字的左半有一定的距離。總言之，將△字隸定作「猒」，不妥。

三、所謂「倒矢」形爲何字？

陳劍指出其左半實爲「倒矢」形，並認爲其亦爲「矢」字，云：

> 〈昭王毀室〉之字左半所从其實是「倒矢」形。……現在大家已經知道，楚系文字作「倒矢」形的字就是「矢」字。今本《詩經・齊風・猗嗟》「四矢反兮，以御亂兮」，《上海博物館藏戰國楚竹書（一）・孔子詩論》簡22

月初版），頁184。

〔註27〕許師錟輝云：「以一個象形文爲主體而變易其位置，或變化其形體筆畫者，謂之變體象形。王筠《說文釋例》列爲指事，朱宗萊《文字學形篇》列爲變體象形。」許師錟輝《文字學簡編・基礎篇》（臺北：萬卷樓圖書有限公司，2001年10月4刷），頁169。

「矢」字正作「倒矢」之形，可證。〔註28〕

袁國華亦視之爲「倒矢」形，然並不認爲是「矢」字，而是「箭」之古文，云：

該字實作倒「矢」形，因此有學者直接將該字隸定作「矢」，但是楚文字從「矢」的「侯」字，所見「矢」字的寫法，與其顯有差異，故暫不從此說。「𢎨」字包山楚簡、曾侯乙墓竹簡屢見。曾侯乙墓竹簡簡48云「𢎨五秉」，是指「箭五十枝」；簡60句云「一秦弓九𢎨」，是指「一具秦弓以及九枝箭」，有學者據此推斷「𢎨」即「箭」字之古文。〔註29〕

【字形表2】

1 曾 3	2 曾 48	3 曾 56	4 曾 60	5 包 2.260
6 仰 25.31	7 上一·孔 22	8 上二·容 2	9 上二·容 18	10 上三·周 37

上列諸形爲楚簡文字中已識之「倒矢」形。在字形認知上而言，上引二說均可從，△字左半從「𢎨」〔註30〕無疑。但對其讀法目前學者意見不一，或者讀「矢」，或者讀「箭」。於此將相關文例羅列於後，以便瞭解其在簡文中實際使用情況：

（1）二秦弓，𦂂造。用𢎨，籤五秉。（《曾侯》簡3）

〔註28〕陳劍〈釋上博竹書〈昭王毀室〉的「幸」字〉《漢字研究》第1輯（北京：學苑出版社，2005年6月初版），頁458～459。此文又見武漢大學簡帛網（2005年12月16日）。

〔註29〕袁國華〈上博楚竹書（四）〈昭王毀室〉字詞考釋〉《出土簡帛文獻與古代學術國際研討會論文集》（臺北：國立政治大學中國文學系，2005年12月），頁134。

〔註30〕關於「倒矢」形的隸定問題，略論於後：所謂「倒矢」形，曾侯乙墓原考釋中則仿照「函」字所從，將之隸作「羊」。然《說文》已有字作「羊」形，《說文·干部》：「羊，撖也。從干。入一爲干，入二爲羊。」倒矢形與《說文》「羊」字完全無關，將倒矢形隸作「羊」，恐會產生不必要的誤會，因此本文不從其隸定。湖北省博物館編《曾侯乙墓》（北京：文物出版社，1989年7月），頁504，注26。／何琳儀隸定作「至」。自甲骨文以來「至」字確從倒矢，然甲骨文裡其他從倒矢者，如：函（函）、備、晉等字，後世都不作此形，演變成「至」形者，只有「至」字一例，故實無一定要隸定成「至」的必要。何琳儀〈仰天湖竹簡選釋〉《簡帛研究》第3輯（南寧：廣西教育出版社，1998年12月初版），頁112。／袁國華隸定作「𢎨」。其隸定淺顯易懂，且無與他字混淆的可能，故本文採之。袁國華〈上博楚竹書（四）〈昭王毀室〉字詞考釋〉《出土簡帛文獻與古代學術國際研討會論文集》（臺北：國立政治大學中國文學系，2005年12月），頁134。

（2）✦五秉（《曾侯》簡 48）

（3）✦五秉（《曾侯》簡 56）

（4）一秦弓九✦（《曾侯》簡 60）

（5）一缶；一奠弓；一紛繪；夬盟；一澮□；二鋦，四✦；一枓□（《包山》
　　簡 2.260）

（6）《猗嗟》曰：「四✦反，以禦亂」（《上博一・孔子詩論》簡 22）

（7）暗聾執燭，矇瞽鼓瑟，跛躃守門，侏儒為✦，張者緣宅，瘻者事數……（《上
　　博二・容成氏》簡 2）

（8）禹聽政三年，不製革，不刃金，不略✦，田無蔡，宅不空，關市無賦。（《上
　　博二・容成氏》簡 18》）

（9）九二：畋獲三狐，得黃✦，貞吉。（《上博三・周易》簡 37）

曾侯簡裡屢次出現「✦」字，朱德熙認為就是「矢」字。〔註 31〕裘錫圭、李
家浩則懷疑其為「箭」之初文，曾侯乙墓原考釋云：「此字（按：指倒矢形）簡文
常見，義同箭矢。或疑此即『箭』字古文。」〔註 32〕何琳儀亦有同樣的看法，認
為楚文字「弞（射）」字所从之「✦」為「箭」之古文。〔註 33〕在此一問題上，上
博簡給我們提供了重要線索：〈孔子詩論〉和〈周易〉篇裡有「✦」字，今本裏其
相應之字皆作「矢」，如：《詩經・齊風・猗嗟》：「四矢反兮，以禦亂兮。」《周易》：
「田獲三狐，得黃矢，貞吉。」又，西周中期召鼎銘文云：「汝其捨究矢五秉。」，
似可與曾侯簡對照。其實，上揭引文中之「倒矢」形，無論讀「矢」或讀「箭」，
就文意上來說，都能讀得通。《說文・竹部》：「箭，矢也。」矢、箭意義相近。（與
此相關問題，需要進一步討論，請參附論。）然本文根據上博簡〈孔子詩論〉、〈周
易〉二篇的例子，認為楚簡中之「倒矢」形，還是以看作「矢」字為妥。

實際上，這種「倒矢」形，我們可以從甲骨文字當中找出其原由，根據相關研
究，甲骨文的「✦」字亦仍為「矢」字。卜辭中多見「雉眾」　詞，其中「雉」的
寫法見數種，於此將字形較為清晰者羅列於後：

【字形表 3】

〔註31〕朱德熙〈鄂君啟節考釋（八篇）〉《朱德熙古文字論集》（北京：中華書局，1995 年 2
　　　　月初版），頁 196。此文原載於《紀念陳寅恪誕辰百年學術論文集》（北京：北京大
　　　　學出版社，1989 年）。

〔註32〕湖北省博物館編《曾侯乙墓》（北京：文物出版社，1989 年 7 月初版），頁 504，注
　　　　26。

〔註33〕何琳儀《戰國古文字典》（北京：中華書局，1998 年 9 月初版），頁 550。

1 第一期·69〔註34〕	2 第三期·26879	3 第三期·26880	4 第三期·26882	5 第三期·26884
6 第三期·26889	7 第三期·26893	8 第三期·27996	9 第五期·35345	10 第五期·35347

最先將上揭諸形看成是同一詞的不同寫法的，是陳夢家，云：

> 以上的「雉」字，武丁作「至」，廩辛作「狋」，康丁從矢，或增土。康丁
> 所從之奎即至字，皆象矢至於地。凡此諸形，意當相同。〔註35〕

如今對「雉眾」的涵義，尚有幾種不同的解釋〔註36〕，然學界基本認同陳夢家所說「凡此諸形，意當相同」，即認為它們所表示的是同一詞。依陳說，各形可隸定作：至（1形）、𡙇（2、3形）、雉（4、5、8形）、狋（6、7形）、雒（9、10形），而其中將第1形釋為「至」，實誤。事實上，甲骨文「至」字一般作「🔽（乙7795）」、「🔽（甲841）」、「🔽（甲1560）」等形，從未省底下一橫。第1形應當不得釋作「至」，其實為「倒矢」形。（近年來學者多將之改釋為「矢」〔註37〕，當可從。）值得注意的是，在這裡「狋」、「雉」表示同一詞，二字古音應為相同或相近。「雉」字從「矢」聲，可見卜辭中的「狋」確實就是「矢」字。第五期的「雒」字從「至」得聲，矢（透／脂）、至（端／質）古音亦近。總言之，「狋」、「雉」、「𡙇」、「狋」、「雒」等字之所以能夠記錄同一詞，是因為它們的古音俱近。此一問題上，將「狋」釋作「矢」，這些異文問題，則渙然冰釋。

甲骨文裡「矢」字一般寫作「🔽（甲3117）」、「🔽（掇1.204）」、「🔽（河336）」等形。根據上論，我們可以知道「倒寫的矢」仍舊是「矢」字。不僅是單字，作偏旁時亦然，「甾（函）」字可以證明這一點，如：

【字形表4】

1 前2.32.2	2 後2.22.5	3 京津4467	4 粹1564	5 林2.19.14

〔註34〕即《甲骨文合集》編碼。
〔註35〕陳夢家《殷虛卜辭綜述》臺灣翻印版（臺北：大通書局，1971年），頁609。
〔註36〕如今有解為「夷傷眾人」、「陳師」、「失眾」等說法，本文對其不作詳論。
〔註37〕王貴民〈申論契文「雉眾」為陳師說〉《文物研究》，1985年第1期，頁49～55。／
沈培〈卜辭「雉眾」補說〉《語言學論叢》第26輯（北京：商務印書館，2002年），頁237～256。

6 西周晚· 函皇父鼎	7 西周晚· 毛公屛鼎	8 西周晚· 不嬰簋	9 包 2.222	10 楚璽彙 5269

　　字象裝矢用皮囊之形，裡面有「一矢」，甲骨文字形中其鏃所向則或往上或往下，可見無論正倒，實無別。所見金文字形皆從「倒矢」形，小篆字形「圅」所從之「芊」應由這種倒矢形而來，然包山字卻從正寫的「矢」。

　　現在再回頭看楚簡文字。目前楚文字材料裡「矢」字只見倒寫形，然偏旁中，正倒二者均見，如下：

【字形表 5】

弦	待	待	拼	拌	絆
	1 包 2.38	2 包 2.60	3 包 2.138	4 郭·窮 8	5 上三·周 44
矰	鞠	輎	鞠		
	6 包 2.38	7 包 2.60	8 包 2.190		
繒	縉	鮮			
	9 包 2.165	10 包 2.188			
侯	矣	庚	庚	庆	庚
	11 天·策	12 包 2.213	13 郭·老甲 18	14 上三·周 14	15 上四·柬 10

　　「弦（射）」、「矰」、「繒」等字從倒矢，然「侯」字跟「圅」字一樣從正寫的矢。綜上所述，我們應該可以說古文字裡面「矢」字，實則「正倒無別」。

　　根據【字形表 2】和【字形表 5】所舉諸形，楚簡中的「倒矢」形（實為「矢」字）的寫法可以歸納出四種，其演變順序應為如下：

　　其中最常見者為第 3 形，正是△字所從。

四、「幸」字的原始寫法

　　據上述考論，我們應該可以把△字窄式隸定作「㹠」形。從芊、從犬，該解為

何字？袁國華認爲簡文中當讀爲「察」，其說出於兩個考慮：第一、「狀」字所從之「𠦬」視作「箭」字；第二、「箭」上古屬精紐元部，「察」則初紐月部，聲紐同屬齒音，韻則元、月對轉，故二字可通假。〔註38〕其說聲韻上可以成立，但如同上述，本文認爲「𠦬」仍爲「矢」字，故暫時保留其說。陳劍則認爲它就是「幸」字，其主要根據爲如下：

　　《說文》小篆裏「逆」、「朔」、「欮」、「㚔（幸）」等字從「屰」，陳劍認爲其中本從「屰」者，僅「逆」、「朔」二者，「欮」、「㚔」所從「屰」，皆實爲「倒矢」形之譌。「幸」字先秦未見，「欮」字則西周金文中有二例，如：

【字形表6】

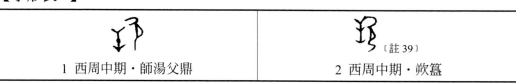

| 1 西周中期・師湯父鼎 | 2 西周中期・欮簋〔註39〕 |

師湯父鼎銘云：「王呼宰𩱔賜盠弓、象弭、矢𤕻、彤欮、師湯父拜稽首。」孫詒讓曾謂銘中「欮」爲「桰（栝）」之借字。張世超同意讀「桰」，但主張「欮」即「桰」之本字，並非假借，則認爲其左旁是倒豎之矢，右邊「欠」則聲符〔註40〕。陳劍贊成其說，認爲「欮」字之初形當可析爲「從𠦬、欠聲」，並列舉秦漢文字中的相關字形，而證明早期隸書中「幸」字下部寫法的演變跟「欮」字左旁相同，如下：

　　排比早期隸書中的「欮」字、「欮」旁和「幸」字，可以看出 <u>「欮」旁所從的「倒矢」形和「幸」字的下半最常見的寫法都可以歸納爲「羊」形</u>、<u>「羊」形和「干」形三類</u>，兩者的變化是平行的。……早期隸書中「屰」旁最常見的寫法也有「羊」形、「羊」形和「干」形三類，所以在《說文》篆形中，「欮」和「幸」就都變成從「屰」的了。下面列舉出一些字形來看：

　　「欮」旁：[秦印] 秦印 [秦印] 秦印 [秦印] 秦印 [馬] 馬王堆〈十問〉簡 30 [張] 張家山〈脈書〉簡 25 [張] 張家山〈脈書〉簡 46 [馬] 馬王堆〈老子〉乙本 177

〔註38〕 袁國華〈上博楚竹書（四）〈昭王毀室〉字詞考釋〉《出土簡帛文獻與古代學術國際研討會論文集》（臺北：國立政治大學中國文學系，2005 年 12 月），頁 134。

〔註39〕 欮簋之「欮」字爲器主之名。

〔註40〕 「欠」上古音在溪紐談部；「欮」則見紐月部，屬旁紐通轉之例。至於「談」、「月」二部之通轉，可參李家浩〈南越王墓車馹虎節銘文考釋——戰國符節銘文研究之四〉《容庚百年誕辰紀念文集》（廣州：廣東人民出版社，1998 年 4 月初版），頁 662～671。

馬王堆〈合陰陽〉簡 109　馬王堆〈陰陽五行〉乙篇 3　馬王堆〈十大經〉115　馬王堆〈天文雜占〉4.4

「幸」字：睡虎地秦簡〈秦律十八種・田律〉9　張家山〈二年律令〉簡 430　張家山〈奏讞書〉簡 144　張家山〈奏讞書〉簡 147　馬王堆一號漢墓漆器文字　馬王堆一號漢墓漆器文字

「屰」旁：馬王堆〈陰陽五行〉甲篇 34　馬王堆〈合陰陽〉簡 116　馬王堆〈相馬經〉4　馬王堆〈周易〉4　馬王堆〈經法〉8　馬王堆〈經法〉2　秦印　〈陰陽五行〉甲篇 11　〈陰陽五行〉甲篇 118

由此可見，秦漢文字中的「幸」字較爲原始的寫法實當分析爲上從「犬」下從「倒矢」形。古文字的偏旁作左右平列和作上下重疊沒有區別是常見的現象，所以我們認爲，從字形上看〈昭王毀室〉的「狀」〔註41〕字就是「幸」字。「幸」字從「矢」從「犬」，其形體結構及造字本義還有待進一步研究。〔註42〕

據其考釋，〈昭王毀室〉第 3 簡可釋讀爲「僕之毋辱君王，不幸僕之父之骨在於此室之階下。」其說不但字形分析方面相當有說服力，而且依其釋，文意解讀亦頗爲順暢。雖然目前尚無法確知其造字意圖，但根據字形對比，視「從矢、從犬」者爲「幸」字，當可從。

五、《上博（五）・姑成家父》之「狀」字

	□□□□於君，狀則晉邦之社稷可得而事也，不狀則取〔註43〕免而出。【3】
	〈姑成家父〉簡 3

〔註41〕即「狀」字，在引文中尊重各家的隸定，不作硬性統一。

〔註42〕陳劍〈釋上博竹書〈昭王毀室〉的「幸」字〉《漢字研究》第 1 輯（北京：學苑出版社，2005 年 6 月初版），頁 461。

〔註43〕原釋文作「得」，本文從何有祖之改釋。細審原簡便可發現其字形確爲符合楚系「取」字的寫法。何有祖〈〈季庚子問孔子〉與〈姑成家父〉試讀〉（武漢大學簡帛網，2006年 2 月 19 日）。沈培亦從其改釋，云：「古書似不見『取免』之說，簡文大概是爲了避免與上面『得』重複而改說義近的『取』。下面簡 4 仍說『得免而出』。」沈培〈上博簡〈姑成家父〉一個編聯組位置的調整〉（武漢大學簡帛網，2006 年 2 月 22 日），注 15。

原考釋以爲不識字〔註44〕，季師旭昇認爲該字从倒矢、从犬，即「幸」字。〔註45〕字當與〈昭王毀室〉簡 3「**幹**」屬同字。此處將「狀」讀作「幸」，文從字順，解讀無礙，可從。

六、小　結

通過〈昭王毀室〉、〈姑成家父〉之例證，我們可以肯定楚簡裏「从矢、从犬」結構之字，確爲「幸」字。聲韻上「矢」、「犬」皆與「幸」字隔絕，「狀」應是個會意字。至於「从矢、从犬」如何會意，目前則尙無理想的解釋。期待將來有新的材料或證據出現，爲「幸」字的初形本義得出一個合理的解決。

附　論

一、「狀」讀「箭」

楚簡中常見的「矢」形，我們在本論中判定爲「矢」字，其主要依據爲：《上博（一）·孔子詩論》作「四矢反，以禦亂」，今本《詩經》云「四矢反兮，以禦亂兮」；《上博（三）·周易》作「畋獲三狐，得黃矢，貞吉。」，今本《周易》云「田獲三狐，得黃矢，貞吉。」，並且甲骨文中的「矢」與从矢聲之「雉」字互通。

根據目前我們所能掌握的材料，在楚簡中「狀」（一般稱爲「二倒矢」）形才可以讀作「箭」。今本《禮記·緇衣》篇裡的「葉公」，郭店簡〈緇衣〉篇作「晉公」，上博簡〈緇衣〉篇作「狀公」。自從甲金文以來「晉」字上部从二倒矢，楚文字亦然。〔註46〕「晉」所从之「狀」很可能是「箭」之初文。楊樹達認爲「晉」爲「箭」之古文〔註47〕，其說未必可信，但據古書通假，二字至少必有聲韻關係，如：《周禮·夏官·職方氏》：「其利金錫竹箭。」鄭注：「故書箭爲晉。」杜子春曰：「晉當爲箭。」《儀禮·大射儀》：「綴諸箭。」鄭注：「古文箭作晉。」「晉」上古音隸於精紐眞部，「箭」則精紐元部，二字聲同韻則旁轉，諧聲脗合。「晉」當从「狀（箭）」得聲，二字聲韻關係實則自不待言。郭店本作「晉公」，上博本作「狀公」，當屬音近通假。

〔註44〕馬承源主編《上海博物館藏戰國楚竹書（五）》（上海：上海古籍出版社，2005 年 12 月初版），頁 242。

〔註45〕季師旭昇〈上博五芻議（下）〉（武漢大學簡帛網，2006 年 2 月 18 日）。

〔註46〕《說文·日部》：「晉，進也。日出而萬物進，从日、从臸。」小篆从臸，當屬譌變。

〔註47〕楊樹達〈釋晉〉《積微居小學金石論叢（增訂本）》（北京：科學出版社，1955 年 10 月），頁 14。

　　至於今本作「葉公」，李學勤指出其實爲《逸周書・祭公》篇之「祭公」。〔註48〕「祭」字上古音爲精紐月部，與「箭」字聲同韻則對轉。眞、元旁轉，元、月對轉，古書裡都很常見，「祭」與「晉」當屬旁對轉的關係。由此可知，「祭」、「晉」、「𢼸（箭）」三字因爲聲韻俱近，故可通假。〔註49〕於此羅列各本文例，以供參考：

	葉公之顧命曰：「毋以小謀敗大作，毋以嬖御人疾莊后，毋以嬖御士疾莊士、大夫、卿士。」 《禮記・緇衣》
	汝無以嬖御固莊后，汝無以小謀敗大作，汝無以嬖御士疾大夫、卿士。 《逸周書・祭公》
𣌭	晉公之顧命云：「毋以小謀敗大作，毋以嬖御塞莊后，毋以卑嬖塞大夫、卿士。」 《郭店・緇衣》簡 22-23
𢼸	𢼸公之顧命云：「毋以小謀敗大圖，毋以嬖御疾莊后，毋以卑嬖士疾大夫、卿士。」 《上博一・緇衣》簡 12

二、「至」從「𠤏（矢）」得聲

【字形表 7】

𡊥	𡊥	𡊥	𡊥	𡊥
1 鐵 125.4	2 甲 841	3 乙 7795	4 甲 1560	5 佚 911

　　《說文・至部》：「至，鳥飛從高下至地也。從一，一猶地也，象形。『不』上去

〔註48〕李學勤認爲「祭」與「葉」是音近通假關係。另外，李文中將郭店「晉」字上從二倒矢釋作「彗」，當誤。李學勤〈釋郭店簡祭公之顧命〉《文物》1998 年第 7 期，頁44～45。／此文又見於《中國哲學》第 20 輯——郭店楚簡研究（瀋陽：遼寧教育出版社，1999 年 1 月初版），頁 335～338。

〔註49〕李家浩云：「『箭』從『前』聲。古書中有從『前』聲之字與『淺』通用的例子。郭店楚簡『淺』、『察』二字所從聲旁相同。『察』從『祭』聲。於此可見，『晉』可以讀爲『祭』。」李家浩〈楚大府鎬銘文新釋〉《著名中年語言學家自選集・李家浩卷》，（合肥：安徽教育出版社，2002 年 12 月初版），頁 124。／此文原載於《語言學論叢》第 22 輯，（北京：商務印書館，1999 年）。從聲韻關係看，「晉」、「箭」、「祭」三字互通，似無疑義。

而『至』下來也。」許說鄰於玄想。「至」字甲骨文从倒矢、底下从一，或作 L 形，林義光認爲「一」形象正鵠之形〔註50〕，姚孝遂則認爲一者爲矢之所止。〔註51〕二說皆有理，从倒矢、从一，可示至意。本論中已述，「倒矢」形仍舊是「矢」字。「矢」古音在透紐脂部，「至」則端紐質部，二字聲近韻則陰入對轉。「至」字从「矢」，當係兼聲。許師錟輝早已指出其當屬形聲，云：

> 形符「一」象地之形，不成文之圖形。至、金文作「𦥑」，象矢下至地之
> 形，篆文「𦥑」由金文而稍變，所从「𦥑」，應象矢形。至、脂利切，聲
> 屬照母，古韻在段氏第十二部；矢、式視切，聲屬審母，古韻在第十五部。
> 二字古音聲韻俱近，至當从矢聲，形符象地之形，不成文之圖形。《說文》
> 釋爲从一象形，視「一」爲文字，釋「至」字爲合體象形，未允。〔註52〕

其說正確可從。另外，「雉眾」之「雉」第五期作「雉」，可見甲骨文字裡「矢」、「至」用作聲旁時互用，可資佐證。

三、「矢」、「箭」同源

「雉眾」之「雉」第三期或作「𥄗」形（參【字形表3】），其音應與「矢」、「雉」相同或相近。然楚簡中「𥄗」形，就目前所見例子來看，以讀作「箭」爲妥。沈培認爲既然「矢」字正倒無別，「𥄗」和「𥄗」也應該是同一字，即「箭」之初文。〔註53〕若其說成立，商代「矢」、「箭」同音。但問題在於根據上古音系統，「矢」和「箭」的聲紐尚有段距離：

	聲　紐	韻　部		聲　紐	韻　部
矢	透	脂	箭	精	元
雉	定	脂	晉	精	眞
至	端	質	祭	精	月

從矢聲之字，其聲母皆塞音；箭爲精紐，即屬塞擦音，一般來說，互不相通。〔註

〔註50〕林義光《文源》卷六。該說見於《古文字詁林》第 9 冊（上海：上海教育出版社，2004 年 10 月），頁 475。

〔註51〕于省吾主編、姚孝遂按語《甲骨文字詁林》（北京：中華書局，1999 年 12 月第 2 刷），頁 2555。

〔註52〕許師錟輝《文字學簡編》（臺北：萬卷樓圖書股份有限公司，2001 年 10 月第 4 刷），頁 191～192。

〔註53〕沈培〈卜辭「雉眾」補說〉《語言學論叢》第 26 輯（北京：商務印書館，2002 年），頁 238。

〔註54〕李方桂曾擬定兩條上古聲母互諧原則，如：1）上古發音部位相同的塞音可以互諧。

54）然沈培認爲精紐和定紐古音仍然可以相諧，其立論所據爲如下諧聲字：〔註55〕

以　　紐 （喻紐四等）			西		亦	匀	由
精　　紐	酒	醬	洒〔註56〕		迹	杓	稻

沈培云：

> 古音學上有「喻四歸定」的説法，因此精母字跟定母字是可以相諧的。這
> 説明古文「箭（按：即「疌」）」跟「雉」聲母讀音相近。再看韻部，「箭」
> 古文爲「晉」，「晉」是眞部字，與「雉」、「矢」是陰陽對轉的關係。〔註57〕

本文姑且接受其説，進而提出一個假設：

（1）依沈説，甲骨文時代「矢」、「疌（箭）」同音。二字形體上只有單複之別，
　　　實際上，古文字往往「單複無別」；「矢」、「箭」字義相近，再加上如果連
　　　字音都可以互通的話，實無理由將此二形不能當作一字。因此本文認爲在
　　　商代「矢」、「箭」實屬同字。換言之，「矢」、「箭」同源。〔註58〕

（2）根據上古音系統所呈現之聲紐上的差別，可以推測大約周代以後發生了音
　　　變，導致其讀音一分爲二。戰國時期此二音似乎已分得很清楚，在楚文字
　　　裏，即以「夨」形來記錄「透紐脂部」之音（即「矢」字）；以「𣥂」形來

2）上古的舌尖塞擦音或擦音互諧，不跟舌尖塞音相諧。《上古音研究》（北京：商務
印書館，2003 年 9 月第 5 刷），頁 10。／當然這只是個大原則，實際上仍可發現一
些例外。

〔註55〕沈文中表明此爲其師裘錫圭之説。詳見裘錫圭〈釋殷墟卜辭中的「卒」和「律」〉《中
原文物》1990 年第 3 期，頁 11。該文認爲卜辭中的「律」形爲「卒」字之異體，即
「从衣、聿聲」，「卒」上古音在精紐物韻；「聿」則以紐物韻，二字韻同聲異，然商
代形聲字中確有「以紐諧精紐字」之例，故「卒」字的異體可以从「聿」得聲。

〔註56〕取「即由切」音。

〔註57〕沈培〈卜辭「雉眾」補説〉《語言學論叢》第 26 輯（北京：商務印書館，2002 年），
頁 239。

〔註58〕郭錫良説：「音近同源詞是由音變構詞法形成的。在單音的格局中，要創造新詞，除
了通過詞義引伸分化出新詞外，還可以通過音節中的音素變化構造意義有聯繫的新
詞，也就是音近同源詞。」郭文中列舉若干例子，如：（1）渴、竭、歇（2）創、傷
（3）斯、析（4）象、豫〈漢語的同源詞和構詞法〉《漢語史論集（增補本）》（北京：
商務印書館，2005 年 10 月初版），頁 253～254。此文原載於《第二屆國際暨第四屆
全國訓詁學學術研討會論文集》（臺北：國立臺灣師範大學國文學系，1998 年 12 月）。
又見於《湖北大學學報》2000 年第 5 期。
本文認爲「矢」、「箭」也應屬郭氏所説的音近同源詞。過去因爲此二字古音不近，
字形並無關連，所以沒有被看成是同源。現在聲韻方面已得到合理的解釋，並且知
道了原本字形上僅有「單複之別」，因而本文認爲「矢」、「箭」當屬同源。

記錄「精紐元部」之音（即「箭」字）。

（3）从竹、前聲之「箭」字，最早見於戰國時期的鄂君啓車節，當爲後起形聲字。「前」上古音在從紐元部，可見「箭」是專爲寫「精紐元部」音而造的新字，最後取代「𢆶」形而專行。

（4）楚簡裡仍以「𢆶」形來記錄「精紐元部」之音，實則保留從甲骨文以來的古老寫法。

以上推論多處筆者所臆斷，僅供參考。

第三節　說「嘒」

一、引　言

楚簡中有個字作「癹」形，或增益偏旁而作「戲」、「嘒」形。「癹」見於《上博（三）‧周易》，今本裡其相應之字作「衛」。秦樺林以形、音爲據，提出視之爲「歲」字的看法。季師則認爲其當析爲「从又、从歲，又歲皆兼聲」。至於《上博（四）‧昭王與龔之脾》之「嘒」字，陳劍認爲當讀「暴」，其考釋出於同形異字的觀點。簡文中讀其爲「暴」，釋讀上可謂無比順暢，然而本文對其字形分析持有異見，竊以爲「嘒」字所从之「癹」，仍舊是从歲聲之「癹」字，二者並非同形異字。簡文中「嘒」字頗疑讀「夒」，「暴」、「夒」字義相近，且「歲」、「衛」、「夒」古音皆屬匣紐月部。

二、〈昭王與龔之脾〉之「嘒」字

王曰：「大尹之言脾，何詖（羞）有焉？天加禍於楚邦，息（霸）君吳王身至於郢，楚邦之良臣所嘒【9】骨。吾未有以憂。其子脾既與吾同車，又〔窮無〕衣，凶（使）邦人皆見之三日焉。」【10】

〈昭王與龔之脾〉簡 9-10

原整理者陳佩芬云：「『嘒』，《說文》所無。《上海博物館藏戰國楚竹書（三）‧周易‧大壵（畜）》『日班車癹』與本冊《逸詩》『以自爲癹』字皆从爻、从戈。『嘒』字从日，上部相同，假借讀『慧』或『衛』，敏、智之義。」〔註59〕如其所指，該字上從之「癹」見於〈周易〉、〈交交鳴鳥〉二篇，如：

〔註59〕馬承源主編《上海博物館藏戰國楚竹書（四）》（上海：上海古籍出版社，2004 年 12 月初版），頁 190。

	九三：良馬逐，利艱，貞：曰班車，𢼸，利有攸往。 〈周易〉簡 25
	君子相好，以自為𢼸。𢼸紴是好，唯心是勵，間關謀治，皆少皆大。 〈交交鳴烏〉簡 4

此字還曾見於《楚帛書‧甲篇》，凡二見。二形皆从𢼸、从止，作「𢾭」形，如：

|
3.8

〔註60〕
3.23 | 乃卉（上下）朕（騰）轉，山陵不𢾭。乃命（名）山川四海。□熱氣百氣，以為其𢾭。

〈甲篇〉第 3 行 |

饒宗頤初釋為「斌」〔註61〕，後改釋作「毅」〔註62〕。因當時受限於相關材料缺乏，無從得到明確的結論。《上博（三）‧周易》篇的面世，為此字的釋讀提供了一個新的契機。前面已揭其篇第 25 簡的一段文字，其中「𢼸」字，王弼本裡相應之字作「衛」。對於簡文中「𢼸」字之讀法，學者大部份贊成依照今本讀「衛」，然各家對字形的瞭解頗有分歧，下面我們將會逐一檢討。

三、《上博（三）‧周易》之「𢼸」字

廖名春認為此形从「乂」得聲。古文字裡「戈」、「刀」二旁常互用，故可視「𢼸」

〔註60〕 本文所引字形為曾憲通之摹本。曾憲通撰集《長沙楚帛書文字編》（北京：中華書局，1993 年），83 頁。

〔註61〕 饒宗頤初釋為「斌」，謂：「斌字从爻从武，為斌之異構。《說文》：『斌，通也。从爻从疋，疋亦聲。』武亦步武，與疋為足，形義正相近。下文『以為亓斌』，《周語》：『歸物於下，疏為川谷，以導其氣。』又云：『疏川導滯。』是山陵不斌謂不通也。」〈楚繒書疏證〉《中央研究院歷史語言研究所集刊》第 40 冊（上），頁 5。

〔註62〕 饒宗頤後來改釋為「毅」，認為 3.8 字可直接讀「毅」，3.23 字則讀「效」，是同字異讀，謂：「从戈與从攴同意，故字可釋毅。《說文》：『毅，相襍錯也。』不毅即不毅。上下指天地。言如神民之不襍糅，山陵各就其所。《禹貢》：『奠高山大川。』此禹與冥治水之功也。」又謂：「借毅為效。《說文》：『效，象也。』《易‧繫》：『爻者，效天下之動。』此句『以為其𢾭（毅）』猶言以為其效。《廣雅‧釋詁》：『爻、象、效，效也。』𢾭與效原應為一字，从戈从攴無別。……此處與上文訓毅亂，同字異義。」〈楚帛書新證〉《楚地出土文獻三種研究》（北京：中華書局，1993 年初版），頁 238～239。此文原載於《楚帛書》（香港：中華書局，1985 年 9 月初版）。

爲「刈」之異體。他進而主張《楚帛書》「戕」字亦讀「乂」；「乂」、「衛」疊韻，故楚簡〈周易〉篇裡可借用爲「衛」，云：

> 「戕」字疑從「乂」得聲，「乂」與「衛」同屬月部，音近通用。又從「戈」與從「刀」同，疑是「刈」字異體。長沙子彈庫楚帛書有「𢧄」字，學者隸作「戕」，或讀爲「疏」，或讀爲「殺」。疑也是「刈」字異體，當讀爲「乂」。《爾雅・釋詁下》：「乂，治也。」《史記・孝武本紀》：「天下乂安。」楚帛書「山陵不戕」，可讀爲「山陵不乂」，即山陵不治；「以爲其戕」，可讀爲「以爲其乂」，即以爲其安。〔註63〕

黃錫全認爲此形從「爻」得聲，可能是「效」之異體。他認爲從整個卦辭的內容來判斷，簡文「日班車戕」當讀「日閒車較」，云：

> 此字從戈從爻，已見於楚帛書所從，當爲從戈、爻聲之字，可能是效字異體。爻、效均爲匣母宵部。衛，匣母月部。二字雙聲。楚簡在此當讀較或較。《玉篇》較与較同。《集韻》較，或作較。《說文》：「較，車騎上曲鉤也（段注本）。」《詩・衞風》「猗重較兮」。《毛傳》：「重較，卿士之車。」車較，泛指「車」。班車較，當謂閒置車馬。〔註64〕

何琳儀、程燕亦認爲此形從「爻」得聲，但仍依今本，讀之爲「衛」，以爲「爻」、「衛」雙聲可通。至於《楚帛書》「戕」字，則從饒宗頤之說，讀「殺」，其釋讀亦出於將「爻」視作聲旁的看法：

> △（按：指「戕」字），從戈，爻聲。今本作「衛」。按，「爻」，匣紐；「衛」匣紐。二字雙聲可通。子彈庫楚帛書「山陵不△」，「以爲其△」，似均應讀△爲「殺」。又甲骨文亦有一字（《類纂》2421），疑爲滬簡之初文。〔註65〕

《類纂》2421 字作「𢧄」形〔註66〕，一般隸定作「戕」。其字卜辭中僅有一例（前7.2.4），且用爲方國名〔註67〕，無從考據。

秦樺林認爲此形實爲「歲」字，其所從之二「×」則爲「步」之譌，與「乂」或「爻」無關。「歲」、「衛」雙聲疊韻（所據爲黃易青之說，後詳論），故可通假：

> 筆者認爲，簡文「戕」實乃「歲」字。「歲」字甲骨文作△（原注：于省吾《甲骨文字釋林》，第68頁），乃戉之象形字，後演變爲△（原注：于

〔註63〕廖名春〈楚簡《周易・大畜》卦再釋〉《清華大學學報（哲學社會科學版）》2004年第3期第19卷，頁36。此文首發於（簡帛研究網，2004年4月24日）。

〔註64〕黃錫全〈讀上博《戰國楚竹書（三）》箚記六則〉（簡帛研究網，2004年4月29日）。

〔註65〕何琳儀、程燕〈滬簡〈周易〉選釋〉（簡帛研究網，2004年5月16日）。

〔註66〕姚孝遂主編《殷墟甲骨刻辭類纂》（北京：中華書局，1989年），頁911。

〔註67〕徐中舒《甲骨文字典》（成都：四川辭書出版社，1998年），頁1373。

省吾主編《甲骨文字詁林》，第 2397 頁），从步从戊，戊亦聲，會意字。戰國古文中，「歲」字所从「戊」多省作「戈」形，所从「步」之二「止」亦發生譌變。其中上「止」有作「×」者，字見郊陵君鑑、郊陵君豆；下「止」作「×」者，見《古璽文編》4427、4428。因此，簡文「戈」實際上是从「戊」省，从二「止」的譌變字。

《說文》謂「歲」：「从步、戊聲。」學者多據此並參照《廣韻》推定「歲」古音與「戊」同屬心母。何琳儀先生則指出：「舊歸歲爲戊聲首，或獨立爲聲首，均非是。茲據商周及戰國齊、秦文字，附歲於戊聲首之下。」把「歲」歸爲匣母月部字。黃易青先生也認爲「歲」古音本屬匣母，他在〈論上古喉牙音向齒頭音的演變及古明母音質〉一文中對此論述甚詳。可見，從聲韻關係看，簡文「戈」（歲）與「衛」皆爲匣母月部字，屬同音通假。既得此異文，則甲骨卜辭中出現的「歲祭」與「衛祭」很可能同爲一事。長沙子彈庫楚帛書《四時》有从「戈」旁之「𣥚」字，或讀爲「疏」，或讀爲「殺」。筆者認爲，此字當从止，戈（歲）聲。从「止」之字，多與从「足」之字通，如距同距，峙同時，壁同躄。而「歲」至戰國末期有作諧聲偏旁的趨勢，如藏、饖、劌、癗、翽、噦、濊、𩰎、顪等字皆从「歲」聲。「歲」，本从「戊」得聲，則「𣥚」可讀爲「跋」，同「越」字。《釋名·釋天》云：「歲，越也。」

楚帛書《四時》云：「山陵不𣥚（越），乃命山川四海，□熱（熮）氣𣥚害（豁）氣，以爲其𣥚（越），以涉（陟）山陵。」「越」訓「治」。《廣雅·釋詁》云：「越，治也。」《尚書·盤庚下》云：「亂越我家。」孔傳：「治理於我家。」《國語·周語下》云：「豐殖九藪，汩越九原。」王引之《經義述聞》云：「韋注：『越，揚也。』家大人曰：『汩、越，皆治也。謂平滯九州之上也。』」

「治」的含義寬泛，申而言之，則「越」有「開掘、鑿穿」之義。《說苑·指武》云：「使城郭不修，溝池不越。」《韓詩外傳》卷九云：「使城郭不治，溝池不鑿。」可見，「越」與「鑿」同義。《太平御覽》卷八十二引《太公六韜》曰：「桀時，有瞿山之地。桀十月鑿山陵，通之於河。民有諫者曰：『冬鑿地穿山，是發天之陰、泄山之氣，天子後必敗。』桀以襖言殺之。」（同書卷二十七引《太公金匱》亦有類似文字）其中「鑿山陵」一語可與楚帛書「山陵不𣥚（越）」相參看；由「泄山之氣」可推知楚帛書「熱（熮）氣𣥚害（豁）氣，以爲其𣥚（越）」之意旨，確如饒宗頤先

生所指出的，當有「疏爲川谷，以導其氣」（《國語·周語下》）的意思。

〔註68〕

秦氏對字形的瞭解基本上正確，如下爲文中所舉「止」旁作「×」形者：

【字形表1】

1 戰國晚期·郯陵君豆	2 戰國晚期·郯陵君豆	3 戰國晚期·郯陵君鑑	4 古璽文編 4427	5 古璽文編 4428

　　季師旭昇亦認爲「戔」與「歲」字有密切的關係，認爲其在「歲」字的基礎上增加「乂」旁而造的新字。從歲、從乂，以示殺傷之義；其讀音亦承襲「歲」或「乂」而來，故與「衛」能通假。（歲、乂、衛三字上古音俱近）

　　「戔」字似可考慮爲從「歲」從「乂」會意，「歲」「乂」皆兼聲。包山楚簡「歲」多作「𢧜」，省其「月」形，加上「乂」聲，即成「戔」字。「歲」在甲骨文中是一種用牲法，後世從「歲」的「劌」字義爲「刺傷」；「乂」即「刈」之初文，義爲「斷也」、「殺也」，見《爾雅·釋詁》，「戔」字當兼有這些意思，則「戔」字當與「劌」、「刈」字意義相近，未必與「衛」完全同字。「歲」（心／月。從歲得聲的劌則在見紐月部）、「乂」（疑／月）、「衛」（匣／月）聲，三字韻同聲近，因此「戔」可以與「衛」互作。「戔」又見《上博四·采風曲目·交交鳴鳥》「君子相好，以自爲戔」，拙文〈《上博四·逸詩·交交鳴鳥》補釋〉以爲讀爲「衛」，全句譯爲「君子對我們很好，所以自然是我們的防衛者」。又從「止」作「戔」，見《楚帛書》甲3.8「山陵不戔」、甲3.23「以爲其戔」，疑亦讀「衛」。又從「曰」作「𣄰」《上博四·昭王與龔之脽》簡9「楚邦良臣所𣄰骨」，陳劍博士〈上博竹書〈昭王與龔之雅〉和〈柬大王泊旱〉讀後記〉讀「暴」，以爲跟用爲「衛」的「戔」字就是本來沒有關係的兩個字，因形體訛變而混同。〔註69〕

對於增益「乂」旁，季師認爲其乃兼聲義符：「乂」上古音在疑紐月部，「歲」字則過去一般歸於心紐月部。「疑」、「心」二聲紐有一定距離，但「歲」字上古聲母能否歸於心紐，值得討論。黃易青認爲根據後來的反切讀作心紐之字，諧聲時代本讀曉

〔註68〕秦樺林〈釋「戔」「戔」〉（簡帛研究網，2004年9月10日）。

〔註69〕季師旭昇主編《上海博物館藏戰國楚竹書（三）讀本》（臺北：萬卷樓圖書股份有限公司，2005年10月初版），頁63。

匣，後來讀心紐是歷史音變的反映。〔註70〕為弄清此一問題，首先將「歲」及相關諧聲字的上古韻部與聲紐羅列於後：

	戉	跋	跋	娥	絨	鉞	眓	越
聲　紐	匣	匣	匣	匣	匣	曉	曉	疑
韻　部	月	月	月	月	月	月	月	月
	歲	翽	濊	翽	識	噦	饖	劌
聲　紐	心	曉	曉	曉	曉	影	影	見
韻　部	月	月	月	月	月	月	月	月

「歲」本从「戉」聲，如同上表「戉」字上古音在匣紐月部，並且从其得聲之諸字，其聲紐均在喉牙之內，从「歲」聲之諸字亦然。其實這樣的諧聲現象早已被聲韻學家注意到，例如：李方桂將「歲」字的上古音擬作〔*skwjadh〕〔註71〕，梅祖麟則作〔*skwjats〕〔註72〕，因為他們都認為上古「歲」字聲紐本身有舌根音的成份，故擬訂出這麼一個複聲母。但本文認為，根據諧聲字來看，「歲」字的上古聲紐應該改歸於「匣」紐，無需看成是複聲母。（即贊成黃易青的看法）另外，今本裡「烖」之相應的字作「衛」，其上古聲紐亦為匣紐，可資佐證。總言之，「乂」、「歲」上古聲紐均在喉牙，韻則屬同部，故「乂」字確有資格當「烖（與「歲」同音）」字的聲符。

四、「烖」為「歲」之分化字

自從饒宗頤《楚帛書》考釋以來有不少學者認為「烖」字从「乂」得聲，現在我們知道其字音應與「衛」相近：「乂」上古音在匣紐宵部，「衛」則匣紐月部，二字雖雙聲，但韻部隔絕。由古音看，認為「烖」字以「乂」為聲，實不安。故本文暫不從讀其為「玭」、「殽」、「較」等之說法。

本文認為「烖」是從「歲」分化出來的字，「戳」、「晢」二字也應該從「烖」得聲，故當屬同紐同部。下面將繼續討論此一問題。

〔註70〕詳見黃易青〈論上古喉牙音向齒頭音的演變及古明母音質〉《古漢語研究》2004 年 1 期，頁 20～26。

〔註71〕李方桂《上古音研究》（北京：商務印書館，2003 年 9 月第 5 刷），頁 90。

〔註72〕梅祖麟〈漢藏語的「歲、越」、「還（旋）、圜」及其相關問題〉《梅祖麟語言學論文集》（北京：商務印書館，2000 年 10 月初版），頁 379。原載《中國語文》1992 年第 5 期。梅氏主張古漢語「歲」、「越」和藏文「skyod-pa」是同源詞。其說能否成立，在此不作討論，但「歲」、「越」二字的聲韻關係確為相當密切。

【字形表2】

1 甲635	2 前5.4.7	3 餘1.1	4 西周早·智鼎	5 西周晚·毛公鼎

　　甲骨文「歲」字，本借「戉」爲之（1形），後加兩點（2形），乃分化符號。〔註73〕卜辭中亦見增益「步」旁者（3形），當爲後起專字，金文以後大多繼承此形。唯楚文字「歲」字寫法則特殊：除了所从「戉」簡作「戈」外；增加「月」旁而作「歲」形。學界一般認爲「歲」字在卜辭中有二義：一爲年歲，二爲殺牲。〔註74〕「月」旁表示歲月之義，楚文字「歲」當是專爲表示「年歲之義」而造的字，結構可析爲「从月、歲省聲」。

　　本文認爲楚文字裡「歲」字分化爲二，各有所用。我們已知「歲」是「歲月」專字，「戔」可能就是專爲記錄「殺牲之義」而造的字，可析爲「从戈、从歲省，戈、歲皆兼聲」。

$$ 戉 \longrightarrow 戝 \longrightarrow 戔 \Big\langle \begin{matrix} 歲 \longrightarrow 歲 \cdots\cdots 歲 \\ （戲） \longrightarrow 戔 \cdots\cdots 劌 \end{matrix} $$

　　關於「戔」字的這種看法，從形、音兩方面都可以得到印證。首先談其形，楚文字裡「止」字用作偏旁時呈多種寫法，此選取幾種具有代表性的形體表列於後：

【字形表3】

歲	包2.230		包2.129	包2.239	包2.2	信1.03	包2.167
此	郭·老甲10		包2.132	郭·尊39		信1.031	

〔註73〕詳見季師旭昇《說文新證》上冊（臺北：藝文印書館，2002年10月初版），頁106。
〔註74〕姚孝遂在《甲骨文字詁林》按語中卜辭裡「歲」字的用法分爲三：1）「今歲」、「來歲」，即指一個收穫季節言之。2）歲爲劌，在卜辭爲殺牲之法。3）歲用爲歲祭。于省吾主編、姚孝遂按語《甲骨文字詁林》，（北京：中華書局，1999年12月第2刷），頁2406。其中二、三項實爲一義，歲祭爲肢解獸牲或人牲以祭，商代用牲之法與祭名多無別。

歸	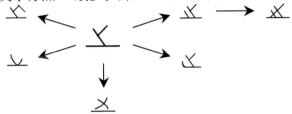包 2.206		天‧卜	包 2.212		
峀	郭‧老甲 3	包 2.122		包 2.123		
隆	包 2.168					

　　從甲金文來看，「止」的最標準的寫法當爲「止」形。實際上，楚簡裡從「止」之字大部份作其形，然而作「⊻」或「土」者亦常見，應屬筆勢上的變化。唯「戡」字所從之「止」或類化爲「之（⊻）」，但並不多見。古文字裡「止」與「之」的區別甚嚴〔註75〕，楚文字亦然。「戡」字或從「之」，屬罕見之例。其演化次序應爲如下：

　　如【字形表 3】所揭諸形，楚簡文字裡「止」旁作「⊻」形，很常見。「歲」字亦不例外，多作「戡」形，除月旁之外的部分與「戣」字所從完全同形。

　　接下來，談其音。《上博（三）‧周易》篇有「戣」字，如同前述，今本裡其相應之字爲「衛」。「歲」、「衛」上古同屬匣紐月部，由此可見，「戣」字讀音亦承襲「歲」字。「戣」字及從其之字還見於《楚帛書‧甲篇》、《上博（四）‧交交鳴鳥》、《上博（四）‧昭王與龔之脾》，其中〈甲篇〉、〈交交鳴鳥〉兩篇則韻文，可以提供給我們一些有關其字音的頭緒。

　　　爲禹爲萬，以司堵壞，咎而步達◎；
　　　乃上下騰轉，山陵不戡◎；
　　　乃名山川四海，熱氣滄氣，以爲其戡◎；
　　　以涉山陵，瀧汨淵灉，未有日月◎；

〔註75〕李師旭昇曰：「無論怎麼變，『止』字都是三筆，和『屮（之）』字作四筆者，區別非常嚴格。直到熹平石經才訛爲四筆，和『之』子就容易相混了。」《說文新證》上冊（臺北：藝文印書館，2002 年 10 月初版），頁 97。

四神相代，乃持以爲歲◎。〔註76〕（《楚帛書・甲篇》）

交交鳴鳴，集於中瀗◎，

凱悌君子，若金若貝◎，

君子相好，以自爲𢧤◎，

𢧤紋是好，唯心是勵◎，

間關謀治，皆少皆大◎。〔註77〕（《上博（四）・逸詩・交交鳴鳥》）

〈甲篇〉中上引的部分押月部韻，韻腳字爲達、𢧤、月、歲；〈交交鳴鳥〉中所引的部分爲第三章，亦押月部韻，韻腳字爲瀗、貝、𢧤、勵、大。據實際押韻情況，可知道「𢧤」、「𢧤」同屬月部，即與「歲」疊韻。

五、再論《上博（四）・昭王與龔之脾》之「𣍮」字

通過以上考論，我們可以肯定「𢧤」爲「歲」之分化字。再回頭看〈昭王與龔之脾〉篇的「𣍮」字。簡9～10云：「楚邦之良臣所𣍮骨」，陳劍讀「𣍮骨」爲「暴骨」，云：

「𣍮」字从日「𢧤」聲，「𢧤」又从戈「爻」聲，故可讀爲「暴」。「暴」字上古音或歸入宵部，或歸入藥部，與「爻」或同部或爲陰入對轉，從「駮」字从「爻」得聲可以看出其聲母也有密切關係。「𢧤」字在《上海博物館藏戰國楚竹書（三）・周易》簡22和《上海博物館藏戰國楚竹書（四）・逸詩・交交鳴鳥》簡4中用爲「衛」，「衛」與「爻」韻部遠隔，其與簡文「𣍮」字所从之「𢧤」是否爲一字尚待研究。有研究者認爲用爲「衛」的「𢧤」字實乃「歲」字之訛變（秦樺林：〈釋「𢧤」、「𢧤」〉，簡帛研究網站，2004年8月17日），如其說可信，則「𣍮」字的聲符「𢧤」跟用爲「衛」的「𢧤」字就是本來沒有關係的兩個字，因形體訛變而混同。「暴骨」古書多見，猶言捐軀拋屍，「暴」意爲「暴（曝）露」（《國語・越語上》有云「暴露百姓之骨於中原」），「𣍮」从意符「日」，跟「暴」和「曝」皆以「日」爲意符相同，則「𣍮」字就應係「暴曬」、「暴露」（此二義實

〔註76〕 林詳祺〈上博三〈周易〉「乂」字與《楚帛書》韻讀〉（簡帛研究網，2003年6月13日）。

〔註77〕 廖名春將押韻字釋作「瀗」、「貝」、「慧」、「萬」、「大」，則云：「瀗、萬爲元部字，其餘皆爲月部字，屬於月元通韻。」〈楚簡《逸詩・交交鳴鳥》補釋〉（簡帛研究網，2005年2月12日）。而秦樺林、董珊認爲皆押月部韻。秦樺林〈楚簡佚詩〈交交鳴鳥〉箚記〉（簡帛研究網，2005年2月20日）。／董珊〈讀《上博藏戰國楚竹書（四）》雜記〉（簡帛研究網，2005年2月20日）。

亦相因）之「暴」及其後起分別字「曝」之異體。簡文此段蓋昭王言國有
吳王入郢之難，其役中爲國捐軀暴骨中野之士，王尚未有表彰其人、存卹
其後等「憂之」之舉，今正好借賜龔之脽（其父當即死難暴骨者之一）以
袍之事，欲令國人皆見之而知昭王存卹烈士之後之意。〔註78〕

其釋讀基於同形異字的觀點：陳文認爲本篇「曁」字所从之「戔」（下文以△2代之）
跟从歲聲之「戔」（下文以△1代之），是一對同形字。從字形關係來看，△1之字形
應由「歲」而來；根據通假與押韻情況，似可確定其音亦承襲「歲」而來。依照陳
說，△2的來源與前述之△1完全無關，他認爲△2是从「爻」得聲。「爻」上古音
隸於匣紐宵部，「暴」則並紐藥部，宵、藥二部當可對轉，雖然匣、並二紐不近，但
从爻聲之「駁」字，古音在幫紐宵部，可見匣紐也有演變爲雙脣聲母的可能。並且
「曁」字下从「日」，其作用應與「暴」、「曝」所从之「日」相同。總言之，「曁」
字可析爲「从日、戔聲」，「戔」又「从戈、爻聲」，即「暴（曝）」之形聲異構。

　　秦樺林贊成讀「曁」爲「暴」，亦認爲△1與△2爲一對來源不同的同形異字，
同時進一步提出一個假設，即視△2爲「效（教之古文）」之譌：

陳劍先生根據辭例「暴骨」推勘，認爲「曁」從日、「戔」聲，讀爲「暴」，
此說極是。「暴」爲會意字，凡象形會意之字往往有後起之形聲字。……
筆者認爲，簡文「戔」字以及楚帛書《四時》中的「戔」字所從聲旁「戔」
（皆以「戔1」表示），與「曁」字的聲旁「戔」（以「戔2」表示）的確
是由於訛變而造成的同形字。……「戔1」實乃「歲」字之訛變，那麼「戔
2」亦有形體訛變的可能性，此字或由「教」的古文「斅」演變而來。

楚文字中「攴」旁與「戈」旁，有互混的例子。如「攻」字，郭店楚簡《成
之聞之》簡10寫作「玏」。古籍中亦有例，《說文·戈部》：「戴，……《春
秋傳》有檮戴。」戴，《漢書·古今人物表》作斅。

「戔2」的演變可能如下所示：

效　→　換形旁　→　戔

「爻」分置於「戈」之上下，可能是爲了使字體結構更加緊湊，以求書寫
美觀，如《說文·戈部》所收「戜」（或）字，大徐本作「戜」（戜）；又
如「戜」（哉）字，郭店楚簡《尊德義》簡18寫作「戜」，皆可比勘。

「斅」可作聲旁，《說文》中有例。《說文·火部》：「熑，交灼木也。從
火、教省聲。讀若狡。」依篆形，熑實從教的古文斅得聲。嚴可均曰：「當

〔註78〕陳劍〈上博竹書〈昭王與龔之脽〉和〈柬大王泊旱〉讀後記〉（簡帛研究網，2005
　　　年2月15日）。

作教聲，教者教之古文。」段玉裁注：「按《玉篇》《廣韻》皆曰：敩同烄。」
朱駿聲云：「敩當爲烄之古文。」

「教」「交」音同，故從「教」之字與從交之字可通（如敩同烄），而從交之字又與從爻之字相通（如駁同駁，較同較）。因此，從「教」得聲的「嶅」字與從爻得聲的「駁」字相類，其諧聲偏旁同屬宵藥對轉。「嶅」字的語音，可能體現的是楚地方言中宵藥二部分合上的某些特點。〔註79〕

其說不無可能，然仍嫌缺乏堅實的證據，姑備一說。

六、讀「嶅」爲「爨」

「楚邦之良臣所嶅骨」一句中，陳劍讀「嶅骨」爲「暴骨」，依其釋，文順字通，解讀無礙，並且「暴骨」是古書中常見的字眼。然本文對其字形分析仍持異見，竊以爲「嶅」字所從之「炗」仍舊是「從又、歲省聲」的「炗」，並非同形異字。茲在陳說的基礎上，謹提供鄙見：「嶅」字，頗疑讀爲「爨（今音「位」）」。《說文・火部》：「爨，暴乾也。从火、彗聲。于歲切。」其上古音在匣紐月部，與「歲」字雙聲疊韻。「炗」字從「歲」得聲，故當可讀「嶅」爲「爨」。古書中有「日中必爨」一語，意爲「日當正午時候，必須趕緊曝曬東西」。其「爨」字傳世文獻通作「彗」、「爨」等。今本《六韜・守土》云：「日中必彗，操刀必割，執斧必伐。」《漢書・賈誼傳》：「黃帝曰：『日中必爨，操刀必割。』」《補注》王先謙曰：「此作爨，後人妄加艸耳。《通志・賈誼傳》亦作爨。」《顏氏家訓・書證》裡對此解釋甚詳，如下：

> 河間邢芳語吾云：「〈賈誼傳〉云：『日中必爨。』注：『爨，暴也。』曾見人解云：『此是暴疾之意，正言日中不須臾，卒然便吳爾。』此釋爲當乎？」
> 吾謂邢曰：「此語本出太公《六韜》，案字書，古者暴曬字與暴疾字相似，唯下少異，後人專輒，加傍日爾。言日中時必須暴曬，不爾者，失其時也。晉灼已有詳釋。」芳笑服而退。

由此可知，「暴骨」之「暴（曝）」與「爨」字義相近。其語又見於出土文獻：《銀雀山・六韜・三》云：「……□而食之，日中必衛□……」此用「衛」字，當屬假借，其本字爲「爨」〔註80〕。「歲」、「衛」、「爨」三字皆雙聲疊韻，其通轉關係確切無疑。

七、同義換讀

本文認爲「嶅骨」當讀「爨骨」，其義同於「暴骨」，並以爲「爨」、「暴」很有可

〔註79〕秦樺林〈「嶅」字所從聲旁「炗」試説〉（簡帛研究網，2005 年 9 月 4 日）。
〔註80〕吳九龍《銀雀山漢簡釋文》（北京：文物出版社，1985 年初版），頁 168。

能是「同義換讀」的關係。下面談談同義換讀的概念及楚簡中的相關例子，裘錫圭云：

> 有時候，人們不管某個字原來的讀音，把這個字用來表示意義跟它原來所
> 代表的詞相同或相近的另一個詞（一般是已有文字表示的詞）。這兩個詞
> 的音可以截然不同。〔註81〕

這種現象學者或稱作「異音同用」、「義同換讀」、「同義字互相替代」、「同義代替」等，本文依從裘文將之稱爲「同義換讀」，其文則列舉「俛、頫換讀俯」、「圬換讀圍」、「石換讀擔」、「腊換讀臘」四例。〔註82〕楚簡文字中亦見類似的例子，《郭店・緇衣》簡10作：「晉冬旨滄」，今本裏其相應之文字作：「資冬祁寒」，又《上博（一）・緇衣》簡6作：「晉冬耆寒」。至於郭店簡「滄」字，學者或以爲是「寒」之誤摹〔註83〕，或以爲是形近混用〔註84〕。但現在看來，這應當是同義換讀。《說文・水部》：「滄，寒也。」「滄」上古音在清紐陽部，「寒」則匣紐元部，二字讀音遠隔，然而近些年來所公佈之楚簡資料中多見以「滄（或蒼、倉）」爲「寒」之例，如：《上博（二）・從政甲》簡19：「飢滄而毋會」，《上博（二）・容成氏》簡22：「冬不敢以蒼辭」，其中「滄」、「蒼」學者多讀爲「寒」〔註85〕。《上博（四）・昭王與龔之脽》簡8：「僕見脽之倉也」，《上博（四）・柬大王泊旱》簡1：「王滄至帶」，其中「倉」、「滄」陳劍各讀爲「寒」、「汗」〔註86〕。至於讀「滄」爲「汗」，陳斯鵬云：

> 陳劍先生讀「滄」爲「汗」，至確。「汗」與「寒」同爲匣母元部字，確證
> 楚人「滄」不讀其本音，而讀如「寒」，於是形成一種特別的他用對應。
> 這種現象，實際上不妨看作一種意義上的假借。學術界或稱之爲「義同換
> 讀」、「同義換讀」。〔註87〕

〔註81〕裘錫圭《文字學概要》臺灣版（臺北，萬卷樓圖書股份有限公司，2002 年 7 月再版），頁 248。

〔註82〕裘錫圭《文字學概要》臺灣版（臺北，萬卷樓圖書股份有限公司，2002 年 7 月再版），頁 248～252。

〔註83〕裘錫圭〈談談上博簡和郭店簡中的錯別字〉《華學》第 6 輯（北京：紫禁城出版社，2003 年 6 月初版），頁 50。此文後收於裘錫圭《中國出土古文獻十講》（上海：復旦大學出版社，2004 年 12 月初版），頁 309。

〔註84〕李零《郭店楚簡校讀記（增訂本）》（北京：北京大學出版社，2002 年 9 月第 2 刷），頁 23。

〔註85〕周鳳五〈讀上博楚竹書〈從政（甲篇）〉札記〉（簡帛研究網，2003 年 1 月 10 日），第 11 項。／黃德寬〈《戰國楚竹書》（二）釋文補正〉（簡帛研究網，2003 年 1 月 21 日）。

〔註86〕陳劍〈上博竹書〈昭王與龔之脽〉和〈柬大王泊旱〉讀後記〉（簡帛研究網，2005 年 2 月 15 日），注 8、注 15。

〔註87〕陳斯鵬〈略論楚簡中字形與詞的對應關係〉《出土文獻與古文字研究》第 1 輯（上海：

其說可從。楚簡裏以「滄」爲「寒」，當爲同義換讀。以「燹」爲「暴」，應屬同理。

　　茲將相關文例及原篆羅列於後，以供參考：

（篆）	〈君牙〉云：「日屑（暑）雨，小【9】民惟日悄（怨）。晉冬旨滄，小民亦惟日悄（怨）。」【10】 　　　　　　　　　　　　　　　《郭店・緇衣》簡 9-10
（篆）	〈君牙〉云：「日晃（暑）雨，小民惟日肙（怨）。晉冬耆寒，小民亦惟日肙（怨）。」【6】 　　　　　　　　　　　　　　　《上一・緇衣》簡 6
	〈君雅〉曰：「夏日暑雨，小民惟曰怨；資〔註88〕冬祁寒，小民亦惟曰怨。」 　　　　　　　　　　　　　　　《禮記・緇衣》
	夏暑雨，小民惟曰：「怨咨。」冬祁寒，小民亦惟曰：「怨咨。」 　　　　　　　　　　　　　　　《尚書・君牙》

（篆）	聞之曰：「行險致命，飢滄（寒）而毋歔（會），從事而毋說（訟），君子不以流言毇（傷）人。」【甲19】 　　　　　　　　　　　　　　　《上二・從甲》簡 19
（篆）	撞鼓，禹必速出，冬不敢以蒼（寒）辭，夏不敢以屑（暑）辭。【22】 　　　　　　　　　　　　　　　《上二・容成氏》簡 22
（篆）	大尹聞之，自訟於王：「老臣為君王戨（守）祝之臣，罪其容於死，又昏（昧）死言，僕見脾之倉（寒）也，以告君王，今君王或命【8】脾毋見（現），此則僕之罪也。」【9】 　　　　　　　　《上四・昭王與龔之脾》簡 8～9

復旦大學出版社，2006 年 12 月初版），頁 231。／此外，據陳劍文，馮勝君亦提出過把「滄」、「寒」視爲同義換讀關係的看法，但筆者尚未看到其文，此僅據陳劍文，表明出處。馮勝君《論郭店簡〈唐虞之道〉、〈忠信之道〉、〈語叢〉一～三以及上博簡〈緇衣〉爲具有齊系文字特點的抄本》的附錄〈郭店、上博以及今本〈緇衣〉對比研究〉（北京大學博士後工作報告，2004 年 7 月），頁 236～238。

〔註88〕鄭玄注：「資當爲至，聲之誤也。」

〔註89〕

東（簡）大王泊旱，命龜尹羅貞於大夏。王自臨卜。王向日而立，王滄（汗）至【1】帶。龜尹知王之庶（炙）於日而疠（病），芥（蓋）愁（儀）愈送（夭）。贅（鼇）尹知王之疠（病），乘（承）龜尹速卜【2】高山深溪。【8】

《上四・東大王泊旱》簡 1～2＋8

七、小　結

「烖」字可析爲「從乂、從歲省，乂、歲皆兼聲」。《上博（三）・周易》、《上博（四）・交交鳴烏》字皆讀「衛」，歲、衛古音同屬匣紐月部。《楚帛書・甲篇》「烖」字，尚未確知該讀何字，但由押韻看，應從烖聲。《上博（四）・昭王與龔之脾》「瞀」字，應可析爲「從日、烖聲」，竊以爲當讀「暳」，歲、暳古音亦屬雙聲疊韻。

附　論

一、匣紐能否通脣音？

陳說的關鍵在於「爻」和「暴」的通轉。二字韻部當可對轉，然而匣、並二紐遠隔，一般來說互不相通。爲解釋其聲紐通轉問題，陳文中舉「駁」字從「爻」得聲之例，主張匣紐與脣音也有互轉的可能。本文認爲這個問題有必要加以深論，先看相關諧聲字的上古聲紐與韻部：

【《說文》裏從「爻」得聲之諸字】

	爻	肴	殽	較	斈	教	鷮	駁
聲　紐	匣	匣	匣	見	見	見	見	幫
韻　部	宵	宵	宵	宵	宵	宵	宵	宵

從「爻」得聲之諸字中，唯獨「駁」字之聲紐屬雙脣，其餘均在喉牙。不僅如此，上古音系統裏其他匣紐及常與匣紐通轉的聲符字，如：「熒」〔註90〕、「寉」、

〔註89〕　對於此形，陳劍還提出另一種可能，云：「進一步推測，以前所見用爲『寒』的所謂『滄』字，都是將『水』旁橫寫在『倉』的下面的，而簡文此形水旁豎寫在『倉（寒）』的左旁，跟舊所見用爲『寒』的所謂『滄』字可能還並非一字。它以『水』爲意符、『倉（寒）』爲聲符，很可能本來就是『汗』字的異體。」陳劍〈上博竹書〈昭王與龔之脾〉和〈東大王泊旱〉讀後記〉（簡帛研究網，2005 年 2 月 15 日），注 15。

〔註90〕　其實爲「艾」字，詳見本論文〈說「害」〉。

「或」、「咸」、「玄」、「后」、「亥」、「兮」、「寒」、「回」、「夏」、「完」、「曷」等，其諧聲字中也找不到幫紐字。〔註91〕《說文·馬部》：「駁，馬色不純。从馬、爻聲。北角切。」就古音學的常理來講，許慎的字形分析不足以服人。故歷來學者有所疑之，如：徐鉉云：「臣鉉等曰：『爻非聲，疑象駁文。』」〔註92〕林義光云：「按：从馬爻。」〔註93〕然而在古書中卻可以發現「匣紐通脣音」的現象，例如：

（1）匣、幫

　　横（匣／陽）、方（幫／陽）

　　《國語·齊語》：「以方行於天下。」《管子·小匡》方作横。

　　胡（匣／魚）、簠（幫／魚）

　　《左傳·哀公十一年》：「胡簋之事，則嘗學之矣。」《孔子家語·正論解》胡作簠。《論語·子罕》邢疏引同。

　　鵠（匣／覺）、鴇（幫／幽）

　　《禮記·內則》：「鵠鴞胖。」鄭注：「鵠或爲鴇也。」

（2）匣、並

　　横（匣／陽）、彭（並／陽）

　　《淮南子·墜形》：「玉横維其西北之隅。」高注：「横或作彭。」

（3）匣、明

　　玄（匣／眞）、眠（明／眞）

　　《楚辭·九思》：「藿葦兮仟眠。」《考異》：「仟眠一作仟玄。」

　　壺（匣／魚）、甒（明／魚）

　　《儀禮·少牢饋食禮》：「司宮尊兩甒于房戶之間。」《通典·禮八》引甒作壺。

　　陸志韋在《古音說略》第十四章〈上古聲母的特殊問題〉中論及「喉牙通脣齒音」和「喉牙通脣音」，云：

　　　　喉牙通脣跟通舌齒實際是同一個問題。牙音跟舌音尚且可通，何況是跟脣音呢？這都不過是脣化喉牙音在方言的假借，或是在同一個方言裡的異讀。……上文還是假定喉牙音的通脣音是跟喉牙音通舌齒音一樣，都因爲喉

〔註91〕可參王文耀《殷周文字聲類研究》（上海：上海辭書出版社，2004年7月），頁177～182。

〔註92〕〔漢〕許慎撰／〔宋〕徐鉉校定《說文解字》（北京：中華書局，2004年2月第22刷），頁199。

〔註93〕林義光《文源》卷十。此說見於《古文字詁林》第8冊（上海：上海教育出版社，2003年12月初版），頁469。

牙音脣化的緣故。這假定也許過於廣泛。像「華」通「范」之類一定發現的很早，那時候不一定有脣化喉牙音。現代方言裏，脣音通喉牙音的也不一定是雙脣音。那末就沒有脣化喉牙音，從「交古肴切」得「駁北角切」，未始不可以是很古的方言的假借。周朝的「駁」是 $k\supset k$ 呢，還是 $p\supset k$ 呢？〔註94〕當然，這在上古音系統裏非常特殊的現象，畢竟佔極少數而已。在此爲提供比較客觀的數據，引用邵榮芬所作的統計結果。邵氏曾在《古字通假會典》一書中搜集與「匣」紐有關的通假和異文 2738 條，得到了如下之統計結果〔註95〕：

	匣1	群	匣2	云	見	溪	曉	影	疑	章	端	來	以	精	幫〔註96〕	總
匣1	546	23	140	6	207	49	17	12	14	6	4	2	13	6	4	1049
	群	436	4	4	183	32	2	10	3	59	5	3	5	12		758
		匣2	198	63	13	11	34	10	3	8	8	3	9	9	2	369
			云	366	12	4	28	66	22	4	9	8	35	6	2	562
																2738

　　邵文的目的在於論證「匣母一分爲二」之說，本文姑不評其說能否成立，在此只是利用其結果而瞭解一下在整個與匣紐通轉的各聲字當中脣音字所佔比率：

	匣	群	云	見	溪	曉	影	疑	章	端	來	以	精	幫	總
匣	884	23	69	220	60	51	22	17	14	10	5	22	15	6	1418
							534								

　　匣紐字之間自通數爲 884 次，與他紐互通數則 534 次，其中與脣音互通數只有 6 次〔註97〕，以百分比來換算的話，僅佔 0.423%，可謂寥寥無幾。

　　《上博（四）‧昭王與龔之脾》之「賮」字，陳劍認爲從「爻」得聲，故可讀「暴」。但其聲韻關係還是非常薄弱，故本文採取保留的態度。

二、楚簡中的「暴」字

　　首先列舉楚簡中的「暴」字及結構上與之相關的字形：

〔註94〕陸志韋《古音說略》（臺北：學生書局，1979 年 9 月再版），頁 300～301。
〔註95〕邵榮芬〈匣母字上古一分爲二再證〉《中國語言學報》1995 年第 7 期，頁 121～134。
〔註96〕表中「幫」字代表「脣音」。因爲匣紐跟脣音互通之次數極少，故邵文中以「幫」紐代表所有脣音聲紐（幫、並、明）。
〔註97〕即前面所列之「橫／方」、「胡／簠」、「鵠／鴇」、「橫／彭」、「玄／眠」、「壺／瓠」六例。

【字形表 3】

（字形）	怒欲盈而毋△，進欲遜而毋巧。【64】 《郭店・性自命出》簡 64
（字形）1 （字形）2	毋△1、毋虐、無賊、毋貪。不修不武，謂之必成，則△2；不教而殺，則虐；命無時，事必有期，則賊；為利枉【甲15】事，則貪。【甲5】 《上博（二）・從政》簡甲 15
（字形）	小人先人則絆敔之。【甲17】〔後人〕則△毀之，是以曰：「小人易得而難使也。其使人必求備焉。」【甲18】 《上博（二）・從政》簡甲 18
（字形）	伊尹既已受命，乃執兵禁△。【37】 《上博（二）・容成氏》簡 37
（字形）	天地與人，若經與緯，若△與裏。【2】 《上博（三）・彭祖》簡 2
（字形）	今夫鬼神有所明有所不明，則以其賞善罰△也。【1】 《上博（五）・鬼神之明》簡 1
（字形）	汝以此詰之，則善者或不賞，而△【3】〔者或不罰，故〕吾因嘉？【4】 《上博（五）・鬼神之明》簡 3

該字（下文以△為之）初見於《郭店・性自命出》篇中，舊或釋「希」〔註98〕、「彝」〔註99〕等，皆非。其實為「暴」字，最先解出來的是周鳳五，云：

細察簡文，此字（按：指《郭店》字）可以分為上下兩半，其下半與《曾侯乙墓》竹簡第四簡：「紡褙，紫裡」的「褙」字右半所從相同，其上端作圓形，似「日」字；其下從「丰」、從「廾」，即「奉」字，《包山楚簡》簡七三、簡一四零「奉」字可以參照；簡文從「日」、從「奉」，乃「暴曬」字之初形。至其上半作四道斜線，兩兩交錯，右上側相交的筆畫不出頭，疑「虍」形之訛。合而觀之，蓋從「虍」，從「暴」，乃「暴」之

〔註98〕李零《郭店楚簡校讀記（增訂本）》（北京：北京大學出版社，2002 年 9 月第 2 刷），頁 115。

〔註99〕劉釗〈讀郭店楚簡字詞札記〉《郭店楚簡國際學術研討會論文集》（武漢：武漢大學中國文化研究院，2000 年第一版），頁 89。

異構。考察古文字材料、傳世文獻「暴」字，在先秦實有從「虎」、從「日」
兩系，前者從「虎」、從「戈」，會「徒搏猛虎」意，《周禮》古文作「虣」，
《論語・述而》「暴虎馮河」是其例，引申爲「暴虐」；後者從「日」、從
「夆」，會「暴曬」意，《孟子・滕文公上》「江漢以濯之，秋陽以暴之」
是其例，引申爲「暴露」；二字不僅形構殊異，字義也判然有別，是兩個
完全不相干的同音詞。商代甲骨文已有「暴虎」的古文「虣」，西周金文
與服飾有關的「禭」，義取「暴露」，聲符從「虣」。後來出現「暴曬」的
專字，於是二字並行，《詛楚文》「內之則暴虐不辜」，字從「虎」從「戒」
作，爲從「戈」之訛；「暴」《曾侯乙墓》竹簡「紡禭，紫裡」，則從「日」
從「夆」。最後「暴虎」字爲「暴曬」字所取代，兩個同音詞的寫法合而
爲一，又於「暴曬」字下加「米」，成爲經典相承通用的正體，於是「暴
虎」的專字「虣」，除《周禮》等古籍偶見一鱗半爪之外，幾乎完全湮沒
不彰了。〔註100〕

他對字形的理解似有討論的餘地（詳後文），但釋出「暴」，則非常正確：

（1）《郭店・性自命出》簡64云：「怒欲盈而毋暴」，意謂「怒氣若盈滿於心，
不可顯示於外。」〔註101〕暴〔註102〕，本義爲「暴曬」，引伸爲「暴露」。

（2）《上博（二）・從政》簡甲15云：「毋暴、毋虐、無賊、毋貪。」，意謂「不
要殘暴、不要殘虐、不要賊害、不要貪枉。」〔註103〕此處讀「暴」〔註104〕，
可見楚文字裏「暴」、「暴」已混而無別。

（3）《上博（二）・從政》簡甲18字，其結構與上列二字稍不同，下方不從卄，
而從肢。周氏仍釋「暴」〔註105〕，楊澤生則認爲該形上半爲「盍」字，其

〔註100〕周鳳五〈郭店〈性自命出〉「怒而盈而毋暴」說〉《新出土文獻與古代文明研究》（上
海：上海大學出版社，1994年4月），頁186。

〔註101〕此爲周鳳五譯。周鳳五〈郭店〈性自命出〉「怒而盈而毋暴」說〉《新出土文獻與古
代文明研究》（上海：上海大學出版社，1994年4月），頁190。

〔註102〕《說文・日部》：「暴，晞也。從日、從出、從卄、從米。」其後起字作「曝」。《說
文・本部》：「暴，疾有所趣也。從日出，本卄之。」其字甲金文本作「虣」或「虣」。
二字隸楷皆作「暴」，本文爲避免混淆而暫用篆體。

〔註103〕此爲陳美蘭譯。季師旭昇主編《上海博物館藏戰國楚竹書（二）讀本》（臺北：萬
卷樓圖書股份有限公司，2003年7月初版），頁57。

〔註104〕陳劍引周說釋「暴」。陳劍〈上博簡〈子羔〉、〈從政〉篇的拼合與編連問題小議〉（簡
帛研究網，2003年1月8日）。周鳳五亦重申己見。周鳳五〈讀上博楚竹書〈從政
（甲篇）〉劄記〉（簡帛研究網，2003年1月10日）。此文又見《上博館藏戰國楚竹
書研究續編》（上海：上海書店出版社，2004年7月初版），頁181～195。

〔註105〕周鳳五〈讀上博楚竹書〈從政（甲篇）〉劄記〉（簡帛研究網，2003年1月10日）。

爲聲旁，故可讀「陷」。〔註 106〕然而該字上半與楚文字「盍」的寫法並不類（詳後），楊說不能成立。該字很可能是「暴」之專字。楚簡文字「暴」、「暴」混而爲一，但有些書寫者，仍要加以區別，故下半以「肢」替換「廾」旁。「肢」，從肉、從戈會意，見於金文（師奎父鼎、休盤、袁盤），一般釋爲「戟」字。〔註 107〕增加「肢」，足以表示「暴」之本義。簡文作「小人先人則絆敵之，後人則暴毀之。」意謂「小人如果落於人後，就急切的毀謗他人。」〔註 108〕

（4）《上博（二）・容成氏》簡 37 字，增加「广」旁，其作用未詳，簡中仍用爲「暴」。〔註 109〕簡文作「伊尹既已受命，乃執兵禁暴。」意謂「伊尹既然已經接受命令，乃拿起兵器禁止殘暴的行爲。」〔註 110〕

（5）《上博（三）・彭祖》簡 2 字，徐在國將之析爲「从糸、从衣、龏省聲。」，認爲「襮」字之繁體，簡文中讀「表」〔註 111〕，其說完全正確。「暴」上古音在並紐藥部，「表」則幫紐宵部。並、幫爲鄰紐，韻則嚴謹的陰入對轉，並且「襮」、「表」文獻中亦有通假之例。〔註 112〕總言之，從「暴」得聲之該字，讀作「表」，毫無疑義。

（6）《上博（五）・鬼神之明》簡 1 云：「賞善罰暴」。整理者曹錦炎已指出今本《墨子》中多見「賞善罰暴」或「賞賢罰暴」之語，云：「本簡『暴』字句例有今本《墨子》對照，可以證明釋爲『暴』字確切無疑。」〔註 113〕

〔註 106〕楊澤生〈《上海博物館所藏竹書（二）》補釋〉（簡帛研究網，2003 年 2 月 15 日）。

〔註 107〕該字自宋以來釋作「戟」，高田忠周釋「戠」讀「戟」，云：「字明从肉、从戈……蓋戠。字書所無。戟之省文也。戟、戟古音同部。故諸器皆借戟爲戟也。」《古籀篇》26 卷頁 5。／郭沫若亦從之，云：「以字形而言，當是戠之古文。戠當从咸才聲。此省去聲符也。」《兩周金文辭大系圖錄攷釋》（上海：上海書店出版社出版，1999 年），頁 38。／季師旭昇曰：「戟從戈脫變而出，讀音當亦從『戈』脫變而出，故疑『戠』字從肉、戈聲，戟（見／鐸）、戈（見／歌），二字聲同，韻爲旁對轉，則此字讀『戟』亦不無可能。」《說文新證》下冊（臺北：藝文印書館，2004 年 11 月初版），頁 197。

〔註 108〕此爲周鳳五譯。周鳳五〈讀上博楚竹書〈從政（甲篇）〉芻記〉（簡帛研究網，2003 年 1 月 10 日）。

〔註 109〕陳劍〈上博簡〈容成氏〉的拼合與編連問題小議〉（簡帛研究網，2003 年 1 月 9 日）。

〔註 110〕此爲蘇建洲譯。季師旭昇主編《上海博物館藏戰國楚竹書（二）讀本》（臺北：萬卷樓圖書股份有限公司，2003 年 7 月初版），頁 160。

〔註 111〕徐在國〈上博竹書（三）札記二則〉（簡帛研究網，2004 年 4 月 26 日）。

〔註 112〕詳見徐在國〈上博竹書（三）札記二則〉（簡帛研究網，2004 年 4 月 26 日）。

〔註 113〕馬承源主編《上海博物館藏戰國楚竹書（五）》（上海：上海古籍出版社，2005 年 12 月初版），頁 311。

　　根據上列諸例，楚簡中△字釋爲「暴」，應可確定，接下來討論其字形結構。周鳳五認爲郭店字上方四道交叉線爲「虍」之訛，但字形不符，而且其餘字形上方皆不作交錯形。他並認爲其下方則與曾侯簡「襷」字之右旁相同，然而實際上字形不類，如下：

【字形表4】

1 曾侯 4	2 曾侯 8	3 曾侯 45	4 曾侯 53	5 曾侯 55	6 曾侯 58

　　曾侯簡「襷」字右旁的結構應與《說文》小篆同出一轍，裘錫圭云：「這兩個字（按：指《說文》之暴、暴）所從的「屮」，跟《說文》「出」字篆文不同形。曾侯乙墓竹簡文字裏有從『市（按：分勿切）』『暴』聲之字。暴像兩手持草木一類東西在日下曝曬，應該就是『暴』字的初文，可以隸定爲『異』。」〔註114〕其說可從。《說文》裡除了「暴」、「暴」之外，還有「暴」、「曓」等字亦從「昊（異）」得聲，上列曾侯簡「襷」字右半的結構確與《說文》「昊」旁相同。值得注意的是，我們在討論的△字與這些《說文》系統的字形並非同一結構，除下方從「卄」外，其餘部分的寫法則截然不同，二者當有不同來源。

　　或者將△隸定作「𢽾」形，亦爲不妥：

【字形表5】

				
1 信 2.012 （盍）	2 包 2.254 （盍）	3 望 2 策 （盍）	4 望 2 策 （盍）	5 郭‧窮 3 （蓋）
				
6 包 2.125 （盛）	7 郭‧唐 2 （盛）	8 信 1.031 （監）	9 包 2.97 （盤）	10 包 2.167 （盤）

　　如同上列諸形，目前所見楚簡文字中從未見「皿」字作「⚬」形，並且△字中間的「小圓形」實不像一般「口」的寫法，故△字的上半不宜釋作「盍」字。

　　禤健聰認爲△就是「畢」字，楚簡中被借爲「暴」，云：

　　　　要分析此字字形，必須聯繫上博簡的另外兩個字：

―――――――――

〔註114〕裘錫圭《文字學概要》臺灣版（臺北：萬卷樓圖書股份有限公司，2002 年 7 月再版），頁 155。

G：〈容成氏〉簡1：墻 G 氏。

H：〈容成氏〉簡9：會在天地之間，包在四海之内，H 能其事而立爲天子。

〈容成氏〉的這兩個字，整理者李零先生分別隸釋爲「遷」和「遷（畢）」，學者多從之。將前舉的 A－F 字〔註115〕與此二字比較，我們不難發現，諸家所認爲的「暴」，其實就是「畢」。字之上部多了錯畫或「人」，實際上仍是「畢」字。

「畢」或從「畢」之字屢見於包山楚簡，如：

簡140（畢）	簡193（遷）	簡44（鄆）	簡102反（鄆）	簡109（鄆）

甲骨文有「畢」字，象捕捉用的工具，有網有柄，其實就是「華」。金文的「畢」增「田」符作：

段簋	永盂	畢鮮簋	郑公華鍾	邵鍾

其中後兩例又增「廾」符，會兩手持畢之意。《說文》：「畢，田罔也。從華，象畢形，微也。」所從的「田」其實就是網狀，是在「華」的基礎上累增的形符。包山楚簡的「畢（畢）」字，較之金文字形，又累增「網」旁，構成三形符結構；而其所從的「華」，則在上揭金文後三例字形的基礎上進一步變形作「華」。《說文》：「華，箕屬。」金文「其」字或作：

母辛卣	其侯父己簋

可見，楚簡「畢（畢）」下部仍是「箕屬」的「華」，而非「舟」。「畢」字從「廾」從「網」從「畢」，乃「畢」字的最繁構。

疊床架屋式的三形符結構的字，即使其中某個形符省變，在當時大概並不影響人們的識讀，這正是此字在楚簡中形體變化較大的原因。包山楚簡的「畢（畢）」，有的就省略了「華」的上部，「華」的柄部與「田」連寫在

〔註115〕指《上博（二）·從政》簡甲15、《上博（二）·從政》簡甲18、《上博（二）·容成氏》簡37、《上博（三）·彭祖》簡2、《郭店·性自命出》簡64之「暴」字。

一起，字作「🔣」（如包山簡 74 等）。而較之包山楚簡的「畢（畢）」，上揭郭店、上博楚簡諸字，「田」變成圓形（非「口」字），「網」變形或省去；但其基本形符「𣎴」，有柄有網的意象並未改變。由「網」而成的錯畫（F〔註116〕）或類似「大」字的 🔣（A－E〔註117〕），可能都是「爻」。上博四〈昭王與龔之脽〉簡有字作「𣅺」，陳劍先生認爲：「字從日『戔』聲，『戔』又從戈『爻』聲，故可讀爲『暴』。『暴』字上古音或歸入宵部，或歸入藥部，與『爻』或同部或爲陰入對轉，從『駁』字從『爻』得聲可以看出其聲母也有密切關係。」〔註118〕因此，「爻」可作「畢」的聲符，由「網」而「爻」，是有意造成的聲符化演變。

畢，幫紐質部，暴，並紐藥部，幫、並同屬唇音。質、藥二韻雖有一定距離〔註119〕，但上博楚簡《周易》「戔」字與傳世本「衛」字對應，論者或以爲即「衛」字，「衛」是月部字，又上博楚簡《逸詩·交交鳴鳴》與「戔」爲韻的澫、貝、萬、大等歸月部或元部，古音歌、脂二部關係密切，對應的月、質二部也可相通，藥部的「戔」可與月部字爲韻，則藥部的「暴」或可與質部的「畢」相通。又，《史記·楚世家》：「篳路藍蔞。」《集解》引徐廣曰：「篳，一作暴。」〔註120〕因此，楚簡「畢」可讀爲「暴」。〔註121〕

此說雖然部份內容可商，但如其所指△字與「畢」字形體上顯然關係密切。其實，劉國勝早已指出△字實爲「畢」字，云：

〈性自命出〉六四號簡有字作「🔣」，無釋。應釋爲「畢」，此字從网從畢從𦥑（兩手之形）。包山楚簡「畢」作「🔣」，與此同。《說文》：「畢，田網也。」此字屬添加形符：從𦥑屬會意，握畢之柄。簡文云：「憂欲儉而毋悶，怒欲盈而毋畢。」「畢」爲盡之義。簡文意謂「憂要節制但不要生

〔註116〕指《郭店·性自命出》簡 64 之「暴」字。

〔註117〕指《上博（二）·從政》簡甲 15、《上博（二）·從政》簡甲 18、《上博（二）·容成氏》簡 37、《上博（三）·彭祖》簡 2 之「暴」字。

〔註118〕陳劍〈上博竹書〈昭王與龔之脽〉和〈柬大王泊旱〉讀後記〉（簡帛研究網，2005年 2 月 15 日）。

〔註119〕質、藥二韻雖有一定距離，但文獻中有通轉之例，如：《易·乾》：「樂則行之，憂則違之，確乎其不可拔，潛龍也。」《爾雅》：「疏確作砧。」「確」上古音在溪紐藥部，「砧」則見紐質韻。

〔註120〕禤健聰認爲這一條是「篳」、「暴」音近互作之例，然而季師指出這或許是形近而訛。（於 2006 年 5 月 6 日讀書會）

〔註121〕禤健聰〈上博楚簡釋字三則〉（簡帛研究網，2005 年 4 月 15 日）。

悶，怒要發洩但不能洩盡。」〔註122〕

簡文中讀作「畢」，當誤，但他對字形的瞭解可以說頗有見地。

於此在劉、襯二說的基礎上，作一番字形比較：

【字形表6】

1 周原甲骨 45	2 西周早·史喦簋	3 西周早·召卣	4 西周中·段簋	5 春秋·郳公華鐘
6 包 2.158	7 包 2.159	8 包 2.173	9 包 2.182	10 包 2.140
11 包 2.74（遷）	12 包 2.93（遷）	13 包 2.44（鄪）	14 上二·容 1（遷）	15 上二·容 9（遷）

依師說，甲金文上從「田」則表示田獵，下作「屮」形爲象有柄的田網。〔註123〕
金文下方或加「廾」（5 形）。楚文字上方又疊加「网」旁，最完整的寫法當爲第 10
形，其餘形體皆有所省減，其形體之演變應爲如下：

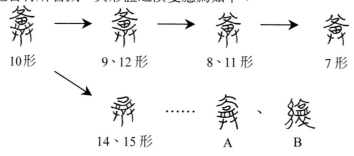

有趣的是其形體省減有兩條途經：一爲往省減「華」方向進行，最後僅剩從网、
從田、從廾（7 形），包山簡裡所見字形皆屬此類；二爲省略「网」旁，並把「田」
簡作「ㄥ」形，《上博（二）·容成氏》篇所見「遷」字所從便屬此形（14、15 形）。
我們在討論的△字（A 形）的形體應從這種寫法的「畢」字而來，《上博（三）·彭
祖》簡 2 裡讀作「表」的字形（B 形）也從此形得聲。下面我們進一步去分析△字
的各種異寫，目前所見的字形大抵可分爲如下三種：

〔註122〕劉國勝〈郭店楚簡釋字八則〉《武漢大學學報》（哲學社會科學版），1999 年第 5 期，
　　　　頁 42～43。
〔註123〕詳見季師旭昇《說文新證》下冊（臺北：藝文印書館，2004 年 11 月初版），頁 303。

A　　　　　B　　　　　C

　　△字在上方一般增加「⌒」作 A 形，或再加兩橫作 B 形。此外，其上方或作交錯形，即 C 形。季師認爲其也許是「爻」字，即疊加聲旁：

　　　「異」字（按：《說文》系統的「暴」字所從）字形與「 」（按：C 形）

　　　完全無關，「 」字應該是和「異」不同的結構，疑「 」字上從「爻」

　　　聲，可以讀爲「暴」。《說文》從「爻」聲之字有「駮」（幫／藥），與「暴」

　　　（並／藥）聲近韻同，足證「 」字從「爻」聲，可以讀成「暴」。〔註124〕

禤健聰的看法亦同（參上揭引文），然目前楚簡中所見△字及相關字形中，上方的寫法能夠視作「爻」的，只有《郭店・性自命出》簡 64 字一例，並且「爻」和「暴」的聲韻關係亦相當薄弱（參附論一），故本文對其說暫時保留。當然我們不排除它是有意加上去的形符的可能〔註125〕：從形體看，A 形上方所從可視爲「大」，B 形所從則「天」或「而」，但起何作用，則不得而知。

　　經由上述研究，認爲△字的形體基本上由「畢」的省減寫法而來，這是應該可以肯定的。至於其上方所從，目前則無法確知其所用，此爲有待進一步的研究來解決。

〔註124〕季師旭昇主編《上海博物館藏戰國楚竹書（三）讀本》（臺北：萬卷樓圖書股份有限公司，2005 年 10 月初版），頁 256～257。

〔註125〕此一可能聞於季師。（於 2006 年 5 月 6 日讀書會）

第四章　柬大王泊旱

第一節　說「麂」

一、引　言

　　〈柬大王泊旱〉篇中有「」字，原考釋認爲其與《上博（三）・周易》「」爲一字，皆釋「表」。然而多位學者已紛紛提出各種不同意見，諸家一般認爲二字並非同字。〈周易〉「」字，季師旭昇析爲「从鹿、衣聲」，即「麃」之異體。今本裡與之相應之字爲「褼」，「麃」、「褼」二字古音密近，故可通假。竊以爲「」字或許是从衣、麃聲，乃「褼」之異體（即聲符替換）。至於本篇「」字，學者對其字形的看法，大抵可分爲四種：（A）認爲「褼（表之古文）」之省，讀「孚」。（B）析爲从鹿、衣聲，讀「吉」。（C）認爲「慶」之形譌。（D）析爲从衣、麃聲，讀「食」或「薦」。就字形分析而言，A、B、D 三說皆有可能，而本文根據卜辭及《尚書》中之相關文例，認爲 A 說較爲妥當。

二、〈柬大王泊旱〉的「」字

簡4之1 　 簡4之2 　 簡5之1 　 簡5之2	王以問賹（釐）尹高：「不穀瘯（燥）甚病，驟夢高山深溪，吾所得【8】地於膚中者，無有名山名溪。欲祭於楚邦者乎，當詖（蔽）而卜之於【3】大夏，如麂，將祭之。」賹（釐）尹許諾，詖（蔽）而卜之，麂。賹（釐）尹致命於君王：「既詖（蔽）【4】而卜之，麂。」王曰：「如麂，速祭之，吾瘯（燥）胝（一）病。」賹（釐）尹答曰：「楚邦有常故，【5】安敢殺祭？以君王之身殺祭，未嘗有。」【7】

〈柬大王泊旱〉簡 8、3、4、5、7

－71－

　　原整理者濮茅左云：「『麃』，即『表』字，意卜兆明確。《集韻》：『表，識也，明也。古作裒、襮、麃。』」〔註1〕原簡字从鹿頭、从衣省，窄式隸定應可作「麃」。其字《說文》所無，原考釋徵於《集韻》，釋其爲「表」，認爲有「明確」之義，並指出其字已見於《上博（三）·周易》簡6，其字形和文例爲如下：

 終朝三之。

〈周易〉簡60

　　字同樣从鹿、从衣，兩個偏旁皆不省，「鹿」和「衣」之間似乎加了「刀」形。原考釋亦釋「表」（其理由與「麃」字相同），將此句譯作：「終朝再三明確此事。」〔註2〕從字形方面來講，其說雖有根據，然而照於他本，其解令人難免有突兀之感。

　　　上九：或錫之鞶帶，終朝三褫之。（王弼本）

　　　尚九：或賜之般帶，終朝三攄之。（《馬王堆帛書·周易》）

　　　上九：或賜繻綤，終朝三之。（《上博（三）·周易》）

王弼注云：「處訟之極，以剛居上，訟而得勝者也。以訟受錫，榮何可保，故終朝之閒，褫帶者三也。」孔穎達正義：「或錫之鞶帶者，上九以剛居上，是訟而得勝者也。若以謙讓蒙錫則可長保有，若因訟而得勝，雖或錫之鞶帶，不可長久，終一朝之閒，三被褫脫，故云終朝三褫之。」當代注釋家之解釋亦大致雷同，陳鼓應說：「蓋謂上九居卦之終，剛勇不已，訴訟不止，或許一時因勝訴而有受賞鞶帶之榮，但終有被奪回賞物之辱。」〔註3〕今本的文意已經非常清楚。我們用新材料校勘古籍時，除非其文理能夠變得無比順通，否則不可輕易改動原文。古人的治學態度則更爲嚴謹，阮元〈校刻宋本《十三經注疏》書後〉一文中云：「刻書者最患以臆見改古書，今重刻宋版，凡有明知宋版之誤字，亦不使輕改，但加圈於誤字旁，而別據校勘記，擇其說附載於每卷之末，俾後之學得不疑於古籍之不可據，愼之至也。」〔註4〕

　　至於「」字，大部分學者仍不同意由「褫」改釋爲「表」，認爲應讀爲今本之「褫」字，然而諸家對字形的解釋頗有分歧，在下面我們將逐一檢討。

〔註1〕　馬承源主編《上海博物館藏戰國楚竹書（四）》（上海：上海古籍出版社，2004 年 12 月初版），頁 198。

〔註2〕　馬承源主編《上海博物館藏戰國楚竹書（三）》（上海：上海古籍出版社，2003 年 12 月初版），頁 144。

〔註3〕　陳鼓應·趙建偉《周易注譯與研究》（臺北：臺灣商務印書館，1999 年），頁 79·

〔註4〕　〔清〕阮元《十三經注書》第 1 卷（臺北：藝文印書館 2001 年 12 月初版 14 刷），頁 4。

三、諸家對《上博（三）·周易》「」字的看法

季師旭昇曰：

> 此字上從「鹿」形，下從爪從衣，下所從即「衺」，衺於楚簡多讀爲「衣」，
> 但亦讀「裼」、「狄」（參何琳儀先生《戰國古文字典》756 頁。衺所從「爪」
> 形一般均向左，此字「爪」形向右。而且「爪」形簡寫爲「刀」形。「爪」
> 形省爲「刀」形於戰國楚系文字不算太罕見，如「矛」字一般寫成從三個
> 「爪」形，但「爪」形常常簡化成「刀」形，參《楚系簡帛文字編》1015
> 頁。另外，此字剛好在刀形的右下方有一個殘洞，原字是從「刀」形還是
> 「爪」形也許還有待檢視原簡）。衺於此當讀同「裼」、「狄」，作爲聲符用。
> 「裼」、「狄」上古音均爲定紐支部。如此，「」可逕通讀爲今本《周易》
> 之「褫（徹紐支部）」。

> 另一考慮則可視「」爲「鷹」之異體字。「鷹」字於楚系有二形，一作
> 「」形（參《楚系簡帛文字編》763 頁），一作「」形（《包》2·13
> 「慶」字所從，慶字所從或爲廌、或爲鷹、或爲鹿）。《上博三·周易》簡
> 6「」字上部所從與《包》2·13「慶」字所從相似，但實已類化爲「鹿」
> 旁。「」字從「鹿」形、「衺（裼、狄）」聲，即「鷹」字異體，「鷹」字
> 上古音屬澄紐支部，與「衺（裼、狄）」韻同屬支部，聲同爲舌頭音。「鷹」
> 又與「褫」音近，「褫」字上古音屬徹紐支部，是《上博三·周易》簡 6
> 「」字實當讀「褫」。釋義與今本《周易》並無不同。「終朝三褫之」意
> 思是：一個早上被拿掉三次。〔註5〕

季師認爲「」字爲由「鹿」、「衺」二旁組成，隸定作「」，其說出於以下兩種
考慮：

一、將「鹿」形以下的部分看作「衺」字，何琳儀認爲「衺」即「裼」之會意
　　初文。〔註6〕「裼」、「褫」二字上古聲近韻同，可知「衺」於此當作聲符
　　用。

二、「」即「鷹」之異體。可析爲「从鹿、衺聲」。「鷹」、「褫」亦音近，故可
　　通假。

廖名春也同樣認爲應釋爲「褫」，然字形方面的解釋卻迥異，如下：

〔註5〕季師旭昇《上博三·周易》簡六「朝三褫之」說》（簡帛研究網，2004 年 4 月 18
　　　日）。
〔註6〕何琳儀《戰國古文字典》衺字條下云：「从爪、从衣，會以手脫衣之意。」（北京：
　　　中華書局，1998 年 9 月初版），頁 756。

「𪊨」，帛書《易經》本作「摅」而王弼本等作「禠」。「禠」、「摅」皆从「虍」，而「虍」與「鹿」常混，故簡文將「禠」寫成了「𪊨」。如以爻辭「意爲終朝再三明確此事」，則與《訟》卦卦義不符。又「禠」《經典釋文》引鄭本作「挓」，《周易集解》引虞翻、荀爽説也皆作「挓」。「禠」、「挓」音近義通。〔註7〕

他認爲以「明確」義來解釋爻辭，則與訟卦卦義不符，釋爲「表」顯然不妥。並據今本和帛書本各作「禠」、「摅」，主張「𪊨」字所从「鹿」爲「虍」之譌。

何琳儀、程燕則云：

「𪊨」上从「鹿」，下从「衣」。其中「鹿」旁下加飾筆，參包山簡246「熊鹿」讀「熊麗」。依此類推，「𪊨」可讀「襹」。《廣韻》「襹，襹褷，毛羽衣貌。」「襹」，來紐支部；「禠」，定紐支部。定、來均屬舌頭音。至於帛書作「摅」，亦屬來紐。唯韻部由支部轉入魚部。〔註8〕

何琳儀、程燕根據包山先例，認爲上半「𪊽」可視作「麗」，據此將「𪊨」字讀作「襹」。並認爲「襹」與「禠」、「摅」皆音近可通。（帛書字釋「摅」，可商。詳後文。）

楊澤生認爲該字當析爲「从衣、从刀、鹿聲」。因爲「鹿」、「彔」古同音，故可能是「剥」之異體，其義與今本「禠」同，如下：

此字中部應爲「刀」，故應隸定作「劇」。「劇」字當從「衣」從「刀」、「鹿」聲。「鹿」、「彔」同爲來母屋部字，古文獻中從「彔」之字多與「鹿」或從「鹿」之字相通。……因此，「劇」可能就是「剥」的異體。據上引諸説，與簡文「劇」對應之字今本作「禠」，鄭本等作「挓」，帛書本作「摅」，而《説文》：「禠，奪衣也。」《淮南子·人間》「挓其衣被」高誘注：「挓，奪也。」「摅」或可讀作「虜」，也有「奪」義，如晉張載《七哀詩》之一：「珠柙離玉體，珍寶見剥虜。」「剥」即剥奪，簡文「終朝三劇之」的「劇」與「禠」、「挓」、「摅」的意義並無不同。〔註9〕

前説均有據，難以判斷孰是孰非。該字今本作「禠」；帛書本作「摅」，本文認爲首先要徹底弄清此二字。

四、今本《周易》「禠」字

先考其義。《説文·衣部》：「禠，奪衣也。从衣、虒聲。讀若池。直离切。」段

〔註7〕廖名春〈楚簡《周易》校釋記（一）〉（簡帛研究網，2004 年 4 月 23 日）。

〔註8〕何琳儀、程燕〈滬簡《周易》選釋〉（簡帛研究網，2004 年 5 月 16 日）。

〔註9〕楊澤生〈竹書《周易》中的兩個異文〉（簡帛研究網，2004 年 5 月 29 日）。

注考證甚詳，如下：

> 「奪」當作「敓」。許訓奪爲遺失，訓敓爲彊取也。此等恐非許原文。後人以今字改古字耳。《周易・訟上九》：「或錫之鞶帶，終朝三褫之。」侯果曰：「褫，解也。」鄭玄、荀爽、翟元皆作「三拕之。」荀、翟訓拕爲奪。《淮南書》曰：「秦牛缺遇盜拕其衣。」高注：「拕，奪也。」拕者，褫之假借字。十七、十六（按：拕在 17 部；褫則 16 部）二部音最近也。引伸爲凡敓之偁。〔註10〕

「褫」字以「衣」爲形，《說文》謂其本義爲「敓衣」，其解與形符合。《韓非子・外儲說右下》：「奪褫之資在子之也。」《後漢書・黨錮傳序》：「舉中於理，則強梁褫氣。」可見，後來引伸爲一切褫奪之義。再則，考其音。該字從「虒」得聲。《說文・虎部》：「虒，委虒，虎之有角者。從虎、厂聲。息移切。」然由甲骨文來看，「虒」顯然不是從厂聲〔註11〕。

【字形表1】

1　續 3.40.1	2　掇 2.77	3　乙 8519	4　續 5.7.9

　　學者一般認爲這些字形便相當於《說文》的「虒」字。甲骨文字形下從虎、上端加角形，六書應屬合體象形。〔註12〕「虒」上古音隸於心紐支部〔*sɐ〕，從其得聲之「褫」字則定紐支部〔*dˀɐ〕。《說文》中從虒得聲者尚有十六例：褫（心／支）、嗁（定／支）、趧（定／支）、遰（定／支）、踶（定／支）、鯷（定／支）、鷈（透／支）、鰓（透／支）、榹（心／支）、歋（定／支）、鼶（心／支）、慸（定／支）、漇（心／支）、縰（來／支）、鍗（定／支）、號（透／支），韻皆屬支部，聲則稍有變

〔註10〕　〔東漢〕許慎撰／〔清〕段玉裁注《說文解字注》（臺北：洪葉文化事業有限公司，2001 年 10 月增修 1 版第 2 刷），頁 400。

〔註11〕　《說文・厂部》：「厂，抴也；明也。象抴引之形。」季師曰：「未見。疑爲《說文》錯誤地分析字形而分離出來的部件。《說文》以爲『虒』字從此，也不可信，『虒』爲『虎之有角者也』，甲骨文作象形，不從厂。《說文》本部『弋』字也不從『厂』，本部可刪。」《說文新證》下冊（臺北：藝文印書館，2004 年 11 月 1 版），頁 192。《說文》一書中類似的例字實爲不勝枚數。除「厂」之外，季師《說文新證》中還舉出十二例：「丨」、「又」、「炏」、「玨」、「舛」、「攵」、「叒」、「旲」、「夲」、「兂」、「傘」、「丿」，皆爲戰國秦漢以來的文字學家爲了要分析某字而離析出來的部件。

〔註12〕　詳見季師旭昇《甲骨文字字根研究》（臺北：文史哲出版社，2003 年 12 月初版），頁 335。／朱歧祥《殷墟甲骨文字通釋稿》（臺北：文史哲出版社，1989 年 12 月初版），頁 205～207。

化，但其音變都在一定的範圍之內。

五、馬王堆帛書《周易》「攄」字

	尚九：或賜之般帶，終朝三攄之。
	〈周易〉006

字或釋「搋」〔註13〕、「攄」〔註14〕、「攎」〔註15〕，均非。字形當析爲「从手、盧聲」，應當隸定作「攄」。其字《說文》無載，但其聲旁「盧」見於甲文，作「𠤷（鄴三下43‧4）」、「𠤷（京津3451）」等形，卜辭中多用爲方國之名。《說文‧虍部》：「盧，虎不柔不信也。从虍、且聲。」「且」古音在精紐魚部〔*tsa〕；「盧」則定紐魚部〔*dˋa〕，二字聲近韻同，楚文字中「且」、「盧」每每互通，如：（1）楚簡中「盧」（或作「虘」）多用爲連詞「且」。（2）包山簡 241 之「㮡禮」一詞，讀作「明祖」或「盟詛」。〔註16〕（3）《方言‧卷十》：「𢴲、攄，取也。南楚之間凡取物溝泥中謂之𢴲，或謂之攄。」𢴲、攄，字義相同，均从且得聲，當爲一字。由此可知，雖然《說文》的釋義不可信，但析爲「且聲」則無誤。

今本作「褫」，其上古音爲定紐支部〔*dˋɐ〕；帛書本作「攄」，其聲旁「盧」則定紐魚部〔*dˋa〕，二字雙聲，僅有支部與魚部之差，陳師新雄云：「支讀次低央元音〔ɐ〕，魚讀舌面前低元音〔a〕，二音密近，故可旁轉也。」〔註17〕「褫」、「攄」二字當屬音近通假關係。

六、《上博（三）‧周易》「𧆜」字

由上述考論，可以知道「褫」、「攄」二字，雖皆从「虍」，但其關係並非形近而混，而只是音近通假。因此「𧆜」字上部所从「𠂇」形實無需看成是「虍」之譌。

〔註13〕 廖名春〈楚簡《周易》校釋記（一）〉（簡帛研究網，2004 年 4 月 23 日）。

〔註14〕 何琳儀、程燕〈滬簡《周易》選釋〉（簡帛研究網，2004 年 5 月 16 日）。

〔註15〕 楊澤生〈竹書《周易》中的兩個異文〉（簡帛研究網，2004 年 5 月 29 日）。

〔註16〕 劉信芳云：「『禮』即祖，直系祖先。……按：『㮡禮』之涵義有待更多的辭例才明確，其一可讀爲『明祖』，謂明神先君也；其二可讀爲『盟詛』，主盟誓詛祝之神也。」劉信芳《包山楚簡解詁》（臺北：藝文印書館，2003 年 1 月初版），頁 228。
　　禤健聰云：「楚簡『㮡禮』二字均从『示』，爲『盟詛』之專字。盟誓之『盟』亦从示，以示旁易血旁。《漢書‧五行志上》：『明年，屈氂復坐祝禮要斬，妻梟首也。』顏師古注：『禮，古詛字也。』」禤健聰〈戰國楚簡所見楚系用字習慣考察〉《第十八屆中國文字學國際學術研討會論文集》（臺北：輔仁大學中國文學系，2007 年 5 月 20 日），頁 272。

〔註17〕 陳師新雄《古音研究》，（臺北：五南圖書，2000 年 11 月第 2 刷），頁 456。

並且楚文字中虎頭與鹿頭的寫法尚有別，如下：

【字形表 2——楚簡中「虎」字及從其之諸形】

單字					
	1 包 2.149	2 包 2.271	3 上三・周 25	4 上四・採 4	5 上四・逸 2
偏旁					
	6 包 2.105（獻）	7 包 2.69（虜）	8 郭・老丙 27（瘥）	9 上一・緇 9（虞）	10 上四・曹 44（虖）

【字形表 3——楚簡中「鹿」字及從其之諸形】

單字					
	1 包 2.179	3 包 2.181	3 包 2.190	4 天策（馬鹿合文）	5 上二・容 45
偏旁					
	6 上一・孔 23（麇）	7 包 2.174（廊）	8 包 2.175（廊）	9 天策（麃）	

「虎」、「鹿」二字，寫法迴異。雖然作偏旁時二字皆可僅作頭部，然其形體仍有別，從未混淆。另外，楚簡文字中有個字舊誤釋為從「严」﹝註18﹞，其字過去或誤認為是從「虍」﹝註19﹞：

【字形表 4】

髟						
	1 包 2.190	2 仰 25・30	3 望 2 策	4 郭・尊 17	5 郭・語三 10	6 上四・曹 11

其實，其上部既非鹿頭，又非虎頭，而是從「民」聲。整字可隸定作「髟」，簡文中讀為「文」。﹝註20﹞總言之，楚文字系統裡不太可能是把「虍」誤寫成「 」

﹝註18﹞ 包山、郭店原考釋中皆隸定作「麇」形。
﹝註19﹞ 湖北省文物考古研究所、北京大學中文系《望山楚簡》（北京：中華書局，1995 年 6月），頁 125，注釋 104 云：「（按：【字形表 4】之第 3 形）或疑為『蓲（苴）』之簡體。」
﹝註20﹞ 可參以下二文。李學勤〈試解郭店簡讀「文」之字〉《中國古代文明研究》（上海：

形。廖說不可從。

　　接下來，檢討何、程兩氏之說。包山楚簡〈卜筮祭禱紀錄〉中有一段祭禱楚國
先王的記載，如下：

鹿	舉禱荊王自畲鹿以就武王五牛五豕，使攻解於水上與溺人。
	包 2.246

　　其中「畲鹿」一詞，何琳儀最先讀出「熊麗」〔註21〕，學界幾無異議。〔註22〕
李家浩亦同意其讀法，但認爲其仍是「鹿」字，簡文中讀作「麗」，只是「鹿」、「麗」
互用之例。〔註23〕何琳儀又云：「『鹿』、『麗』雙聲，均屬來紐；『麗』從『鹿』，是
『鹿』的孳乳字。」〔註24〕「鹿」古音在來紐屋部，「麗」則來紐歌部，屋部爲侯
部之入聲韻，歌侯二部雖有旁轉，但其例並非多見〔註25〕，歌屋二部是否旁對轉，
本文暫時保留。

　　值得注意的是，該形體與一般楚系「鹿」字的寫法略不同，較於其他楚簡的「鹿」
字（參看【字形表3】），可以發現唯獨此形在右下方增加「乇」，它很可能是省略「丽」
後，爲了避免與「鹿」字混淆而增加的別嫌符號，〔註26〕「麗」字本從鹿，該簡「鹿」

華東師範大學出版社，2005年4月），頁229～230。／陳劍〈甲骨金文舊釋「尤」
之字及相關諸字新釋〉《北京大學中國古文獻研究中心集刊》第4輯（北京：北京大
學出版社，2004年10月初版），頁74～94。／詳見本論文〈說「夏」〉。

〔註21〕 何琳儀〈包山竹簡選釋〉《江漢考古》（1993年第4期），頁62。

〔註22〕 劉信芳云：「畲鹿讀爲『熊麗』……據《史記・楚世家》，熊麗是鬻熊之子，簡217
等記載昭佗祭祀的楚之先祖有老僮、祝融、鬻熊，又祭祀從熊麗以至武王，前後相
接，成爲一完整的祭祀系譜。」劉信芳《包山楚簡解詁》（臺北：藝文印書館，2003
年1月初版），頁249。

〔註23〕 李家浩云：「從簡文看，畲鹿是楚武王之前的一位國君。據《楚世家》等文獻記載，
在楚武王之前的國君中，只有熊麗有可能是畲鹿。……『鹿』與『麗』不僅字形相
近，而且音義也很相近。『鹿』、『麗』都是來母字，聲母相同。《說文》鹿部『麗』
字的說解云：『《禮》「麗皮納聘」，蓋鹿皮也。』段玉裁注：『許意「麗」爲「鹿」。』
所以『鹿』、『麗』二字有時混用。《穆天子傳》卷五『射於麗虎』，聊城楊氏海源閣
藏黃丕烈校本朱筆『麗』作『鹿』。《史記・齊悼惠王世家》：『哀公……二年，高后
立其兄子酈侯台爲呂王』裴駰《集解》引徐廣曰：『酈，一作鄜』簡文畲鹿之『鹿』，
《楚世家》作『麗』，即屬於此種情況。」李家浩〈包山竹簡所記楚先祖名及其相關
的問題〉《文史》第42輯（北京：中華書局，1997年1月），頁10～11。

〔註24〕 何琳儀〈說麗〉《甲骨學國際學術研討會論文集》（臺中：東海大學中國文學系，2005
年11月19日～20日），頁111。

〔註25〕 陳師新雄《古音研究》，（臺北：五南圖書，2000年11月第2刷），頁453。

〔註26〕 何琳儀則將其視爲飾筆，云：「包山簡272『縫』、隨縣簡16『所』等字下方均贅加
『乇』形，可證楚系文字確有此類飾筆。」何琳儀〈楚王熊麗考〉《中國史研究》（2000
年第4期），頁14。／包山簡272「縫」字、曾侯簡16「所」字分別作「縫」、「所」

字頗疑為特殊省體。本文認為根據特殊省體（或許只是「鹿」字），將 字上半看成是「麗」，似頗為牽強。

由於上述原因，我們暫不從廖、何二說。至於楊說：第一、他不處理「衣」旁；第二、我們在不輕易改動原典字句的原則之下，不採其說。季師認為該字可視「鷹」之異體，「鷹」為象形文，「」則從鹿、衮聲之形聲字。文字形體嬗變過程中聲化趨勢逐漸增強，象形體「鷹」，在楚人的筆下被改造成形聲結構的「」，完全可能。古文字中類似的例子並非罕見，比如「雞」、「鳳」、「裘」等字的初文原本皆為獨體象形，但後來增益聲旁之後，象形體皆類化為常見的部首字，「」字從鹿，亦當屬這種類化現象。就聲韻方面來講，「鷹」古音在定紐錫部〔*d`ek〕，「褫」則定紐支部〔*d`e〕，錫、支二韻可對轉。「（鷹）」解為「褫」之假借字，聲韻上當可成立。

然而筆者拜讀師說之餘，有了些心得，於此添蛇足，竊以為「」字可能就是「褫」的異體，二字皆從衣，只是所取的聲旁不同而已。「褫」字從虒得聲；「」字上部所從「」形，同樣是聲旁，頗疑其為「鷹」字，並非「鹿」和「刀」。下面，我們將進一步去探討「鹿」、「鷹」二字的字形發展：

【字形表5——甲金文中「鹿」、「鷹」字】

鹿					
	1 甲 1395	2 後 1.130.13	3 存下 346	4 西周早期・貉子卣	5 西周晚期・命簋
鷹					
	6 明藏 472	7 明藏 633	8 後 2.33.4	9 西周早期・盂鼎（灋）	10 春秋・鄭興伯鬲（薦）

《說文・鹿部》：「鹿，獸也。象頭、角、四足之形，鳥鹿足相似，從匕。」《說文・廌部》：「廌，解廌獸也，似山牛，一角，古者決訟令觸不直。象形。從豸省。」從甲骨文字形來看，許慎對此二字的字形分析顯然不確。二字同為象頭上著雙角動物之形，六書皆屬獨體象形。因為二者形體接近，過去甚至部份「鹿」字被誤釋為「廌」。〔註27〕

形，今細審其字形，反而令人覺得「」字的「」還是不太像一般的飾筆。（曾侯簡「所」字下方皆加「乀」，而作「（曾 4）」「（曾 12）」等形。）

〔註27〕姚孝遂按語云：「、、諸形者，亦為鹿字。孫海波舊釋廌，增訂版《甲骨文編》知舊說之誤已加以放棄，均列入鹿字。」《甲骨文字詁林》（北京：中華書局，1999

【字形表6——楚簡中「廌」字及从其之諸形】

單字					
	1 包 2.265	2 上一・緇 5	3 上四・曹 14	4 上四・曹 41	5 上四・曹 42
偏旁					
	6 包 2.13 （慶）	7 包 2.132 （慶）	8 郭・緇 13 （慶）	9 上一・緇 8 （慶）	10 上三・周 51 （慶）
旁					
	11 上二・子 12 （薦）	12 包 2.16 （瀳）	13 包 2.145 （瀳）		

「鹿」、「廌」二字，其頭部的寫法在甲文階段已相當類似，至楚簡文字雙角部分大多謁爲「屮」形，就完全變成同形（「鹿」字諸形參看【字形表3】）。雖然頭部形狀寫得幾乎是一樣，但因爲「廌」字下半部的各種寫法都與「鹿」有別，作爲單字時比較容易區分。然而用爲偏旁時，有些字形寫得極似「鹿」字，第 6、8、12 形所從就是如此。「廌」字上端作「∨」形，跟一般作「屮」形不同，此亦在第 10 形上找到同樣的寫法。至於「刀」形，筆者頗疑其爲「廌」字的一部份。看第 3、5 形，可發現中間的部份分別寫作「♪」、「↱」形，已近似「刀」形。這種寫法進一步謁變而類化成「刀」形，不無可能。綜上所述，「廌」字上部所從「廌」形，應可視爲「廌」字。故本文將「廌」字析爲「从衣、廌聲」，認爲「裷」之異體。「廌」、「虎」古音相近，故可替換。

七、諸家對《上博（四）・東大王泊旱》「𢊾」字的看法

通過以上討論，我們可以肯定《上博（三）・周易》「廌」字不宜釋爲「表」。本篇「𢊾」字，能否釋爲「表」，亦值得討論。並且從簡文文例來看，若於此讀爲「表」，確實不大好解，因此學者已紛紛提出各種意見。

陳劍認爲此字可讀爲「孚」，訓爲「信」：

> 文意可以解釋爲：簡王多次夢到高山深溪，因此想要對高山深溪加以祭祀。但他「所得城於膚（宇？）中者」沒有大山大溪，即沒有與其所夢相合能夠作爲祭祀對象者，因此想要對楚國的「者（諸？）啚」加以祭祀，希望（「尚」）釐尹高就此占卜，如果占卜結果是「襄」，就將對「者（諸？）

虞｜舉行祭祀。「麇」疑可讀爲「孚」訓爲「信」。簡4「釐尹許諾，訟而卜之」云云與此緊密相承。但因不少字詞尚不能確解，以上對文意的理解猜測的成分甚大，故暫分開釋寫，並謹誌疑於此。〔註28〕

他認爲「麇」所指應爲「占卜的結果」。蘇建洲亦同意其說法，但在解字方面持有不同意見，則主張應讀爲「吉」：

筆者以爲從「麇」的形體來看，比較有可能分析爲從「鹿」「衣」聲。字可讀作「吉」，見紐質部。與「衣」聲紐相近，韻部「質微」有相通的例證，如《淮南子・原道訓》：「先者隤陷則後者以謀」，高誘《注》曰：「楚人讀磧爲隤」，而「磧」，端紐質部；「隤」，定紐微部。又向熹先生指出《詩・小雅・采菽》第五章「汎汎楊舟，紼纚維之。樂只君子，天子葵之；樂只君子，福祿膍之。優哉游哉，亦是戾矣。」中「維」（微）、「葵」（脂）、「膍」（脂）、「戾」（質）有合韻的現象。還有《左傳・閔公二年》：「衛懿公好鶴。」「懿公」，《論衡・儒增》作「哀公」。「哀」從「衣」聲；「懿」，從壹聲，而「壹」，《說文》曰：「從壺吉聲」。所以「衣」、「吉」相通應無問題。古代占卜「吉祥」與否，常是決定是否付諸行動的重要準則。如《呂氏春秋・孟冬紀》：「命太卜，禱祠龜筮占兆，審卦吉凶。」《呂氏春秋・貴質論・直諫》：「先王卜以臣爲葆，吉。」《左傳・哀公九年》：「晉趙鞅卜救鄭，遇水適火，占諸史趙、史墨、史龜。史龜曰：『是謂沈陽，可以興兵，利以伐姜，不利子商。伐齊則可，敵宋不吉。』」尤其《左傳・昭公十七年》曾記載：「吳伐楚，陽匄爲令尹，卜戰，不吉。司馬子魚曰：『我得上流，何故不吉？且楚故，司馬令龜，我請改卜。』令曰：「魴也以其屬死之，楚師繼之，尚大克之！」吉。戰于長岸，……」爲了一個好預兆，甚至不惜改卜。再回到簡文，簡4讀作「如麇（吉），將祭之。」簡5讀作「如麇（吉），速祭之，吾瘯鼠（瘋？）病。」看來都是很合理的。〔註29〕

「衣」古音隸於影紐微部，「吉」則見紐質部，二字聲母均在喉牙，至於微質二部之通轉，蘇文中已有舉例。實際上，古書中微脂旁轉之例特別多，可見二部頗爲密近〔註30〕，質爲脂之入聲韻，故微質二部可以旁對轉。蘇氏認爲「麇」字從衣聲，故

〔註28〕陳劍〈上博竹書〈昭王與龔之脽〉和〈柬大王泊旱〉讀後記〉（簡帛研究網，2005年2月15日）。

〔註29〕蘇建洲〈楚文字考釋四則〉（簡帛研究網，2005年3月14日）。

〔註30〕陳師新雄《古音研究》（臺北：五南圖書出版有限公司，2000年11月初版2刷），頁454～455。

可讀爲「吉」，其說聲韻上當可成立。

范常喜亦認爲「廌」字所表爲「占卜的結果」，並視爲「慶」字之形譌：

我們懷疑它可能是「慶」字的訛體。「慶」字在楚文字中異寫字比較多，大致可分爲三組：

第一組《包山》								
	56	163	169	173	135 反	71	87	179
↑比較			《上博四‧柬大王泊旱》簡4、5					
第二組《包山》								
	13	131	132	133	136	137	137 反	155
第三組								
	郭‧緇13	上一‧緇8						

同《上博（四）‧柬大王泊旱》相較，第一組中的字形與之相似，而且由上述各組異體可以看出，「慶」字在楚文字中發展尚未成熟，字形還不固定，抄手順手訛寫的可能性比較大。先秦傳世文獻中，罕見「如慶」這一片語，但「有慶」一詞較爲常見，尤其多見於卜書《周易》當中……（《周易》中的）「有慶」指卦象顯示是吉慶的卦。簡文4讀作「如廌（慶），將祭之。」簡5讀作「如廌（慶），速祭之。」簡文意思正如陳劍先生所說：如果占卜結果是廌（慶），就將舉行祭祀；如果占卜結果是廌（慶），就將快速進行祭祀。這同《易經》中的「慶」意思相差不遠。〔註31〕

沈培贊成陳劍之說，並加以深論：

此字上部所從的偏旁可能既非「鹿」也非「廌」，而是「廌」字或「廌」字的省體。……有沒有可能「」上所從的就是「廌」呢？楚文字中有單獨的「廌」字，作「」、「」、「」等形。這種寫法的「廌」省去下部就成了「」所從的「」。如果是這樣的話，可以把「」，看作是從「衣」從「廌」省聲的字了。……總之，濮茅左先生把「」釋爲「表」的意見不應當輕易否定。陳劍先生依此而讀爲「孚」的意見也應當是正確的。〔註32〕

〔註31〕范常喜〈讀《上博四》箚記四則〉（簡帛研究網，2004年3月31日）。

〔註32〕沈培〈從戰國簡看古人占卜的「蔽志」——兼論「移崇」說〉《第一屆古文字與古代史學術研討會論文集》（臺北：中央研究院歷史語言研究所，2006年9月），頁19.10。

《說文‧衣部》:「袤（表），上衣也。从衣、从毛。古者衣裘，以毛爲表。襮，古文表从麃。」《集韻》:「表，識也，明也。古作袤、襮、麃。」「表」上古音在幫紐宵部，「麃」則在並紐宵部，二字古音密近，「表」當可从「麃」得聲。「表」的注音形聲字「襮」，或改作上下結構，即《集韻》所收「麃」形，形體已有所省減，進而再省作「麃」，完全可能。陳劍認爲簡文中疑讀「孚」，其上古音在滂紐幽部，與「表」讀音相近。沈氏認爲這可聯繫到卜辭所見「孚」字的用法〔註33〕，其說如下:

> 「孚」也可以用於命辭和占辭，其中用於占辭的情況跟我們現在要討論的問題關係密切，因此下面特地選出一例加以解釋:
>
> （10a）辛丑卜，殼貞:婦好有子。二月。
>
> （10b）辛丑卜，亘貞。王占曰:「好其有子，孚。」（《合集》94 正）
>
> （10c）王占曰:「吉，孚。」（《合集》94 反）
>
> 上例命辭貞「婦好有子」，（10b）（10c）兩條占辭分別刻在卜骨正反兩面，其中都有「孚」，是王看了卜兆之後斷定事實會與命辭所提出的情況相符，也即「婦其有子」，當然也是「吉」。
>
> 回過頭來看〈東大王泊旱〉中關於「孚」的幾句話，我們覺得跟上引（10b）（10c）的「孚」的用法比較相似。東大王在問釐尹時說「當蔽而卜之于大夏，如孚，將祭之」，說的正是要釐尹在占卜之前先斷志再占卜，如果占卜的結果跟所斷之志相符，就要進行祭祀。隨後，釐尹按照東大王的吩咐「蔽而卜之」，占卜的結果果眞是「孚」。這種結果當然不會是占卜之後實際發生的祭祀行爲，應當是釐尹看了卜兆所顯示的兆象之後加以占斷認爲占卜的結果跟占卜之前所斷之志相符，跟上引（10b）（10c）的「孚」的用例是相同的。〔註34〕

顏世鉉亦同意陳說，並指出這種用法之「孚」字見於《尚書》，云:

> 《尚書‧君奭》:「惟茲惟德稱，用乂厥辟。故一人有事于四方，若卜筮，罔不是孚。」僞《孔傳》:「一人，天子也。君臣務德，故有事於四方而天下化服，如卜筮，無不是而信之。」孫星衍《尚書今古文注疏》:「言惟此

〔註33〕關於卜辭中「孚」字的用法，可參裘錫圭〈釋「厄」〉《紀念殷墟甲骨文發現一百周年國際學術研討會》（北京:社會科學文獻出版社，2003 年 3 月），頁 125～133。該文中釋作「厄」，後來改釋爲「孚」。詳見裘錫圭〈變公盨銘文考釋〉《中國出土古文獻十講》（上海:復旦大學出版社，2004 年 12 月初版），頁 77 之追記。

〔註34〕沈培〈從戰國簡看古人占卜的「蔽志」——兼論「移祟」說〉《第一屆古文字與古代史學術研討會論文集》（臺北:中央研究院歷史語言研究所，2006 年 9 月），頁 19.11～19.12。

羣臣，各稱其德，用相其君，故天子有事于四方，如卜筮，無不見信于神人也。」此「孚」是「信服」之意〔註35〕。「孚」之釋爲「信」，有學者以爲同「符」。《盤庚》：「鮮以不浮于天時。」屈萬里先生引朱駿聲《尚書古注便讀》：「孚也；猶符合也。」〔註36〕《爾雅·釋詁上》：「孚，信也。」尹桐陽《爾雅義證》云：「《書·盤庚》『鮮以不浮于天時』，洪頤煊云：浮，信也。以『浮』爲之，或者『孚』之正字爲『符』與。」故《君奭》「若卜筮，罔不是孚」之「孚」，指卜筮的結果符合求卜者的希求，表示其希求得到神意的肯定而可以信服。與「孚」之意相近的有「從」。《洪範》：「汝則有大疑，謀及乃心，謀及卿士，謀及庶人，謀及卜筮。汝則從，龜從，筮從，卿士從，庶民從，是之謂大同。身其康彊，子孫其逢，吉。」此亦是神人皆從之意。《儀禮·少牢饋食禮》：「吉則史韇筮，史兼執筮與卦以告于主人，占曰從。」鄭玄注：「從者，求吉得吉之言。」所謂「從」，學者指出：「『從』是占卜中的一個術語，凡占卜的結果合於求卜者所希望得到的吉兆時，就叫『從』，引申爲對所卜問的問題持贊同的意見的叫『從』。」〔註37〕楚竹書「如麠，將祭之」，「麠」讀爲「孚」，「孚」猶「從」，此指龜卜、筮占皆信從之意。〔註38〕

周鳳五認爲「」、「麠」爲同字，皆爲「禠」字。至於本篇「麠」字，簡文中讀爲「食」，乃爲古書所見占卜專用術語，其說如下：

簡文下從「卒」即「衣」省，上從「鷹」省聲，即「禠」字。《周易·訟卦》：「上九，或錫之鞶帶，終朝三禠之。」上博三《周易》簡6「禠」字從衣，從鹿，整理者引《說文》以爲「古文表」字。按，「三表」不詞。鹿爲「鷹」之訛，鷹，古音定紐支部；禠，透紐支部，可通。簡文此字爲「禠」之省，讀爲「食」。古音船紐職部，音近通假。《尚書·洛誥》：「我卜河朔黎水，我乃卜澗水東、瀍水西，惟洛食。」僞孔《傳》：「卜必先墨畫龜，然後灼之，兆順食墨。」按，「兆順食墨」具體意義不明，但可以確認「食」爲上古占卜專用術語，其意義似傾向於符合占卜者的意願。簡

〔註35〕屈萬里《尚書集釋》收於《屈萬里先生全集（二）》（臺北：聯經出版事業公司，1986年），頁207。

〔註36〕屈萬里《尚書集釋》收於《屈萬里先生全集（二）》（臺北：聯經出版事業公司，1986年），頁90。

〔註37〕顧頡剛、劉起釪《尚書校釋譯論》（北京：中華書局，2005年），頁1185。

〔註38〕顏世鉉〈上博楚竹書文字釋讀箚記五則〉《簡帛》第1輯（上海：上海古籍出版社，2006年10月初版），頁191～192。

王疑心夏水爲祟，指示龜尹羅敬謹占卜，如果「兆順食墨」，就要祭祀夏
水以祓除旱災。〔註39〕

他認爲「褒」可析爲从衣、从鹿，但由於其所从「鹿」是「廌」之譌，故可與「褫」
音近可通。依其理解，「廀」上从「声」亦實爲「廌」，下从「伙」則「衣」之省，
字从廌聲，故可假借爲「食」。（「廌」、「食」古音相近。）

張桂光對字形的看法基本上與周說相同，同樣認爲「廀」上从「声」爲「廌」
之省。並主張「廀」可析爲从衣、廌聲，即「薦」之或體，簡文中所指爲「薦祭」
之所，其說如下：

> 考楚簡鹿字作茇（包山）、茇（上博）等形，與廌字之作茇茇（郭店）、茇茇
> （上博）等形者相較，區別只在下半，其上部實已混同，茇字按字形只能
> 隸定作廀，所从之声，究竟是鹿之省還是廌之省呢？只能說都有可能，就
> 字面上是很難作出肯定判斷的。因此，我懷疑這是一個<u>从衣省、廌省會意</u>
> <u>的字，爲薦字或體</u>（在薦席的意義上，从衣與从草同意），<u>在文中指薦祭</u>
> <u>之所</u>。如薦，是到薦上去；訟而卜之薦，是在薦上訟而卜之。第一個如薦，
> 是釐尹攜同龜尹到薦上去實施祭祀的先行程序：許諾（含禱告）、貞卜，
> 訟（靜語）即許諾的方武；第二個如薦，是完成許諾、貞卜程序後，釐尹
> 到向日的臨卜主位（不在薦上）致命於王，王因癢病煎熬而催促釐尹回到
> 薦上去快快完成祭祀的程序。茇之讀薦，按原釋文以茇爲上博簡《周易》
> 之茇字省文的思路亦可另備一說。季旭昇先生已經指出，《周易》茇字下
> 部所从，並非形符「衣」，而是聲符「釆」（音狄），字當釋「廌」。由於鹿
> 廌形近易混，故加聲符「釆」以明確之。與《孔子詩論》鹿之加聲符「彔」
> 作茇者配合觀之，可證季氏之說不謬。若茇爲茇之省體，則字亦當釋「廌」，
> 而用廌爲薦，於典籍亦不乏例（參朱駿聲《說文通訓定聲》、何琳儀《戰
> 國古文字典》）。〔註40〕

八、綜合討論

先談《上博（三）‧周易》「茇」字。依師說，其字可隸作「釁」，从鹿、釆聲，
即「廌」之注音形聲字，簡文中借爲「褫」。〔註41〕（「廌」、「褫」古音相近。）前

〔註39〕周鳳五〈上博四〈東大王泊旱〉重探〉《簡帛》第1輯（上海：上海古籍出版社，2006
年10月初版），頁124。

〔註40〕張桂光〈〈東大王泊旱〉編聯與釋讀略說〉《古文字研究》第26輯（北京：中華書局，
2006年11月），頁267～268。

〔註41〕季師旭昇〈《上博三‧周易》簡六「朝三褫之」說〉（簡帛研究網，2004年4月18

文已述，本文認爲此爲聲化趨勢所產生的異體，類似的例子有「雞」、「鳳」、「裘」等；張桂光則認爲由於楚文字中「鹿」、「鷹」形近易混，故加聲旁「求」以明確之。〔註42〕此外，鄙見將「𧍙」字析爲從衣、鷹聲，認爲「襦」之異體。周鳳五則析爲從衣、從鹿，由於所從「鹿」爲「鷹」之譌，故可通「襦」。〔註43〕雖然諸說對字形的看法有所分歧，但簡文中讀作「襦」，並無異議。至於本篇「麀」字，亦有各種不同看法，在此姑且以其字形分析，分爲如下四類：

（A）原考釋、陳劍、沈培、顏世鉉

此說將「麀」字析爲「從鹿頭、從衣省」，認爲「表」的《說文》古文「襦」之省。

襦 ──→ 麀 ──→ 麀

《說文》古文　　　《集韻》古文　　　〈柬大王泊旱〉

陳劍、沈培、顏世鉉認爲簡文中當讀爲「孚」。（「表」、「孚」古音相近。）

（B）蘇建洲

此說將「麀」字析爲「從鹿頭〔註44〕、從衣省」，視「衣」爲聲符。簡文中讀「吉」。

（C）范常喜

此說認爲「麀」是「慶」字之形譌。

（D）周鳳五、張桂光

此說將「麀」字析爲「從鷹頭、從衣省」，兩氏皆視「鷹」爲聲符。周氏讀作「食」，張氏則讀作「薦」。兩氏皆認爲「𧍙」、「麀」爲同字，即「麀」爲「𧍙」之省體。

先檢討 C 說，范氏提出形近譌混的可能，但本文認爲令人難以信服，原因如下：

一、「麀」字本篇裏共出現四次，皆從鹿頭、從衣省，作「麀」形，無一例外，可見這種寫法並非「順手譌寫」。

二、如同范文所指，楚文字裏「慶」字確有多種寫法，但「声」、「心」似乎是其必需部件，一般不省。然而「麀」不從心。

日）。

〔註42〕張桂光〈〈柬大王泊旱〉編聯與釋讀略說〉《古文字研究》第 26 輯（北京：中華書局，2006 年 11 月），頁 268。

〔註43〕周鳳五〈上博四〈柬大王泊旱〉重探〉《簡帛》第 1 輯（上海：上海古籍出版社，2006 年 10 月初版），頁 124。

〔註44〕後來，蘇建洲〈《上博（四）‧柬大王泊旱》「謚」、「吉」字考釋〉（未刊稿）一文中改析爲「從鷹、衣聲」，但仍認爲「△1」字當讀「吉」。

三、「如慶」一詞未見於古籍，正如其文所云：「先秦傳世文獻中，罕見『如慶』
　　這一片語」。

四、不僅是傳世文獻，同屬楚簡的《望山》、《包山》的占卜記錄中也從未見「慶」
　　字。

　　由於上述原因，本文先排除形近譌混的可能，認爲該字當析爲「从虍、从衣省」。
至於上从「虍」，究竟是「鹿」之省，還是「鷹」之省？如同張桂光所指出，兩種可
能都要考慮。換言之，就字形分析而言，A、B、D 三說皆有可能。其中最爲符合楚
簡用字習慣的就是 B 說。《望山》、《包山》的占卜記錄中，如果占卜的結果是正面，
一律用「吉」字，如下：

　　□□占之：吉，期中有憙於志□【簡 26】（《望山》）

　　足骨疾，尙毋死。占之：恆貞吉，不死□【簡 39】（《望山》）

　　速瘥，毋以及其故有咎。占之：恆貞吉，疾少遲瘥，有□【簡 44-45】（《望山》）

　　使攻解於人偶，占之：甚吉，期中有憙。【簡 198】（《包山》）

　　自習層之月以就習層之月，出內事王，盡萃歲，躬身尙無有咎？▓▓，占之：恆
　　貞吉，少有悤於躬身，且爵位遲踐，以其故敓之。【簡 201-202】（《包山》）

　　病腹疾，以少懣，尙毋有咎？占之：貞吉，少未已。以其故敓之。【簡 207】（《包
　　山》）

　　然而我們同時要考慮，楚簡中除了「从士〔註45〕、从口」的「吉」字外，尙未
見不同結構的「吉」字。並且如果「庹」字下从「𧘇（衣之省）」爲聲符，上从「虍
（無論鹿頭還是鷹頭）」究竟起何作用？至於 D 說，認爲「庹」字从鷹聲，其說不
無可能，但相關證據似乎仍嫌不足，姑備一說。A 說認爲「庹」字爲「襮」之省，《集
韻》中可找到其中間階段「襃」，就字形分析而言，其說具有一定的說服力，並且其
釋讀能夠與卜辭及傳世文獻相結合，因此本文認爲 A 說較爲妥當。

九、小　結

　　本篇「庹」字，簡文中所表示爲占卜的結果。原考釋認爲「襮」之省，讀「表」。
陳劍疑讀爲「孚」（「表」、「孚」古音相近），訓爲「信」。沈培指出這種用法之「孚」
見於卜辭，顏世鉉指出《尙書》中亦見相關用例。其形體之簡省過程應爲「襮」→
「襃」→「庹」。

〔註45〕本爲兵器之象形。詳見裘錫圭〈說字小記‧5、說「吉」〉《古文字論集》（北京：中
　　　　華書局，1992 年 8 月初版），643～645 頁。

第二節　說「害」

一、引　言

今用「害」字，並非「傷害」之「害」的本字。傷害字甲骨文原本作「宝」，然而至戰國時期楚文字已普遍使用「害」，或借其作虛詞「曷」或「蓋」。但「宝（宝）」仍多見於偏旁中，如：「鎋」、「轄」、「薵」等，並出現「害」與「宝」混合而成的寫法。本文首先分別探討「害」與「宝」的來源，再則，試圖釐清楚簡中所見的各種異體之間的演化關係。

二、《上博（四）》的「害」字

《上博（四）》一書中有「害」字，凡三見，其原篆與文例爲如下：

![圖]△1	大宰答：「如君王修郢高（郊），方若然里，君王毋敢戔△1。」【13】 〈柬大王泊旱〉簡 13
![圖]△2 ![圖]△3	君子以賢稱，△2 有弗【9】得，以無道稱，△3 有弗失。【10】 〈曹沫之陣〉簡 9-10

上揭三形寫法略有差別，但仍屬同字。此類字形在楚簡裡一般讀作「害」或「曷」，後一用法當屬假借，此字基本上相當於後世的「害」字，但從字形看，楚文字此形並非單一繼承「害」，而是與「宝」混合而成的寫法。〔註46〕依裘錫圭之說，「宝」即傷害之「害」的本字。〔註47〕（後詳論）〈柬大王泊旱〉篇「△1」字，目前在釋讀上諸家看法頗有分歧〔註48〕，但字形上無疑爲「害」字。〈曹沫之陣〉篇「△2」、

〔註46〕詳見馮勝君〈讀上博簡《孔子詩論》札記〉《古籍整理研究學刊》2002 年第 2 期，頁 13。

〔註47〕詳見裘錫圭〈釋「宝」〉《古文字論集》（北京：中華書局，1992 年 8 月初版），頁 11～16。

〔註48〕原考釋讀「害」。馬承源主編《上海博物館藏戰國楚竹書（四）》（上海：上海古籍出版社，2004 年 12 月初版），頁 206。／周鳳五讀「曷」。周鳳五〈上博四〈柬大王泊旱〉重探〉《簡帛》第 1 輯（上海：上海古籍出版社，2006 年 10 月初版），頁 132。／陳偉讀「掩」。陳偉〈簡大王泊旱〉（武漢大學簡帛網，2006 年 11 月 22 日）。／季師旭昇讀「害」，釋爲「大」義。季師旭昇主編《《上海博物館藏戰國楚竹書（四）》讀本》（臺北：萬卷樓圖書股份有限公司，2007 年 3 月初版），頁 100。

「△3」字，原考釋中兩處皆讀「曷」〔註49〕，即用作疑問詞。「害」及從其得聲之「割」，先秦文獻裡間或用作疑問詞，但並非多見，僅見幾例，如：

> 越予小子，考翼，不可征；王害不違卜？（《尚書‧周書‧大誥》）

> 君奭！在昔，上帝割申勸寧王之德，其集大命于厥躬。（《尚書‧周書‧君奭》）

> 時日害喪？予及女皆亡。（《孟子‧梁惠王上》）

> 害澣害否？（《詩經‧國風‧周南‧葛覃》）

清儒已指出這種用法之「害」，即通「曷」，如：段注：「《詩》、《書》多假『害』為『曷』。」〔註50〕王引之《經傳釋詞》云：「曷，何也。常語也。字亦作害。」〔註51〕「害」、「曷」古音同屬匣紐月部，當可互通。張玉金說：「曷、害兩字記錄的確實是一個詞。」〔註52〕其實，「曷（匣／月）」、「何（匣／歌）」、「盍（匣／盍）」、「胡（匣／魚）」等古書中較為常見的疑問代詞，其古音皆相近。（王力認為是同源。〔註53〕）雖然傳世文獻裡以「害」為疑問詞的用例並不多見，但楚人在其書寫習慣上特別喜歡借它來表示疑問或反問。此外，間或用為副詞「蓋（見／月）」，其古音亦為密近，當屬假借。這些用法在以往楚文字材料中屢見不鮮，學界並無異議，茲不贅列。

下面，本文擬分別討論「害」、「蚩」二字的從甲金文到戰國文字的演進，再則是對楚簡中所見的各種異體加以分析，以期弄清其構成與發展的脈絡。

三、「害」

【字形表1——商周及秦系文字中从「聿」之諸形】

1 商‧屯南 4462（𡊅）	2 商‧京津 5283（𡊅）	3 西周早‧井侯簋（𡊅）	4 西周早‧伯害盉（害）	5 西周中‧史牆盤（害）

〔註49〕馬承源主編《上海博物館藏戰國楚竹書（四）》（上海：上海古籍出版社，2004 年 12 月初版），頁 249。

〔註50〕〔東漢〕許慎撰／〔清〕段玉裁注《說文解字注》（臺北：洪葉文化事業有限公司，2001 年 10 月增修 1 版第 2 刷），頁 345。

〔註51〕〔清〕王引之《經傳釋詞》（臺北：華聯出版社，1975 年 8 月初版），頁 90。

〔註52〕張玉金《西周漢語代詞研究》（北京：中華書局，2006 年 4 月初版），頁 331。

〔註53〕王力《同源字典》（北京：商務印書館，2002 年 11 月，第 6 刷），頁 435。

6 西周中· 㝬簋（鈇）	7 西周晚· 善夫山鼎（害）	8 西周晚· 師害簋（害）	9 西周晚· 毛公厝鼎（害）	10 西周晚· 師克盨（害）
11 西周晚· 㝬鐘（鈇）	12 西周晚· 無重鼎（割）	13 春秋· 曩伯盨（割）	14 春秋· 秦公鎛（憲）	15 秦· 十鐘（憲）
16 秦·睡· 法律 1（害）	17 秦·睡· 法律 3（害）	18 秦·睡· 秦律 162（害）	19 秦·睡· 秦律 193（憲）	20 秦·馬· 陰甲 238（害）
21 秦·馬· 老甲 63（害）	22 秦·馬· 春 82（害）			

《說文·宀部》：「害，傷也。从宀、从口。宀口，言从家起也。丰聲。」學者已多指出《說文》釋形不可信，並提出各種意見，其中主要說法有如下幾種：

（A）「槅」之初文

高鴻縉認爲上象屋宇上㮴槅之形，下从「古」聲，即「槅」之初文。〔註54〕

（B）以「余」爲聲

于省吾認爲金文「害」字以「余」爲聲。曾侯乙墓編鐘銘中「姑洗」作「割韓」，「姑」字古韻屬魚部。又，金文裡「簠」字作𥬱、𥬔、𥫱、𥬚等形，這些異體分別从害、吾、古、夫得聲，其皆爲魚部字。他據以認爲「害」上古韻部亦當屬魚部，故可从「余（定／魚）」得聲。〔註55〕

（C）器物之象形

郭沫若云：「害乃古蓋字，象缶上有罩的覆蓋。傷害字當作割，叚害爲之，而害之本義失。」〔註56〕周法高云：「害、會字同意，都象下器上蓋中有器實之形。害、

〔註54〕高鴻縉《中國字例》（臺北：三民書局，1992 年 10 月第 9 版〔1960 年初版〕），頁581。

〔註55〕于省吾〈牆盤銘文十二解〉《古文字研究》第 5 輯（北京：中華書局，1981 年 1 月），頁 11～12。

〔註56〕郭沫若〈周公𣪠釋文〉《金文叢攷》後收於《郭沫若全集》考古編第五卷（北京：科學出版社 2002 年 10 月初版），頁 634。

會、蓋（盍）古音同屬祭部，聲紐同屬舌根音，義也相近。」〔註57〕陳秉新基本上承襲郭、周二說，亦認爲它是器物之象形，並主張：「（害）是一個象器物的獨體符號，是典籍『胡簋』之『胡』的本字。」〔註58〕陳說亦基於將「害」之古韻歸於魚部的看法。

（D）「豁」之初文

何琳儀認爲 1 形所從爲矛頭之象形，即「豁」之初文，下面加「口」形而分化爲「傷害」的害字。〔註59〕

縱觀甲金文諸形，「害」應是以「釒」〔註60〕爲聲，「釒」、「富」等字也是如此。1 形從艸釒聲，作「釒」形，即典籍中的「薔」字。〔註61〕2、3 形從艸害聲，亦爲「薔」字。〔註62〕4、5、7 形爲「憲」之初文，西周金文裡「憲」字不從心，作「富」形。「憲」上古音在曉紐月部〔註63〕，與「害（匣／月）」疊韻，聲則屬同系，「富」當可析爲「從目、釒聲」，《說文》認爲「害省聲」，實不必，根據西周金文字形，「富」確爲從釒聲，並非「害省聲」。應該是因爲「釒」字早已不再單獨使用，僅作偏旁用，導致《說文》失收其字。類似的例子有「焚」，《說文》諸部中之熒、鶯、營、熒、營、縈、縈等字，許慎釋形作「焚省聲」或「榮省聲」或「營省聲」，其實這些字皆從「焚」得聲，並非省聲。「焚」字西周金文屢見，但其後不再單獨使用，致使許慎將原本以焚爲聲的字統統誤釋作省聲。〔註64〕

〔註57〕周法高主編《金文詁林》（京都：中文出版社，1981 年 10 月），頁 6184。
〔註58〕陳秉新〈害即胡簋之胡本字說〉《考古與文物》1990 年第 1 期，頁 80。
〔註59〕何琳儀《戰國古文字典》（北京：中華書局，1998 年 9 月初版），頁 898。
〔註60〕此一隸定與「宀」、「釒（古拜切，今音「借」）」毫無關係。由於其構形尚不明，因此本文姑且截取小篆「害」字的上半而隸定之。
〔註61〕何琳儀《戰國古文字典》（北京：中華書局，1998 年 9 月初版），頁 898。
〔註62〕詳見于省吾〈釋簀〉《甲骨文字釋林》臺灣翻印版（臺北：大通書局，1981 年 10 月），頁 405。
〔註63〕或歸於元部，月、元二部密近，亦可互通。
〔註64〕關於「焚」字，可參〔清〕方濬益〈榮伯鬲〉《綴遺齋彝器考釋》（臺北：台聯國風出版社，1976 年），頁 1690～1691。／楊樹達〈井侯彝再跋〉《積微居金文說（增訂本）》（北京：中華書局，2004 年 1 月第 2 刷），頁 90。／孫詒讓〈封敦〉《古籀拾遺‧古籀餘論》（北京：中華書局，2005 年 1 月第 2 刷），頁 21。／陳世輝〈略論《說文解字》中的「省聲」〉《古文字研究》第 1 輯（北京：中華書局，1979 年 8 月初版），頁 143～144。
裘錫圭云：「《說文》把「焚」字錯析成「從焱、宀」，可知許慎已不知古有「焱（按：即「焚」）」字。所以，從「焱」聲的「榮」、「營」等字，在《說文》裏大都被說成從「焚」省聲。就當時用字的實際情況來說，這樣分析似乎也不能算錯。」《文字學概要》臺灣版（臺北：萬卷樓圖書股份有限公司，2002 年 7 月再版第 5 刷），頁 183～184。

通過上述檢討，我們可以肯定「宇」當是「䇂」、「害」、「憲」等字的聲旁，何琳儀認爲其乃象矛頭之形，增加「口」旁而分化爲傷害字。但問題在於，「害」字在西周春秋時期的金文中無一作傷害字〔註65〕，所見秦文字資料中將「害」字作傷害字之最早的用例見於睡虎地秦簡中，如：〈秦律十八種〉簡162（18形）作「官嗇夫節（即）不存，令君子毋（無）害者若令史守官，毋令官佐、史守。」〔註66〕「無害」爲秦漢公文中成語，義爲有才能〔註67〕，此處之「害」當是危害之義。馬王堆帛書中的用法更爲明確，如：〈陰陽五行〉甲篇（20形）作「可以害人」，〈老子〉甲本（21形）作：「故居前而民弗害也」，〈春秋事語〉（22形）作「所以除害也」。另外，〈法律答問〉簡1、3之「害」字（16、17形），則讀「憲」。簡文作「害盗」，即「憲盗」之異寫〔註68〕，是一種捕盗的職名〔註69〕，〈秦律十八種〉簡193（19形）則作「憲盗」。

綜上所述，「害」用作傷害字的用例，到了戰國時期才出現，其本義恐非傷害。當初在「宇」上增加「口」旁而造的「害」字，應非傷害字，其構形本義未詳。字在金文裡讀「胡」、「遏」、「蓋」、「固」等〔註70〕，皆爲音近假借。在此一問題上關鍵似乎在於「宇」的來源，學者已提出幾種看法：或認爲榪桷之象形，或認爲器物之象形，或認爲矛頭之象形，然皆無堅實的證據，恐有望文生義之嫌。關於「宇」的初形本義，目前只能存疑待考。

此外，在字形方面值得討論的是，秦文字和楚文字之間所呈現的不同發展面貌。秦系文字裡「宇」旁的寫法相當固定，從甲骨文以來的結構幾乎沒有變化，一直到戰國末期仍然保留原形，極易辨認。反之，楚系文字則呈現與之迥異的演變，如下：

〔註65〕 詳見大西克也〈論古文字資料中的「害」字及其讀音問題〉《古文字研究》第24輯（北京：中華書局，2002年7月），頁303。

〔註66〕 語譯爲「官府的嗇夫如果不在，叫辦事不出差錯的有爵的人或令史代理，不要叫官府的佐、史代理。」睡虎地秦墓竹簡整理小組編《睡虎地秦墓竹簡》臺灣翻印版（臺北：里仁書局，1981年11月），頁371。

〔註67〕 睡虎地秦墓竹簡整理小組編《睡虎地秦墓竹簡》臺灣翻印版（臺北：里仁書局，1981年11月），頁168。

〔註68〕 睡虎地秦墓竹簡整理小組編《睡虎地秦墓竹簡》臺灣翻印版（臺北：里仁書局，1981年11月），頁426。

〔註69〕 睡虎地秦墓竹簡整理小組編《睡虎地秦墓竹簡》臺灣翻印版（臺北：里仁書局，1981年11月），頁381。

〔註70〕 詳見大西克也〈論古文字資料中的「害」字及其讀音問題〉《古文字研究》第24輯（北京：中華書局，2002年7月），頁304。

【字形表 2——楚系文字中从「宔」之諸形】

1 春秋中・楚器・王孫遺者鐘（歔）	2 春秋中・楚器・王孫誥鐘（歔）	3 戰國早・曾侯編鐘 C.65.下.1.1 架掛銘文－2 掛（箭）〔註71〕	4 戰國早・曾侯編鐘 C.65.下.1.2 架掛銘文－1 架（蕭）	5 戰國早・曾侯編鐘 C.65.下.2.2 架掛銘文－8 架（籬）
6 戰國早・曾侯編鐘 C.65.下.1.1 正面鉦部（割）	7 戰國早・曾侯編鐘 C.65.下.1.2 正面左鼓（割）	8 戰國早・曾侯編鐘 301.7（割）	9 戰國早・曾侯編鐘 306.4（蕭）	10 戰國早・曾侯編鐘 325.4（割）
11 戰國早・曾侯編鐘 326.4（割）	12 戰國中晚・包 2.121（割）	13 戰國中晚・包 2.121（割）	14 戰國中晚・包 2.122（割）	15 戰國中晚・信 2.04（蕭）

　　包山楚簡多見「割」字，所從「害」旁內部多作「羊」形〔註72〕（或省豎筆）。其實，楚文字裡還有「南」、「兩」、「備」、「魚」等字都類化成從「羊」旁，此時期的楚文字裡這種本來構形互不相同的字形，演變成同一個形體的現象相當盛行，林清源稱之為「集團形近類化」。〔註73〕再則，看曾侯乙墓編鐘字形，其銘文中律名「姑洗」的寫法繁多，有「割」、「箭」、「蕭」、「籬」等形〔註74〕，其所從「害（或宔、寡）」旁的寫法亦見數種，其中部分寫法已相當接近包山字形，袁國華已指出包山「害」旁與曾侯這類字形實屬同樣的寫法。〔註75〕再往上看一下，戰國時期的這種寫法，在春

〔註71〕曾侯乙墓編鐘字形 3～7，取自於《曾侯乙墓》（北京：文物出版社，1989 年 7 月初版），至於 8～11 形，其書未收，故描摹於《殷周金文集成》所錄拓本。

〔註72〕原考釋未釋出，僅依形隸作「割」。湖北省荊沙鐵路考古隊《包山楚簡》（北京：文物出版社，1991 年 10 月），頁 25。

〔註73〕詳見林清源《楚國文字構形演變研究》（臺中：私立東海大學中國文學系博士論文，1997 年 12 月），頁 162～167。

〔註74〕湖北省博物館編《曾侯乙墓》（北京：文物出版社，1989 年 7 月初版），頁 554，注 4。

〔註75〕袁國華〈「包山楚簡」文字諸家考釋異同一覽表〉《中國文字》新 20 期（臺北：藝文印書館，1995 年 12 月初版），頁 210。

秋銅器銘文中已可窺見其端倪。王孫遺者鐘、王孫誥鐘均屬楚器〔註76〕，其銘文中有「戠」字（1、2形），所从「害」旁內部的豎筆，其上端作兩分叉斜筆形，這種寫法在西周金文及秦系文字中從未見。（參【字形表1】）

四、「蚩」

【字形表3】

1 商·鐵103.1（蚩）	2 商·寧滬1.480（蚩）	3 西周中·九祀衛鼎（禑）	4 燕·璽彙0082（萬）	5 楚帛書·乙4（萬）
6 秦·睡·日甲28（萬）	7 秦·睡·日乙48（憂）	8 秦·馬·周易·大有卦（萬）	9《四部叢刊》《說文繫傳》（韋）	10《說文》大徐本（韋）

甲骨文「蚩」字（1、2形），卜辭中其用法與「祟」、「憂」等字相類，裘錫圭

〔註76〕關於王孫遺者鐘的國別歷來有二說：該鐘最早著錄於光緒甲午年冬（1894年）所刊之《荊南萃古編》，編者周懋琦認為此當屬楚器，云：「得之宜都山中。……此鐘篆文工秀，結體較長，同於楚曾侯鐘、王子申盞古鐘。每刻銘一面此兩面皆有刻款，又與楚良臣余義鐘同，則此為楚器無疑矣。」〔清〕周懋琦《荊南萃古編》（臺北：新文豐出版公司，1979年），頁7545。然其字體和文辭與鄀器沇兒鐘有雷同之處，故過去不少學者持鄀器說，鄒安云：「（王孫鐘）文與沇兒鐘如出一手，疑鄀製也。」鄒安《周金文存·附說》（臺北：台聯國風出版社，1978年1月），頁189。其後楊樹達、郭沫若、白川靜等皆從之。楊樹達《積微居金文說》（北京：中華書局，2004年1月第2刷），頁23。／郭沫若《西周金文辭大系圖錄攷釋》（上海：上海書店出版社，1999年），頁160。／白川靜《金文通釋》卷四（京都：白鶴美術館，1973年），頁579～582。

1979年，王孫誥鐘及相關材料的公佈為此一問題提供了新的契機。王孫誥鐘是經過科學發掘出於楚墓的，並根據相關研究，其銘中之「誥」便是楚公子格，故其屬楚器無疑。其材料面世之後，學者就發現王孫誥鐘與王孫遺者鐘不僅用語酷似，連整個銘文的格式也幾乎相同，而且字體亦如出一轍。劉翔云：「從鐘銘內容看，它（王孫遺者鐘）很可能參照了王子午鼎以及王孫誥鐘，並據以作為範本的。」劉翔〈王孫遺者鐘新釋〉，《江漢論壇》1983年8期（湖北省社會科學院，1983年8月），頁76～78。／孫啟康斷定這些都是同一時期的器物：「此二器之刻辭匠師可能有其師承關係。從形制上看，二器均為甬鐘，造型風格亦較相近。據此，可以肯定王孫遺者鐘實為楚器，其鑄造年代亦應與王子午鐘、王孫誥鐘相近，屬於楚康王時期。」孫啟康〈楚器「王孫遺者鐘」考辨〉，《江漢考古》1983年4期（湖北省考古學會，1983年11月），頁41～46。劉、孫二文論證甚詳，確鑿可據，王孫遺者鐘屬於楚器無疑。

指出其為「傷害」之「害」的本字。〔註77〕從西周金文開始，下半變作「禹」形（3形）〔註78〕，其後大多承襲這種寫法。4形，董珊釋作「萬」〔註79〕，可從。5形，該形舊釋作「每」〔註80〕，李家浩改釋為「萬」〔註81〕，可從。6、7形，簡中用作「建除名」，皆讀「害」，7形將「五」旁移至下方，則作「憂」形。8形，今本《周易》裡其相應之字為「害」。9形，裘錫圭認為揉合「萬」、「憂」二形而成的字形。10形，當屬傳抄翻刻之誤。

　　茲為方便讀者理解，將上列諸形之演變圖示於後：

　　以上是「虫」字的從甲骨文到小篆的演化過程，雖有些筆勢上的變化，但一直到戰國末期睡虎地簡及馬王堆帛書，其基本結構仍未改易（6、8形），可見秦文字系統的穩定性。此字楚簡中亦習見，但與秦文字不同，其寫法堪稱千變萬化，呈現相當多種的異體，甚至還出現與「害」混合而成的寫法。下面我們將要討論這些異體之間的關係。

五、楚簡中的各種寫法

　　首先臚列單獨字形：

【字形表4】

1 包 2.256	2 郭店‧老甲 4	3 郭店‧老甲 28	4 郭店‧老丙 4	5 郭店‧成 22
6 郭店‧成 30	7 郭店‧尊 26	8 郭店‧性 61	9 郭店‧語四 21	10 上一‧孔 7

〔註77〕裘錫圭〈釋「虫」〉《古文字論集》（北京：中華書局，1992 年 8 月初版），頁 11～16。

〔註78〕類似的例子有「萬」、「禽」等。

〔註79〕董珊〈古璽中的燕都薊及其初封問題〉《江漢考古》1993 年第 4 期，頁 64～65／74。

〔註80〕饒宗頤、曾憲通編著《楚帛書》（香港：中華書局，1985 年 9 月初版），頁 284。不但誤釋，而且書中的摹寫亦相當失真。

〔註81〕裘錫圭：〈釋「虫」〉，《古文字論集》（北京：中華書局，1992 年 8 月初版），頁 13。文中表明此為李家浩所釋。

11 上一‧孔 8	12 上一‧孔 10	13 上一‧性 31	14 上二‧從甲 8	15 上三‧仲 20
16 上四‧柬 13	17 上四‧曹 9	18 上四‧曹 10	19 上五‧競 1 正	20 上五‧競 5
21 上五‧競 7	22 上五‧姑 6	23 上五‧姑 8		

雖然異體繁多，但比較常見的寫法有「夅」、「夆」兩種，前一寫法當是「害」字，其與【字形表2】之8形「割」字所从結構完全相同，只是將中間的兩個橫筆變作斜筆而已。後一寫法的頭部加「亽」，應是受「萬」字的影響而產生的筆畫〔註 82〕（詳後文）。雖有若干特殊變體，但這些字形基本上都屬於「害」系，比較明顯地屬於「萬」系的只有 7 形一例。上揭諸形在楚簡中一般用爲傷害字或虛詞「曷」、「蓋」。總言之，戰國時期楚文字裡這種借「害」字來記錄傷害字的用法已被廣泛地接受，反之，傷害本字「萬」的使用頻率無疑地在日益降低中。

接下來，列舉从「害」或「萬」得聲之字形：

【字形表 5】

1 曾 4（鎋）讀「轄」	2 曾 10（轄）讀「轄」	3 天‧策（轄）讀「轄」	4 天‧策（轄）讀「轄」	5 天‧策（轄）讀「轄」
6 郭‧五 35（畫）讀「害」	7 郭店‧尊 23（憲）讀「害」	8 郭店‧尊 38（憲）讀「害」	9 郭‧語四 16（割）讀「害」	10 郭‧語四 18（割）讀「害」
11 上一‧孔 16（蕆）讀「葛」	12 上一‧孔 16（萬）讀「葛」	13 上一‧孔 17（萬）讀「葛」		

〔註 82〕 馮勝君〈讀上博簡《孔子詩論》札記〉《古籍整理研究學刊》2002 年第 2 期，頁 13。

　　如同【字形表 4】所列，楚簡文字裡「萬」字單獨使用之例甚少，但偏旁中仍多見。1、2 形，曾侯簡原考釋中隸定作「鑢」、「轄」，認爲「轄」之異體，並指出 3、4、5 形當屬同字。〔註83〕6 形，原釋文作「変」，但裘錫圭案語云：「疑是『萬（害）』之訛形，本書〈尊德義〉二六號簡『萬』字作（按：【字形表 4】之 7 形），可參照。故此字似當從帛書本讀爲『害』。」〔註84〕7、8 形，除心旁外的部分，明顯看得出「萬」與「害」的混合體，即上從「五」，下從「害」。（兩個部件之相交處共用筆畫。）9、10 形，無疑從「害」。11、12、13 形，簡文中皆讀「葛」：11 形作「從艸、萬聲」，萬、曷上古雙聲疊韻，當可互作；12、13 形下從「禹」，當爲「萬」之省。另外，《說文》收「遳」、「蠤」、「瑲」等字，亦爲以萬爲聲之例。

六、字形分析

　　如下爲「萬」字的從甲骨文到楚文字的演化過程：

甲骨文　　　　　金　文　　　　　　　　　　　楚文字

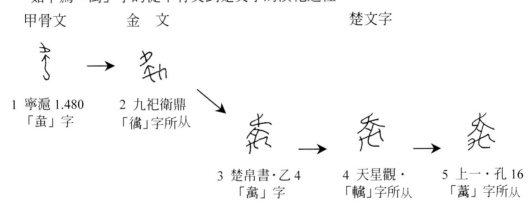

1 寧滬 1.480　　2 九祀衛鼎　　　　3 楚帛書·乙4　　4 天星觀·　　5 上一·孔 16
「蚩」字　　　「儀」字所從　　　「萬」字　　　　「轄」字所從　　「藅」字所從

　　3 形，上從五〔註85〕、下從禹，是不省不減的寫法。4 形，「五」與「禹」相交處筆畫連結。5 形，其頭部進而訛成「火」形，這種寫法很重要，是因爲楚簡中部份「害」字受到它的影響，其頭部也作「火」形，如：

〔註83〕湖北省博物館編《曾侯乙墓》（北京：文物出版社，1989 年 7 月初版），頁 508，注 45。

〔註84〕荊門市博物館《郭店楚墓竹簡》（北京：文物出版社，1998 年 5 月初版），頁 153，注 45。

〔註85〕其上方原本從「五」，但到了楚文字其寫法稍變作近似「旡」形，大西克也認爲是聲旁，因而將楚帛書字（3 形）析爲「從禹，旡聲」。大西克也〈論古文字資料中的「害」字及其讀音問題〉《古文字研究》第 24 輯（北京：中華書局，2002 年 7 月），頁 305。「害（匣／月）」、「旡（見／沒）」古音相近，若其說成立，這當可視爲「聲化」。

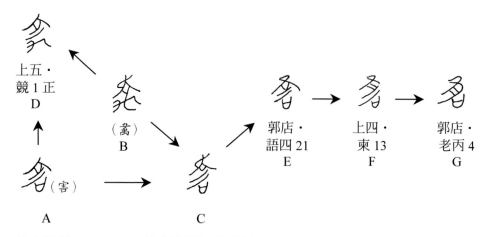

前文已述，A、C 二形爲楚簡裡最常見的寫法，其中 C 形當是受「萬」字影響所形成。「害」、「萬」古音相同，楚文字已經普遍流行借「害」爲「萬」的用字習慣，並且在寫法上「害」、「萬」二字的上半原本有雷同之處，在如此條件之下，「害」字頭上加「五」旁，實不足爲奇。此外，楚簡中同時出現頭部作「Ｘ」形的字形（E 形上从），其當爲「火」之一種變形。F、G 形寫法相當特殊，但其演變的脈絡皆可尋。至於 D 形，何有祖云：「其上從『害』省，下部所從『九』，疑爲郭店《尊德義》26 號簡炙之省體。字當隸作從害從萬，讀作曷。」〔註 86〕蘇建洲則認爲下从「九」爲聲旁〔註 87〕，但「害」、「九（見／幽）」二字古音似乎嫌遠了點。本文認爲此亦當爲「害」、「萬」二字的混合寫法，但與 C 形相反，上从害省，下从萬省，這種寫法目前僅見一例，應該當時也不比 C 形流行。

《上博（四）》所見三形，基本上皆屬於 C 形類：

【字形表 6】

1〈柬大王泊旱〉簡 13	2〈曹沫之陣〉簡 9	3〈曹沫之陣〉簡 10

3 形，即常見寫法；2 形，以兩短橫替代口旁，這種寫法的害字楚文字初見；1 形，雖筆勢稍作變化，但基本結構仍保存。有趣的是，1 形的寫法進而譌作 G 形。G 形見於《郭店·老子丙》簡 4，當時與今本對照之下，讀出「害」，但未能說清其結構，現在我們已完全弄清其字形來源。

〔註 86〕何有祖〈上博五楚竹書〈競建內之〉札記五則〉（武漢大學簡帛網，2006 年 2 月 18 日），第 1 則。

〔註 87〕蘇建洲〈上博（五）柬釋（一）〉（武漢大學簡帛網，2006 年 2 月 27 日），第 3 項。

最後，附帶討論《上博（五）·競建內之》簡 7 的「」字。

	天不見△，地不生宵〔註88〕【7】
	〈競建內之〉簡 7

原考釋者陳佩芬釋△爲「禹」，並指出此句與《春秋繁露·必仁且知》：「天不見災，地不見孼」相似。〔註89〕季師認爲其乃「萬」之省，讀作「害」。〔註90〕「災」、「萬（害）」字義相近，當可互作，依師說，這異文問題自然解決。但該形與楚簡裡一般常見的「萬」字形體上仍有距離，高佑仁認爲其字當隸作「黿」，並舉《郭店·五行》簡 35 的「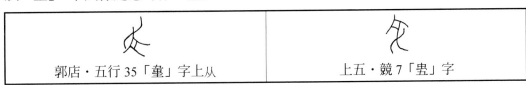（【字形表 5】之 6 形）」字而與之作比對，其字上從「虫」，下從「土」，窄式隸定應可作「堇」。

郭店·五行 35「堇」字上從	上五·競 7「黿」字

高文主張二形只是上下偏旁位置掉換而已，實爲同字。〔註91〕陳劍則提出不同的看法，認爲其當釋「夭」，簡文中讀「妖」或「祅」。〔註92〕其釋主要依據有二：其一、古書裡「妖（祅）」、「孼」連文或對舉之例相當多見；其二、它與楚文字「夭」字寫法〔註93〕接近，陳文裡列舉了如下字形：

【字形表 7】

1《古璽彙編》5621	2 楚帛書·乙五	3 郭·唐 11	4 上二·子 12「芺」所從

〔註88〕 宵，原考釋釋作「龍」，季師指出其釋不妥，認爲字形當析爲「从它、从中、月聲」。月、孼二字上古音同在疑紐月部，故當可讀「孼」。季師旭昇〈上博五芻議（上）〉（武漢大學簡帛網，2006 年 2 月 18 日）。

〔註89〕 馬承源主編《上海博物館藏戰國楚竹書（五）》（上海：上海古籍出版社，2005 年 12 月初版），頁 173。

〔註90〕 季師旭昇〈上博五芻議（上）〉（武漢大學簡帛網，2006 年 2 月 18 日）。

〔註91〕 高佑仁〈談〈競建內之〉兩處與「害」有關的字〉（武漢大學簡帛網，2006 年 6 月 13 日）。

〔註92〕 陳劍〈也談〈競建內之〉簡 7 的所謂「害」字〉（武漢大學簡帛網，2006 年 6 月 16 日）。

〔註93〕 一般加「宀」旁，作「宎」形。【字形表 7】所列字形均屬這種結構。

　　然而，陳劍亦在文中指出戰國文字中「夭」的寫法相當固定，變化不大，他認為「夭」形也許是「在書寫中偶然出現的由書手個人因素造成的訛體」。

　　二說皆有理，但本文以爲釋「萬」更爲妥當一些。雖然文意上也能釋作「妖（祅）」，但綜觀楚簡中「萬」字的各種異體，可以發現△字仍具備「萬」字的基本特徵，故本文姑且將△字列於【字形表4】中。

七、小　結

　　甲金文中所見「𡴆」、「𡆥」、「害」等字皆以「𡴆」爲聲，至於「𡴆」及「害」的造字本義，目前則不得而知。至戰國時期楚文字廣泛流行借「害」爲傷害字或虛詞「曷」、「蓋」。雖然楚文字裡傷害本字「𧄼（萬）」已被「害」逐漸取代，但同時流行在「害」的頭上加「𠄡」的寫法，其無疑是受「萬」的影響而形成。此外，楚簡中還見數種異體，然大多屬於這種混合寫法的變形，其演變脈絡皆可尋。

補　記

　　本文宣讀後〔註94〕，講評人蘇建洲及與會學者禤健聰同樣指出，應要討論《上博（一）‧孔子詩論》篇的「慜」字。這個字形確有必要加以討論，當初遺漏不談爲筆者疏失，今補充於後：

【字形表8——〈孔子詩論〉「悥」字】

1 簡 11	2 簡 15	3 簡 17 之 1	4 簡 17 之 2	5 簡 27

　　《說文‧心部》：「悥，惠也。从心、兂聲。」上揭字形簡文中皆讀「愛」。值得注意的是，其中第2形（下文以△代之）上方所從「兂」旁的寫法與其他字形稍不同。茲爲讀者方便再列第103頁字形演化表的一部分：

楚帛書‧乙4　　　　　天星觀‧　　　　　上一‧孔16
「萬」字　　　　　　「轎」字所從　　　　「萬」字所從

〔註94〕本節發表於第十八屆中國文字學國際學術研討會（臺北：輔仁大學，2007年5月20日）。

　　楚帛書「萬」字，大西克也認爲其上部聲化爲从「旡」聲〔註95〕。馮勝君認爲楚帛書字省變爲〈孔子詩論〉簡16「萬」字所从的寫法，可以與同篇「蟋」字的形體演變相對比〔註96〕。馮氏注意到△所从「旡」旁寫得與「炎」上部相同，就結果來說，楚簡文字裡「萬」、「怸」二字上部有時可以寫得完全同形，這實不足爲奇，楚文字裡「萬」上部已聲化爲「旡」，「怸」字上部原本从「旡」聲，故二字上部當可演變爲同樣形體。並且二字古音也很接近，「愛」古音在影紐沒部，與「害」聲屬同系，韻則旁轉。裘氏指出楚簡文字裡「害」字寫成「丯」形的寫法已相當固定，△上部的寫法應該是被其所影響〔註97〕。

附記一：蘇建洲指出本文應要補充以下幾點：

（1）「丯」形是由「萬」、「害」混合而成的寫法，此一觀點馮勝君已提出，文章發表於《古籍整理研究學刊》2002年第2期。

筆者在撰寫本文時未注意到馮文，這確實個嚴重的疏失。拙文對「丯」形的看法與馮文相同，特此聲明，兼表非敢掠美之意。修訂稿均加以註解是馮勝君所提。

（2）「菫」、「害」、「憲」等字的共同聲旁隸定作「牢」，恐會肇人誤會。

修訂稿加註說明此一隸定與「宀」、「丯（古拜切，今音「借」）」毫無關係。由於其構形尚不明，因此本文姑且截取小篆「害」字的上半而隸定之。

（3）應該討論〈孔子詩論〉的「怸」字。

已在補記中陳述了些鄙見。

附記二：裘健聰指出「愛」應該是來自〈孔子詩論〉所見「蟋」之類的寫法。

　　《說文‧夊部》：「愛，行皃。从夊、怸聲。」古書中未見以「愛」表示行貌之意〔註98〕，許說可疑。「愛」一形頗疑「蟋」之譌，季師《說文新證》下冊「慶」

〔註95〕　大西克也〈論古文字資料中的「害」字及其讀音問題〉《古文字研究》第24輯（北京：中華書局，2002年7月），頁305。蘇學長認爲此說頗有說服力。
〔註96〕　馮勝君〈讀上博簡《孔子詩論》札記〉《古籍整理研究學刊》2002年第2期，頁13。
〔註97〕　此爲研討會當天在討論這個問題時，裘先生所提的看法。
〔註98〕　宗福邦、陳世鐃、蕭海波主編《故訓匯纂》（北京：商務印書館，2004年3月第2刷），頁808〜809。

字條：「戰國文字或從鷹、或從鹿，鷹尾作『个』形，秦系文字則多訛爲「攵」形。」
〔註99〕〈孔子詩論〉「𧡵」、「𧡵」所从「虫」旁，其形體近似「个」形，「蟁」應該
是小篆「㤅」的原由。段注：「今字假㤅爲悉，而悉廢矣。」段玉裁認爲今用「㤅（愛）」
字爲假借，本字當作「悉」。但楚簡中「蟁」用爲「愛」，其用法與「悉」無別，季
師曰：「（㤅），其實可能與『悉』爲同字。」〔註100〕「愛」字本作「悉」，从心、旡
聲，許愼釋義作「惠也」，都很合理，但楚人爲何再加「虫」旁而作「蟁」，未詳其
用意。

　　最後向蘇學長和禤先生表示衷心的感謝！

附　論

一、文字的糅合

　　本文完稿後，以同門高佑仁兄之助，得睹張新俊的博論《上博楚簡文字研究》
〔註101〕一書（下文簡稱「張文」），作者在當今楚文字學研究成果的基礎上進行了更
深入的探討，提出了很多有價值的意見，筆者拜讀後，受益良多。其中有一節專論
「文字的糅合」，其所指就是如同上論之「㝬」、「㝬」那樣，將兩個文字的某一部
份拼湊在一起而產生的寫法。此可謂非常特殊的構形方式，這無疑在古文字研究上
值得重視的發現。下面擬以張文中所舉的相關字例爲依據，進一步去探討這種文字
糅合的詳細情況。

　　張文中先引其師吳振武之說〔註102〕（下文簡稱「吳文」），而解說文字糅合的基
本概念：吳文中共列二例，即侯馬盟書「獻」字及《上博（一）‧孔子詩論》「害」
字〔註103〕，張氏則舉三例，即《上博（一）‧性情論》「慧」字、《上博（三）‧周易》
「瑪」字與《上博（四）‧逸詩‧交交鳴烏》「戱」字。張文中對文字糅合的論述非
常正確，是得其正鵠，但其中有些字例，能否視爲文字糅合，似可討論，故今不揣
譾陋，提出一些鄙見。

〔註99〕季師旭昇《說文新證》下冊（臺北：藝文印書館，2004 年 11 月初版），頁 139。
〔註100〕季師旭昇《說文新證》下冊（臺北：藝文印書館，2004 年 11 月初版），頁 138。
〔註101〕張新俊《上博楚簡文字研究》（長春：吉林大學博士論文，2005 年 6 月）。
〔註102〕吳振武〈戰國文字中一種值得注意的構形方式〉《姜亮夫、蔣禮鴻、郭在貽先生紀
　　　　念文集》（上海：上海教育出版社，2003 年 5 月），頁 92〜93。
〔註103〕〈孔子詩論〉篇的「害」字，吳文中表明此原爲馮勝君之說。馮勝君〈讀上博簡《孔
　　　　子詩論》札記〉《古籍整理研究學刊》2002 年第 2 期，頁 13。

首先討論侯馬盟書中的「獻」字，吳振武云：

> 今按這一形體的出現，似應跟當時「獻」、「鮮」二字經常通假有關係。猜想不論是有意的還是無意的，這一形體可能捏合了「獻」、「鮮」二字。因為盟書「獻」字所從的「鬲」旁在形體上跟「魚」旁頗近似，而古文字中所見的「鮮」字正有不少是將「羊」旁寫在「魚」旁之上的（見《金文編》756 頁）。我們相信，這一現象的揭示，會有助於今後的古文字釋讀工作。〔註104〕

下面羅列侯馬盟書中所見「獻」字之諸形：

【字形表 8】

1 侯 67：1	2 侯 67：2	3 侯 67：4	4 侯 67：6	5 侯 67：16	6 侯 67：21	7 侯 67：30	8 侯 67：45

其中吳文所舉為第 8 形（下文或以△號代之），其寫法與其他字形明顯不同，左上方不從虍，而從羊，吳氏認為此為糅合「鮮」、「獻」而成。「鮮」上古音在心紐元部，「獻」則曉紐元部，二字聲紐有一定距離，但古書裡其通假之例並非罕見〔註105〕，吳文中還列舉如下之三晉私璽：

【字形表 9】

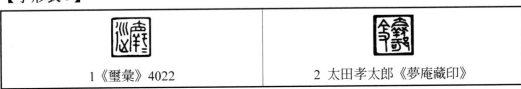

1《璽彙》4022	2　太田孝太郎《夢庵藏印》

上揭二方璽印中右側姓氏字分別釋作「虞于」、「獻邨」，皆讀「鮮于」。〔註106〕由此看來，「鮮」、「獻」的聲韻關係應可成立。如此互相可以通假的兩個字糅合在一起，而寫成△形，完全可能。但「羍（△字左旁）」是不是單純地受「鮮」字的影響

〔註104〕吳振武〈古璽姓氏考（複姓十五篇）〉《出土文獻研究》第 3 輯（北京：中華書局，1998 年 10 月），頁 84。／此說又見吳振武〈戰國文字中一種值得注意的構形方式〉《姜亮夫、蔣禮鴻、郭在貽先生紀念文集》（上海：上海教育出版社，2003 年 5 月），頁 92。

〔註105〕參高亨《古字通假會典》（濟南：齊魯書社，1997 年 7 月 2 刷），頁 178「獻與鮮」條、頁 179「爉與鮮」條。

〔註106〕吳振武〈古璽姓氏考（複姓十五篇）〉《出土文獻研究》第 3 輯（北京：中華書局，1998 年 10 月），頁 83。

而成？這可能還會有另一個因素。文字的變化往往是很複雜的現象，有時候不是出於單一理由。這種寫法似乎也可以看成是「自體類化」〔註107〕，西周金文以來「鬲」字的內部早已類化成近似「羊」形，侯馬盟書字也不例外。△字左上方从羊，應該是被下面「羊」形的影響而產生之譌。所謂自體類化，本來順手譌寫的因素比較大，一般不會廣泛流行，△字也是如此，其在侯馬盟書中畢竟僅見一例，其他古文字材料中亦未見。

接下來討論《上博（一）·性情論》中的「慧」字，其原篆與文例爲如下：

𢓇	A 於其者之謂悅。【6】 〈性情論〉簡 6
𢡺	有其為人之 B 如也，弗牧不可【38】 〈性情論〉簡 38

A 字原考釋隸作「怘」，讀「圄」。〔註108〕白於藍認爲其爲同篇簡 38 的 B 字（即「慧」字）之省形，故可讀爲「快」（「慧」、「快」古音相近），云：

> 所謂「怘」字，原篆作「𢓇」，當釋爲「慧」。上引文字亦見於郭店楚簡〈性自命出〉篇，與此字相對應的字是「快」。上古音慧爲匣母月部字，快爲溪母月部字，兩字聲母同爲喉音，韻則疊韻，自可相通。《老子》十八章：「智慧出，有大僞。」漢帛書《老子》甲本慧亦作快。可證。郭店簡〈性自命出〉篇簡四十七有「有其爲人之快如也，弗牧不可」語，該句話亦見於上海簡〈性情論〉簡三十八，其中與「快」字相對應的字亦是「慧」，原篆作「𢡺」。「𢓇」當即「𢡺」之省形。〔註109〕

李天虹指出 A 形實爲「快」字〔註110〕，並非 B 之省，其說可從。但她也認爲 A、B 二字在形體上有所關連，主張 B 形爲「慧」、「恝（快）」的混合體，云：

> 我認爲不能將 B 簡單地釋爲「慧」。《說文》又部：「彗，掃竹也。从又持𥕢。」B 上部的「𰁜」即相當於篆文的「𥕢」。「彗」字金文作「𥕢」（《金

〔註107〕詳見林清源《楚國文字構形演變研究》（臺中：私立東海大學中國文學系博士論文，1997 年 12 月），頁 157～158。／可參本論文〈說「烄」〉。

〔註108〕馬承源主編《上海博物館藏戰國楚竹書（一）》（上海：上海古籍出版社，2001 年 12 月初版），頁 229。

〔註109〕白於藍〈《上海博物館藏戰國楚竹書（一）》釋注商榷〉（簡帛研究網，2002 年 1 月 8 日），第 7 項。

〔註110〕李天虹〈〈性情論〉文字雜考〉《郭店竹簡〈性自命出〉研究》（武漢：湖北教育出版社，2003 年 1 月初版），頁 259。

文編》538 頁「雪」從），馬王堆漢墓帛書作「彗」（《秦漢魏晉篆隸字形表》197 頁），所從「𢆷」、「𢆷」與 B 上部基本相同。它們和篆文的「𡳾」一樣，應當都是掃竹之形的譌變。

〈性情論〉「心」及從「心」之字多見，一般作「𢖫」、「𢖫」、「𢖫」、「𢖫」等形，無一例作「𢖫」。因此，B 下部的「𢖫」很可能是由「夬（𢆷）」與「心（𢖫）」兩個偏旁並筆而成，「夬」的寫法與 A 相同。

綜上，B 似乎應該隸定為「嬇」，下部即「快」字，上部「丰」係「彗」的省形。古彗、快音近可通，整理者在注釋中已有說明。那麼，僅從字形來看，B 是個雙聲符字，既可以釋為「快」，也可以釋為「慧」。從文義考慮，讀作「慧」可能更為恰當。〔註111〕

裘錫圭認為 A 形是「𢗠（快）」的誤寫，並無談到與 B 形之關連性與否：

《上博》讀「忌」為「圉」，文義不可通。或以此字為「慧」之省文，讀為「快」，似亦難信。「右」、「夬」皆從「又」，其另一組成部分形亦相近，疑「忌」即「𢗠」之誤字。〔註112〕

「慧」、「快」古音相近，並且與《郭店・性自命出》對照之下，就可以知道二字在楚文字裡相互通，但根據「彗」字的形體發展來看，本篇的 B 形應該是個典型的「慧」字，並非由「慧」、「𢗠（快）」混合而成。根據自商、周以迄戰國時期的古文字字形，不難梳理出其演化脈絡，如下：

【字形表 10】

1 商・鐵 60.4	2 商・粹 863	3 西周晚期・姜林母簋（雪）	4 西周晚期・伯多父盨（雪）
5 戰國・晉・司馬成公權（𨏍）	6 戰國・楚・曾 9（篲）	7 戰國・珍秦齋 84（慧）	8 戰國・璽彙 0982（慧）

〔註111〕李天虹〈〈性情論〉文字雜考〉《郭店竹簡〈性自命出〉研究》（武漢：湖北教育出版社，2003 年 1 月初版），頁 260。

〔註112〕裘錫圭〈談談上博簡和郭店簡中的錯別字〉《華學》第 6 輯（北京：紫禁城出版社，2003 年 6 月），頁 53。／此文後收於裘錫圭《中國出土古文獻十講》（上海：復旦大學出版社，2004 年 12 月初版），頁 308～316。

9 戰國・璽彙 1753（慧）	10 戰國・璽彙 3257（慧）	11 西漢・馬・天文雜占 2.6（彗）	12 西漢・馬・五星占 013（慧）

1、2 形，《甲骨文編》收於「羽」字條下〔註 113〕，當誤。唐蘭首先釋出是「彗」字，其說確不可易，其在卜辭中多爲人名，或假爲「霅（雪）」。〔註 114〕3、4 形，從宀、霅聲，作「霅（雪）」形。至於 3 形，楊樹達認爲「鐼」之假字〔註 115〕，其所從「彗」上方作「𣍆」形，已與甲骨文大不相同，並且下增「又」旁，其後的字形大多承襲這種寫法，亦爲小篆所本。《說文・又部》：「彗，埽竹也。從又持𣎆。」6 形，上從「竹」旁，下從則保留甲骨文寫法。〔註 116〕7 形，吳振武釋作「慧」〔註 117〕，其結構應可析爲「從心、彗聲」，寬式隸定當作「慧」。8、9、10 形，《古璽文編》列爲未識字〔註 118〕，其結構與 7 形相同，亦當爲「慧」。漢以後的字形亦與金文大致相類，變化不大。

現在再回到〈性情論〉簡 38 的「慧」字上來，其上方作「𣍆」形，中間從「又」，下方從「心」，依照字形，無疑就是「慧」字。李天虹認爲「慧」字下部是由「夬（𦥑）」與「心（𢖒）」兩個偏旁並筆而成，然而以往楚簡材料中這種寫法的「又」、「心」旁屢見不鮮，實不必看成是 A 形的變體。並且 A 形是雖然在各種條件之下能夠釋作「快」，但它畢竟是個特殊形體，若依照裘說，只是個誤字。一般來說，這種罕見寫

〔註 113〕孫海波《校正甲骨文編》（臺北：藝文印書館，1974 年 10 月再版），頁 166～167。

〔註 114〕唐蘭〈釋羽霅習翌〉《殷虛文字記》（臺北：學海出版社，1986 年 8 月初版），頁 19～20。

〔註 115〕楊樹達〈姜林母敦跋〉《積微居金文說（增訂本）》（北京：中華書局，2004 年 1 月第 2 刷），頁 138。

〔註 116〕此爲裘錫圭、李家浩所釋，詳見湖北省博物館編《曾侯乙墓》（北京：文物出版社，1989 年 7 月初版），頁 511，注 70。／李守奎同意其釋，並云：「戰國楚文字中『彗』字寫法遠承甲骨文的可能是存在的。楚文字中有一些字的寫法與甲骨文、西周金文關係十分密切已經被證實。楚文字中習見的『能』字，在鄂君啓節和楚簡中多讀爲『一』。疑此字上部所從亦非『羽』，也是『彗』。『彗』在匣紐、月部，『一』在影紐、質部，二字聲、韻並近。」李守奎〈楚璽文字六考〉《古文字研究》第 25 輯（北京：中華書局，2004 年 10 月），頁 402。
實際上「𩇔（鐼，曾侯上二 4 號鐘）」、「𦎙（翏，包 2.169）」、「𦏵（習，包 2.223）」等戰國楚文字中有很多字形，其所從「彗」旁仍保留甲骨文寫法，在楚簡文字裡這種「彗」旁與「羽」旁幾乎是同形，已無法區別。《說文》誤認爲「翏」、「習」二字從羽，應爲戰國時期的這種偏旁混同現象所致。

〔註 117〕吳振武編《珍秦齋藏印・戰國篇》（澳門基金會，2001 年 6 月初版），頁 71。

〔註 118〕羅福頤主編《古璽文編》（北京：文物出版社，1998 年 5 月第 3 刷），頁 484。

法（也許是誤字）不會影響他字的構形，因此本文對李說暫時保留。

至於其餘三例，本文亦認爲當屬文字糅合之例，其中對「」一形，我們已作詳論，故不贅述。在此簡單介紹《上博（三）·周易》「䲨」字與《上博（四）·逸詩·交交鳴烏》「剴」字，其字形爲如下：

【字形表 11】

䲨	 1 上三·周 50	 2 上三·周 50	 3 上三·周 50	
剴	 4 上四·逸·交 1	 5 上四·逸·交 1	 6 上四·逸·交 2	 7 上四·逸·交 3
剴	 8 上四·內 8			

《上博（三）·周易》簡 50 有「䲨」字，今本裡其相對應的字爲「鴻」。1 形从鳥、工聲，寫法相當標準，無疑釋作「䲨」；2、3 形則寫法特殊，左下方改从「糸」，張新俊認爲這是糅合「䲨」、「紅」所成。〔註 119〕以形音考察，其說確可從。《上博（四）·逸詩·交交鳴烏》篇中的「剴」字，依照文例當讀「愷」，對其結構孟蓬生〔註 120〕、魏宜輝〔註 121〕有言，皆認爲「豈幾」字〔註 122〕之省體，可從。換言之，也能視爲糅合「豈」、「幾」而成。另外，《上博（四）·內禮》有「剴」字，原考釋者李朝遠認爲是「剴」字〔註 123〕，然其左半的寫法與一般「豈」字仍有別，反而與「剴」左半同形，古文字裡「戈」、「刃」二旁常互用，頗疑其與「剴」一字。

最後，再補一例，《上博（四）·曹沫之陣》篇中有個字作从馬从卬，其原篆與文例爲如下：

〔註 119〕張新俊《上博楚簡文字研究》（長春：吉林大學博士論文，2005 年 6 月），頁 21～22。

〔註 120〕孟蓬生〈上博竹書（四）閒詁（續）〉（簡帛研究網，2005 年 3 月 6 日）。

〔註 121〕魏宜輝〈讀上博楚簡（四）劄記〉（簡帛研究網，2005 年 3 月 10 日）。

〔註 122〕《說文·豈部》：「豈幾，𢿍也，訖事之樂也。从豈、幾聲。」實際上「豈（曉／微）」、「幾（見／微）」古音十分相近，「豈幾」應爲雙聲字。

〔註 123〕馬承源主編《上海博物館藏戰國楚竹書（四）》（上海：上海古籍出版社，2004 年 12 月初版），頁 227。

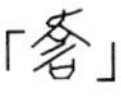

答曰：「有。臣聞之：三軍出【40】，其將卑、父兄不薦、由邦△之，此出師之忌。」【42】

〈曹沫之陣〉簡 42

原考釋隸定作「馭」，讀「御」。〔註124〕簡文中讀作「御」，可從。《說文・彳部》：「御，使馬也。从彳、从卸。馭，古文御。从又、从馬。」學者已多指出「御」、「馭」截然二文，許慎合而爲一，當誤。

【字形表 12】

1 商・菁 1.1 （卸）	2 商・前 2.18.6 （御）	3 西周早・盂鼎 （卸）	4 西周中・頌鼎 （迎）	5 春秋・攻吳王鑑 （迎）
6 戰國・包・2.13 （迎）	7 戰國・天.卜 （迎）	8 戰國・郭・緇 23 （迎）	9 戰國・上一・孔 22 （迎）	10 戰國・上一・緇 12 （迎）

「御」字甲骨文本作从卩从午（1 形），會人跪坐持杵操作之意〔註125〕，「午」、「御」古音同屬疑紐魚部，「午」當爲兼聲。或加「彳」（2 形），或再加「止」（4 形），即後世字形所本。

【字形表 13】

1 西周早・盂鼎 （駿）	2 西周早・禹鼎 （駿）	3 西周中・大鼎 （騣）	4 戰國・曾 67 （駿）	5 戰國・天.卜 （駿）
6 戰國・曾 7 （駿）	7 戰國・曾 63 （駻）	8 戰國・天.策 （駻）	9 戰國・包 2.69 （駻）	10 戰國・郭・成 16 （駻）

「馭」字金文多見，从馬、从攴（鞭之初文〔註126〕），會使馬之意。攴旁的上

〔註124〕馬承源主編《上海博物館藏戰國楚竹書（四）》（上海：上海古籍出版社，2004 年 12 月初版），頁 270。

〔註125〕季師旭昇《說文新證》上冊（臺北：藝文印書館，2002 年 10 月初版），頁 120。

〔註126〕「鞭」字甲骨文作「𠬝（陳 106）」、「𠬝（乙 7680）」等形，于省吾認爲上方所从「丙」

部或从「ᐱ（冕之初文）」（1、2 形），或从「丙」（3 形）。至戰國楚文字「夋」旁或譌作「夋」（4、5 形），或譌作「妟」（6 形），「馭」、「午」、「五」古音皆相同，改从「午」或「五」，當屬聲化。「駿」形進而簡作「馸」（7～10 形），即楚文字裡最常見的寫法。

　　△字右旁明顯从「卸」，窄式隸定當作「鄋」。如同前述，楚文字裡「馭」字已多从「午」聲而作「馸」形，並且簡文中「馭」多假爲「御」，在這樣的條件之下，「馸」改从「卸」，非常自然。換言之，「鄋」一形當可視爲混合「馸（馭）」、「迎（御）」而成。〔註127〕《說文》將「御」、「馭」混而爲一，其原因除了二字常通假之外，也有可能是因爲曾經存在過這種文字的合流現象。

　　下面附帶羅列楚文字所見「夋」字的各種寫法，其字形發展與「駿」字所从迥異，如：

【字形表 14】

1 戰國・望二策（夋）	2 戰國・郭・老甲 1（夋）	3 戰國・郭・尊 14（夋）	4 戰國・郭・六 39（卞）	5 戰國・郭・五 34（敠）

　　「駿（馭）」字楚文字裡改爲形聲，而作「駿」、「駿」、「馸」、「鄋」等形，與之相反，金文中原本形聲結構的「夋」字，至楚文字上部有了省譌，看不出从「ᐱ（冕）」聲。《望山楚簡》原考釋認爲 1 形即「鞭」之《說文》古文「夋」，並指出其字形稍有變化，簡文中讀「緶」〔註128〕。《郭店楚簡》裘錫圭按語認爲 2 形亦爲「夋」字，

　　爲聲旁。「鞭」上古音在幫紐元部，「丙」則在幫紐陽部，二字雙聲，韻則旁轉。如同【字形表 13】1、2 形，金文上方多从「ᐱ」（冕之初文），劉釗認爲其亦爲聲旁。「冕」上古音在明紐諄部，與「鞭」聲屬一系，韻則旁轉。詳見于省吾〈釋夋〉《甲骨文字釋林》（北京：中華書局，1979 年 6 月初版），頁 391～393。／劉釗〈例 36、鞭〉《古文字構形研究》（長春：吉林大學博士論文，1991 年），頁 137。其說又見劉釗《古文字構形學》（福州：福建人民出版社，2006 年 1 月初版），頁 87。
　　然而季師認爲甲骨文字形所从之「丙」當爲義符。「丙」在卜辭中多用爲車馬的單位，「鞭」字以它爲形，合乎常理。實際上在甲骨文階段很少發現直接由聲旁和形旁結合而成的形聲字，金文以後改从「ᐱ」，這才是聲化。

〔註127〕高佑仁云：「戰國『御』、『馭』早有合流的現象。」正是此意。高佑仁《《上海博物館藏戰國楚竹書（四）・曹沫之陣》研究》（臺北：國立臺灣師範大學國文研究所碩士論文，2007 年 6 月），頁 240。

〔註128〕湖北省文物考古研究所、北京大學中文系《望山楚簡》（北京：中華書局，1995 年 6 月），頁 116，注 16。

讀「辯」〔註 129〕，後來改讀爲「辨」〔註 130〕。季師旭昇認爲「卞」字就是從這種寫法的圶字分化出來的〔註 131〕。袁國華認爲 4 形亦與「卞」同字，簡文中讀「變」或「辨」〔註 132〕。字或加言旁，作「詖」形（5 形），讀「辯」。

綜上，我們似可歸納出如下幾種文字糅合的條件：

（1）糅合 A、B 而成 C，這時 A、B 的讀音一定要相同或密近。

（2）當時人的書寫習慣上 A、B 二字常通假。（但此項並非必須條件，實際上單純的同音字也可以糅合。）

（3）固然這也屬於雙聲字的範疇之一，但其與一般雙聲字不同的是，A、B 二形結合時，結構上必有所省減。

第三節　說「吲」

一、引　言

〈柬大王泊旱〉篇敘述有關楚簡王的兩件軼事，即簡王病疥和國家大旱。面臨如此困境，簡王「叫而△，而泣」著向太宰說：「一人不能治政，而百姓以絕。」對於其中△字的釋讀，目前學者看法不一，如：季師旭昇認爲「喇」之異體，陳劍認爲「虘」之省體，楊澤生釋作「吟」，禤健聰讀作「哭」，何有祖認爲「臨」之省體。在無新證據出現之前，本文暫且依從師說。

二、〈柬大王泊旱〉的△字

	王ㄐ（叫）而△，而泣謂太宰：「一人不能治政，而百姓以絕。」【14】
	〈柬大王泊旱〉簡 14

原整理者濮茅左釋作「王卬（仰）天，句（後）而洨（詨）胃（謂）大剤（宰）」。

〔註 129〕荊門市博物館《郭店楚墓竹簡》（北京：文物出版社，1998 年 5 月初版），頁 113，注 1。

〔註 130〕裘錫圭〈關於《老子》的「絕仁棄義」和「絕聖」〉《出土文獻與古文字研究》第 1 輯（上海：復旦大學出版社，2006 年 12 月初版），頁 3～4。

〔註 131〕詳見季師旭昇〈讀郭店楚墓竹簡札記：卞、絕爲棄作、民復季子〉《中國文字》新 24 期（臺北：藝文印書館，1998 年 12 月），頁 129～131。

〔註 132〕《郭店・六德》篇中此形凡三見，簡 5 字讀「變」，簡 34、39 字讀「辨」。詳見袁國華〈郭店竹簡「卬」（卬）、「其」、「卞」（卞）諸字考釋〉《中國文字》新 25 期（臺北：藝文印書館，1999 年 12 月），頁 166～168。

〔註 133〕釋△為「句」，讀「後」。

三、學者討論

季師旭昇最早指出此處釋讀不妥，他對此句的瞭解為如下：

案：「王仰天後而浹謂太宰」，文句不太順暢，全句疑當隸為「王印而啕，而泣謂太宰。」

「而」與「天」字在楚簡中寫法相近，楚簡中也確實有訛亂的例子，但是本句「王印天句而浹謂大宰」，一釋「天」、一釋「而」，從圖版來看，兩個字寫得一模一樣，都應該是「而」字，似不得一釋「天」、一釋「而」。所謂「句」，細審原簡，字作「句」，從口、從勹，不得釋「句」，楚系「句」字均作「句」（如《郭店‧語叢一.28》），從口、丩聲。「句」從口、勹聲，疑為「啕」之異體，「啕」從口、匋聲；「匋」從「勹」聲（金文鞄從革、陶聲，參《金文編》427 號。「陶」聲而可以讀「包」，正因為「陶」所從的「匋」字實從「勹」聲，這是眾所習知的）。「啕」字不見《說文》，一般以為是「咷」的後起字，其實可能戰國時代早已出現。《說文》：「楚謂兒泣不止曰噭咷。」

所謂「浹」，細審原簡作「泣」，當隸作「泣」，字從水、立聲。「立」形這麼寫，楚簡常見，其末筆如果寫成彎筆，弧形向上，就很容易與「交」形雷同。「泣」是無聲或低聲地哭，與「啕」不同，「啕」是比較大聲地哭。「王仰而啕，而泣謂太宰」是兩個動作，先是向天而哭號，表示對天的懺悔，然後低聲哭著對太宰說：「一人不能治政，而百姓以絕。」因為第十一至十二簡太宰對王說：「此所謂之旱母，帝將命之攸，諸侯之君之不能祠者，而刑之以旱。夫唯毋旱，而百姓迻，以去邦家。此為君者之刑。」意思似乎是：諸侯不能祭祀旱母的，上帝就會讓他的國家旱。如果要不旱的話，百姓就要離開邦家。」楚簡王以為：為了自己的施政不當而讓百姓離開家國，這是自己很大的過失，所以自責而哭泣。〔註 134〕

師說認為△字的結構可析為「從口、勹聲」，即「啕」之異體，本文暫且隸定作「吶」〔註 135〕。《說文‧缶部》：「匋，瓦器也。從缶、包省聲。古者昆吾作匋。案：《史篇》

〔註 133〕馬承源主編《上海博物館藏戰國楚竹書（四）》（上海：上海古籍出版社，2004 年 12 月初版），頁 207。
〔註 134〕季師旭昇《上博四‧東大王泊旱》三題〉（簡帛研究網，2005 年 2 月 12 日）。
〔註 135〕原簡字形將「口」旁寫在「勹」裡頭，然若照原形隸定，恐與「句」字相混，故本文隸定作「吶」。

讀與缶同。徒刀切。」許慎釋形爲「匋」從包聲（實際上從勹聲），然而「匋」上古音在定紐幽部，「包」則幫紐幽部，二字雖疊韻，但聲紐則屬不同系。楊樹達認爲這種分歧是後世的音變所造成的，云：

> 大徐音徒刀切。今以字形核之，匋讀徒刀切者，非古音也。何者，匋字實從勹聲。（勹包音同，許云從包省聲，誤。）而讀與缶同。勹缶皆脣音字，非舌音也。言部「詢」或作「訽」。余近日考得鼏齡鎛之鼏叔即經傳之鮑叔。此皆匋包同音之證也。〔註 136〕

【字形表 1】

1 春秋中晚期・鼏鎛（鼏）	2 春秋晚期・齊鮑氏鐘（鼏）

鼏鎛字作「鼏」形，齊鮑氏鐘則作「鼏」形，即「鞄」之異體，銘中皆讀姓氏字「鮑」。此外，《說文・橐部》有「橐」字，許慎釋形作「從橐省、匋省聲」，其上古音在並紐幽部，從「匋」聲，聲紐卻屬脣音。陸志韋認爲許慎不作「缶聲」，偏作「匋省聲」，必有所據。〔註 137〕這應該也是「匋」、「包」古本同音之證據。「匋」讀爲舌音，陸志韋根據「葡萄」字漢時譯 d、t 音〔註 138〕，而認爲決不是漢後的變音。〔註 139〕但即使是漢以前已變爲舌音，各方言的變化速度是不同的，所以戰國時期楚方言裡「匋」、「包」同音的可能性是仍然存在的。總言之，楚文字「勹」視爲「匋」之異體，聲韻上應可成立。另外，實際上古文字中好多些形聲字的異體是因爲所取聲旁不同而產生。值得注意的是，其中不少字例屬於如下情況：

〔註 136〕楊樹達〈筍白大父盨跋〉《積微居金石說（增訂本）》（北京：中華書局，2004 年 1 月第 2 刷），頁 92。

〔註 137〕陸志韋《古音說略》（北京：中華書局，1985 年），頁 274。

〔註 138〕「葡萄這個詞也來源於古大宛語，相當於伊朗語的 budāwa，其中 buda 是詞根，wa 或 awa 是詞尾。budāwa 本來被音譯作蒲陶或蒲桃，近年來出土的唐代吐魯番文書都寫蒲桃，甚至簡稱爲桃。南宋刊刻的《全芳備祖》寫作蒲萄。後來改寫作葡萄，這最早也是元代以後的事了。」周振鶴、游汝杰《方言與中國文化》臺灣版（臺北：南天書局，1990 年 10 月初版），頁 220～221。

〔註 139〕陸志韋還認爲「匋」字也許本有不同字源的兩個音。陸志韋《古音說略》（北京：中華書局，1985 年），頁 274。

【字形表2】

	載	組	胸	時
甲	𩍷 包牘1	絈 包 2.259	𦯋 望 1.37	旹 郭・窮 14
乙	𩍷 天策	繨 仰 25.24	舀 望 1.52	䝻 郭・性 15

　　甲形的聲旁是象形初文，乙形聲旁則从其得聲的形聲字。這種例子在楚文字裡面亦不在少數。「叴」、「啕」皆从「勹」得聲，當可視為一字。「啕」即《說文》的「㖣」字〔註140〕，許慎說其為楚語，可資佐證。

　　陳劍提出另一種可能，便將「△」視作「虖」之省體，讀「呼」，云：

> 「天」下之字其形前所未見，與本篇簡 23「虖」字比較可知同於「虖」字之下半。戰國文字中常有出人意表的省略，頗疑此字即「虖」省去「虍」而成之省體，「虖」可讀為「呼」，「仰天而呼」、「仰天大呼」一類說法古書多見。〔註141〕

周鳳五亦認為「虖」之省體，云：

> 仰而呼天：簡文「而」字與「天」無別；「呼」字從口，從虎省聲，上端虎頭省略，僅保留下端的「人」形，不同於一般所見，這些都須參酌上下文意來判斷，不能一味拘泥字形。簡文此處應讀作「王仰而呼天，泣謂太宰」，指簡王聽完太宰「三閵未啓」解夢後，自悔治國無方君臣離心，因而仰天長歎，哭泣求助。《荀子・勸學》：「莫不呼天啼哭，苦傷其今而後悔其始。」《史記・屈原賈生列傳》：「人窮則反本，故勞苦倦極，未嘗不呼天也；疾痛慘怛，未嘗不呼父母也。」可以與簡文參看。〔註142〕

楚簡中常見「虖」字，其中除「虍」外的部分確與△字完全同形（參下面【字形表3】），然而所見古文字材料中，似未見這種省略虎頭的寫法。正如陳氏所云，戰國文字中常有出人意表的省略，但大多依循著一定的規律。認為以「△」為「虖」之省，

〔註140〕「匋（定／幽）」、「兆（定／宵）」古音密近，「㖣」、「啕」應屬聲符替換。

〔註141〕陳劍〈上博竹書〈昭王與龔之脽〉和〈柬大王泊旱〉讀後記〉（簡帛研究網，2005年 2 月 15 日），注 25。

〔註142〕周鳳五〈上博四〈柬大王泊旱〉重探〉《簡帛》第 1 輯（上海：上海古籍出版社，2006 年 10 月初版），頁 131。

此一看法目前只能姑備一說。

【字形表3】

1 包2.163	2 郭·魯4	3 郭·成5	4 郭·尊28	5 上四·柬23

楊澤生認為△字所從「勹」是「今」之省，主張其實為「吟」字，云：

〈柬大王泊旱〉14號簡「王卬天𠃛而泣」，「泣」字從季旭昇先生釋。「天」後之字整理者釋作「句」，讀為「後」，這無論從字形還是從文義來說都不妥。所以季旭昇先生在指出「不得釋『句』」是對的，但其疑為「訇」之異體，於字形也不合。我們認為應該釋作「吟」，它與同篇20號簡「含（今）日」之「今」作「𠃛」相比，只是省去豎畫左側的兩個短橫而已。「吟」可當歎息講，如《戰國策·楚策一》：「晝吟宵哭。」簡文「王卬天吟而泣」是說王仰天歎息並哭泣。〔註143〕

田煒從楊說，並補充二個相關字例：

𠃛，整理者釋作「句」，讀為「後」，於字形無徵。季旭昇先生疑𠃛為「訇」之異體，也不合適。楊澤生先生將此字釋作「吟」，並訓為歎息，可從。……「吟」字從今得聲，而𠃛字從人，戰國文字「今」和「人」二旁一般是不能通用的，所以要釋𠃛為「吟」還得舉出「今」、「人」二旁換用的實例。茲試以齊系陶文中的例子為證。《古陶文彙編》3·686所錄陶文，以「𤮜器」為辭，知𤮜就是「舍」字，3·1184所錄單字陶文作𡙇，也是「舍」字，這兩個「舍」字的「今」旁都變成了「人」旁，故知在戰國文字中「今」旁有時也會訛省為「人」旁。〔註144〕

誠如田氏所云，戰國文字中「今」、「人」二旁一般不能通用。換言之，「今」字無論作單字還是偏旁從未省作「勹」形，下面羅列楚簡所見相關字形：

【字形表4】

單字	包2.15	郭·唐17	上四·昭8	上四·曹2	上四·曹65

〔註143〕楊澤生〈讀《上博四》箚記〉（簡帛研究網，2005年3月24日）。此文後來發表於《古文字研究》第26輯（北京：中華書局，2006年11月初版），頁338。

〔註144〕田煒〈讀上博竹書（四）瑣記〉（簡帛研究網，2005年4月3日）。

 包 2.134 （含）〔註 145〕	 信 1·032 （含）	 天卜 （含）	 郭·性 52 （含）	 上二·子 8 （含）
包 2.85 （畬）	包 2.176 （畬）	包 2.237 （畬）	望 1 （畬）	郭·老甲 33 （畬）
上三·周 50 （畬）	上四·曹 11 （歙）	 包 2.132 （陰）	 包 2.15 （陰）	 包 2.180 （陰）
 郭·成 2 （念）	 郭·語二 13 （念）	 郭·語三 19 （貪）		

（左側欄標示「偏旁」）

裘錫圭云：「今，大概是倒寫從『口』的『曰』字而成的，應該是當閉口講的『吟』（噤）字的初文。」〔註146〕實際上，不只是楚簡文字，甲金文以來從未見省略內側兩橫的寫法。

田煒所舉二例仍不足以證明「𠆢」爲「今」之省。第一、二例皆屬齊系；第二、二例均爲陶文，陶器上的文字潦草寫成的不在少數；第三、至於第二個字形，細審原拓，其右上部漫漶不清，實爲無法辨認省筆與否。

【字形表 5——左爲原拓，右則何琳儀之摹本。】

 〔註 147〕	 〔註 148〕	 〔註 149〕	 〔註 150〕
1《陶彙》3·686		2《陶彙》3·1184	

此外，袁國華指出此應可視爲共筆，即「今」、「酉」二旁共用二短橫，故不能

〔註145〕楚文字中「含」形一般用爲「今」。

〔註146〕裘錫圭〈說字小記·6、說「去」「今」〉《古文字論集》（北京：中華書局，1992 年 8 月初版），頁 648。

〔註147〕高明編著《古陶文彙編》（北京：中華書局，2004 年 10 月第 2 刷），頁 215。

〔註148〕何琳儀《戰國古文字典》（北京：中華書局，1998 年 9 月初版），頁 1390，畬字條。

〔註149〕高明編著《古陶文彙編》（北京：中華書局，2004 年 10 月第 2 刷），頁 312。

〔註150〕何琳儀《戰國古文字典》（北京：中華書局，1998 年 9 月初版），頁 1390，畬字條。

當作省筆之例。〔註151〕

　　禤健聰認為該字从「口」聲，故可讀為「哭」，云：

　　　　〈唐虞之道〉簡27：「大明不出，萬物皆句」，末字白於藍先生分析為从勹、
　　　　言聲，可從。此字結構與「句」同，則「句」可能也是从「口」得聲，可
　　　　讀為「哭」。口，溪紐侯部，哭，溪紐屋部，兩字聲紐相同，韻部為陰入
　　　　對轉。〔註152〕

該文指出本篇△字的結構與《郭店・唐虞之道》「訇」字相同，其原篆與文例為如下：

	《吳（虞）詩》曰：「大明不出，萬物皆訇。聖【27】者不在上，天下必壞。」【28】
	〈唐虞之道〉簡27～28

白於藍釋其為「揞」，其主要根據為如下：

一、《說文・言部》：「訇，駭言聲。从言、勻省聲。漢中西城有訇鄉。又讀若玄。」
　　簡文該字應與《說文》「訇」字無涉。

二、簡文該字可析為「从勹、言聲」。「言」、「音」乃一字之分化，故可讀為从
　　音聲之「揞」。「勹」乃「伏」之初文，「伏」字古有藏、覆、隱等義。可知
　　「勹」為該字的義符。

三、《方言・卷六》：「揞、揜、錯、摩，藏也。荊楚曰揞，吳揚曰揜，周秦曰錯，
　　陳之東鄙曰摩。」可知「揞」為楚語，其義乃「藏也」。簡文此句應可解為：
　　「日月不出，萬物隱匿。引伸之則意為聖人不出，萬民蒙昧。」〔註153〕

　　此外，本篇此句「卬」字，禤氏改釋為「丩（叫）」，並舉出古書中有「叫然而
哭」之說法，可比於簡文「叫而哭」，云：

　　　　《說文》：「喌，高聲也。一曰：大呼也。从吅、丩聲。《春秋公羊傳》曰：
　　　　魯昭公叫然而哭」又：「叫，嘑也。从口、丩聲。」又：「噭，吼也。……
　　　　一曰：噭呼也。」「叫然而哭」今本《公羊傳》作「噭然而哭」，何休注：
　　　　「噭然，哭聲貌。」《禮記・曲禮》「毋噭應」鄭注：「噭，號呼之聲也。」
　　　　「叫」、「喌」、「噭」音義皆同。簡文兩「而」字寫法一致，今既認出「丩」
　　　　字，「仰天」之說自不成立，所謂「天」仍當從季旭昇先生釋為「而」。「丩

〔註151〕此為論文口試時袁國華委員所提。（2007年6月26日）。

〔註152〕禤健聰〈楚簡文字補釋五則〉《古文字研究》第26輯（北京：中華書局，2006年
　　　　11月初版），頁363。

〔註153〕白於藍〈《郭店楚墓竹簡》讀後記〉《中國古文字研究》第1輯（長春：吉林大學出
　　　　版社，1999年6月初版），頁113～114。

而**㘓**」即典籍所謂「叫然而哭」，斷句亦當從季氏。

准此，上述句子當斷讀爲：王叫而哭，而泣謂大宰。王先是「哭」，即大聲哭喊，故云「叫」，既而轉爲「泣」，小聲哭泣著與大宰說話。此與上下文義皆協。〔註154〕

何有祖認爲△字是「臨」之省體，云：

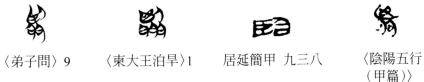

〈弟子問〉9　　　〈東大王泊旱〉1　　　居延簡甲　九三八　　　〈陰陽五行（甲篇）〉一三八

按：所列舉諸形上部從臥，下部所從可以分析爲從「人」從「口」（這樣的組合可以是兩個，也可以是三個）。此種形體顯然已經不是以品爲聲符了。由於臥上古音屬疑紐歌部字，不大可能是「臨」的聲部，所以**㦇**聲符應是**㫃**，**㘓**的聲符爲**㫃**，**㠯**的聲符也應是從人從口，即**㔾**。比較直接的例子就是同樣屬於〈弟子問〉9的「臨」字也可省作：**㫃**。可見以**㔾**或其繁構爲聲符的臨字曾與《說文》所謂的以「品」爲聲符的臨字在一定的時間內有過並存的經歷。且由以上所列材料可以看出，兩種字形並存的情形直至馬王堆漢墓帛書的時代。《說文》的作者對「臨」字進行說解之時，看到的是「臨」字訛省之後的形體（會意到形聲的演變終結），並據之以定聲符。而《說文》臨字「品」聲說定形之後，以**㔾**或其繁構爲聲的臨字便很少出現了。

我們所討論的**㔾**字則與**㫃**、**㦇**、**㠯**的基本聲符**㔾**形同，當釋爲「臨」。「臨」也有「哭」的意思。《左傳》宣公十二年「楚子圍鄭，旬有七日，鄭人卜行成，不吉；卜臨於大宮，且巷出車，吉。國人大臨，守陴者皆哭。」杜預注：「臨，哭也。」楚國圍鄭，鄭有亡國之虞，臨於大宮，當是以喪禮居之。〔註155〕

依其說，楚文字裡「臨」字之簡省過程爲如下：

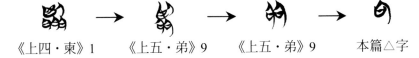

《上四·東》1　　→　　《上五·弟》9　　→　　《上五·弟》9　　→　　本篇△字

〔註154〕禤健聰〈楚簡文字補釋五則〉《古文字研究》第 26 輯（北京：中華書局，2006 年 11 月初版），頁 363。

〔註155〕何有祖〈釋〈簡大王泊旱〉「臨」字〉（武漢大學簡帛網，2007 年 2 月 20 日）。

四、綜合討論

如今諸家對「△字」結構的分析，可分爲如下五種：

（A）季師旭昇：析爲「从口、勹聲」，即「呴」之異體。

（B）陳劍、周鳳五：析爲「从口、虎省聲」，即「唬」之省體，讀「呼」。

（C）楊澤生、田煒：析爲「从口、今省聲」，即「吟」之省體。

（D）禤健聰：析爲「从勹、口聲」，讀「哭」。

（E）何有祖：析爲「从人、从口」，古文字中部分「臨」字以其爲聲，故可讀「臨」。

其中 B、C、E 說視△爲某字的省體，然而無論「虎」或是「今」，目前尚未見省作「勹」之例。至於 E 說，雖然楚文字「臨」下方所从或省作兩個，但未見省作單形之例。由於以上三說字形方面的證據仍嫌薄弱，本文暫且保留。D 說指出△字結構與〈唐虞之道〉「訇」字相同，據以認爲△字以口爲聲，然而古文字裡口旁一般用爲形符，並且白於藍讀「訇」爲「掊」，雖有一定根據，但目前古文字資料中「訇」字畢竟僅見一例。D 說雖在字形分析上優於省體說，但尚缺直接的證據。關於 A 說，上文已作詳論，茲不贅述。再則，附帶討論本篇此句的釋讀問題：

王卬（仰）天，句（後）而洨謂大宰：「一人不能治政，而百姓以絕。」（原考釋）

王卬而呴，而泣謂太宰：「一人不能治政，而百姓以絕。」（季師旭昇）

王仰天呼而泣，謂太宰：「一人不能治政，而百姓以絕。」（陳劍）

王卬天吟而泣，謂大宰：「一人不能治政，而百姓以絕。」（楊澤生）

王仰而呼天，泣謂太宰：「一人不能治政，而百姓以絕後。」（周鳳五）

王丩（叫）而哭，而泣謂大宰：「一人不能治政，而百姓以絕。」（禤健聰）

第六字原考釋釋作「洨」，季師指出實爲「泣」字，論者皆從之。此句中兩個「而」字，寫法完全相同，季師曰：「都應該是「而」字，似不得一釋「天」，一釋「而」。」〔註156〕至於第二字，禤健聰指出其實爲「丩」，簡文中當讀「叫」〔註157〕。其說形體符合，當可從之。禤氏並云：「今既認出『丩』字，『仰天』之說自不成立，所謂『天』仍當從季旭昇先生釋爲『而』。」〔註158〕〔註159〕綜上，我們將此句當可讀爲

〔註156〕季師旭昇〈《上博四‧柬大王泊旱》三題〉（簡帛研究網，2005 年 2 月 12 日）。

〔註157〕禤健聰〈楚簡文字補釋五則〉《古文字研究》第 26 輯（北京：中華書局，2006 年 11 月初版），頁 363。

〔註158〕禤健聰〈楚簡文字補釋五則〉《古文字研究》第 26 輯（北京：中華書局，2006 年 11 月初版），頁 363。

〔註159〕

「干叫而△，而泣謂太宰」。

五、小 結

　　△字，从口無疑，至於「勹」旁，則看法不一，季師旭昇、襧健聰認爲「勹」，陳劍、周鳳五認爲虎足，楊澤生認爲「今」之省，何有祖認爲「臨」字下从。論者多以△字爲某字的省體，然而目前並無任何旁證，可備一說。季師析爲「从口、勹聲」，認爲「呴」之異體；襧氏析爲「从勹、口聲」，讀「哭」。本文暫從師說。

第五章　曹沫之陳

第一節　說「褻」

一、引　言

　　〈曹沫之陳〉篇中有「褻」字，字形从衣、執聲，確爲「褻」字無疑。廖名春、陳斯鵬認爲當是「褻」之誤，其說出於「埶」、「執」形近而混的疑慮。本文對「埶」、「執」二字的字形發展作了全面性的探討，認爲楚文字裡二字並無相混的可能，其互譌之例皆見於隸楷以後的文字資料。至於本篇「居不褻文」一句中的讀法，竊以爲應讀「設」。

二、〈曹沫之陳〉的△字

	莊公曰：「慢哉，吾聞此言。」乃命毀鐘型而聽邦政。不畫【10】寢，不飲酒，不聽樂，居不△文〔註1〕，食不二菜〔註2〕〔殘〕【11】

〈曹沫之陳〉簡 10-11

　　原考釋中李零將之釋作「褻」，讀「設」。〔註3〕字下方从衣，上方所从則完全符合楚系「埶」旁的寫法，就字形而言，釋爲「褻」，毫無疑義。該字从「埶」得聲，

〔註1〕　陳劍〈上博竹書《曹沫之陳》新編釋文（稿）〉（簡帛研究網，2005 年 2 月 12 日），注 7。／詳見本論文〈說「叟」〉。

〔註2〕　禤健聰〈上博楚簡釋字三則〉（簡帛研究網，2005 年 4 月 15 日）。／詳見本論文〈說「盬」〉。

〔註3〕　馬承源主編《上海博物館藏戰國楚竹書（四）》（上海：上海古籍出版社，2004 年 12 月初版），頁 250。

武威漢簡及馬王堆帛書中常以「埶」爲「設」，裘錫圭認爲這種假借習慣能溯及到商代。〔註4〕可見原考釋讀「埶」爲「設」，確有一定根據的。

三、學者討論

廖名春提出形近而混的可能，云：

> 案：「襃」當爲「褺」字之誤。《說文・衣部》：「褺，重衣也。从衣，執聲。」……
> 「居不襃席」即「居不重席」，而「褺」爲重衣，故知簡文「襃」當爲「褺」
> 形近而誤。《莊子・人間世》：「執粗而不臧。」陸德明《經典釋文》：「執，
> 簡文作熱。」《國語・楚語上》：「居寢有襃御之箴。」《舊音》「襃」作「暬」。
> 這些都是「執」、「埶」相混例。〔註5〕

陳斯鵬亦提出類似的意見，云：

> 「埶」、「執」形近（實際上音亦相涉），故二系列的字或相通混。故此處
> 「襃」字實際上很可能用爲「褺」。「褺」，經籍通作「襲」，本指重衣，引
> 申爲凡重之稱。「居不襲文」言其居處不求文飾繁複。又上博竹書〈容成
> 氏〉21 言「衣不襃嫦（美）」，「襃」亦可讀「襲」，「襲美」與「襲文」、「重
> 采」、「兼綵」，義並近同。〔註6〕

陳劍則依照原篆讀作「埶」，重編釋文中將此句釋作「居不埶文」〔註7〕，但對「埶」的用法，無作詳論。魏宜輝將此句解爲「居室裏不設置漂亮的裝飾」〔註8〕，雖然沒有明言遵從原考釋的讀法，但從語譯看，應是讀「埶」爲「設」。邴尙白則解爲「平居在家不穿華麗的衣服」〔註9〕，至於「埶」，似讀本字。

〔註4〕 可參裘錫圭之如下文章：〈釋殷虛甲骨文裏的「遠」「𣢠（邇）」及有關諸字〉《古文字研究》第 12 輯，（北京：中華書局，1985 年 10 月），頁 85～98。此文後收於《古文字論集》（北京：中華書局，1992 年 8 月初版），頁 1～10。/〈古文獻中讀爲「設」的「埶」及其與「執」互訛之例〉《東方文化（Journal of Oriental Studies）》第 26 卷 1998 年第 1、2 期合訂，頁 39～45。/〈簡帛古籍的用字方法是校讀傳世先秦秦漢古籍的重要根據〉《中國出土古文獻十講》（上海：復旦大學出版社，2004 年 12 月初版），頁 173～175。

〔註5〕 廖名春〈讀楚竹書〈曹沫之陳〉劄記〉（簡帛研究網，2005 年 2 月 12 日），第 8 項。

〔註6〕 陳斯鵬《戰國簡帛文學文獻考論》（廣州：中山大學博士論文，2005 年）。由於筆者所看到的是電子檔，故不明頁碼。此說見於該論文之第四節〈戰國簡帛散文文本校理舉例之二——〈曹蔑之陣〉校理〉。

〔註7〕 陳劍〈上博竹書〈曹沫之陳〉新編釋文（稿）〉（簡帛研究網，2005 年 2 月 12 日）。

〔註8〕 魏宜輝〈讀上博楚簡（四）劄記〉（簡帛研究網，2005 年 3 月 10 日），第 7 項。

〔註9〕 邴尙白〈上博楚竹書〈曹沫之陳〉注釋〉《中國文學研究》第 21 期（臺北：國立臺灣大學中國文學研究所，2005 年 12 月），頁 16。

四、「埶」、「執」是否相混？

　　廖名春、陳斯鵬認爲本篇「褻」字爲「褺」之誤，其說出於形近而混的疑慮，楚文字裡「埶」、「執」二旁究竟有沒有可能相混？過去楚文字考釋中已有過相關討論，如下：

 △大象，天下往。往而不害，安平大。

《郭店・老子丙》簡 4

　　王弼本《老子》第 35 章作：「執大象，天下往。往而不害，安平太。」馬王堆帛書本亦作「執」。原考釋根據今本釋其爲「執」，但裘錫圭按語云：「實爲『埶』，當讀爲『設』，各本作『執』恐誤。」〔註10〕李零則仍然依照今本而讀「執」，云：「從文義看，此字似是『執』字的混用。」〔註11〕

 舜於是乎始免△錢、耨、鍤，衱而坐之。

《上博（二）・容成氏》簡 14

　　原考釋者李零隸作「褻」，並云：「疑與『褺』形近混用，音近假爲『刈』（褻、刈都是疑母月部字）。《國語・齊語》：『時雨既至，挾其槍、刈、耨、鎛，以旦暮從事於田野。』韋昭注：『刈，鎌也』，即鎌類的農具。」〔註12〕陳劍在重編釋文中則讀作「埶」〔註13〕，但無作詳論。蘇建洲贊成陳說，認爲讀作「埶」較好〔註14〕，並將此句語譯作「於是舜才放下手邊的錢（銚）、耨、鍤，與堯分邊坐了下來。」〔註15〕

　　本文認爲這個問題必須要進一步討論。下面擬分別探討「埶」、「執」二字的從甲金文到楚文字的演進，而釐清其在楚文字中的各種寫法及相混的可能。

五、字形分析

【字形表1──「埶」及相關字形】

〔註10〕荊門市博物館《郭店楚墓竹簡》（北京：文物出版社，1998 年 5 月初版），頁 122。
〔註11〕李零《郭店楚簡校讀記（增訂本）》（北京：北京大學出版社，2002 年 9 月第 2 刷），頁 27。
〔註12〕馬承源主編《上海博物館藏戰國楚竹書（二）》（上海：上海古籍出版社，2002 年 12 月初版），頁 261。
〔註13〕陳劍〈上博簡〈容成氏〉的拼合與編連問題小議〉（簡帛研究網，2003 年 1 月 9 日）。
〔註14〕季師旭昇主編《上海博物館藏戰國楚竹書（二）讀本》（臺北：萬卷樓圖書股份有限公司，2003 年 7 月初版），頁 130。
〔註15〕季師旭昇主編《上海博物館藏戰國楚竹書（二）讀本》（臺北：萬卷樓圖書股份有限公司，2003 年 7 月初版），頁 128。

1 商·甲 981 （埶）	2 商·甲 1389 （埶）	3 商·甲 2295 （埶）	4 商·屯南 2170 （埶）	5 西周中·盠方彝 （埶）
6 西周晚·毛公鼎 （埶）	7 西周早·献馭簋 （献）	8 西周晚·克鼎 （献）	9 郭·緇 21 （埶）	10 郭·尊 7 （埶）
11 郭·語二 50 （埶）	12 上一·緇 15 （埶）	13 上一·性 3 （埶）	14 上三·彭 1 （埶）	15 上四·相 3 （埶）
16 包 2.12 （駤）	17 上四·柬 16 （駤）	18 戰國·趙尋工劍 （坴）	19 戰國·元年劍 （坴）	20 戰國晚·十五年 守相杜波劍（坴）

　　《說文·丮部》：「𡎐（埶），種也。从坴，丮持而種之。」其爲「樹藝」之「藝」的本字。小篆「从坴」爲漢以後的譌形，甲骨文裡其所持爲屮、丰、木等（1～3 形），皆代表所種植物，金文以後皆从木，並加「土」旁，作「埶」形（5 形）。毛公鼎字，「丮」之下方類化爲「女」，作「埶」形（6 形）。楚文字承襲此形，其後結構上幾無變化，寫法相當固定，雖或出現簡寫（11 形〔註 16〕），但僅見幾例。另外，西周金文多見「献」字（7、8 形），裘錫圭將之析爲「从犬、埶省聲」，銘中讀「邇」（埶、爾古音相近）〔註 17〕，可見早在西周時期「坴」已可作爲獨立聲旁。「駤」（16、17形）亦从「坴」得聲，即爲「馹」之異體（埶、日音近而古通）。〔註 18〕戰國兵器銘文中還出現獨體的「坴」字，李家浩認爲皆爲姓氏字，當讀「廉」。〔註 19〕

〔註16〕 詳見湯餘惠、吳良寶〈郭店楚簡文字拾零（四篇）〉《簡帛研究 2001》（桂林：廣西師範大學出版社，2001 年 9 月），頁 199。

〔註17〕 詳見裘錫圭〈釋殷虛甲骨文的「遠」「𢚊」（邇）及相關諸字〉《古文字研究》第 12輯（北京：中華書局，1985 年 10 月），頁 85～98。

〔註18〕 16 形爲李家浩釋，詳見李家浩〈南越王墓車駔虎節銘文考釋——戰國符節銘文研究之四〉《容庚先生百年誕辰紀念文集》（廣州：廣東人民出版社，1998 年），頁 662～671。／17 形爲季師所釋，詳見季師旭昇〈上博四零拾〉（簡帛研究網，2005 年 2月 15 日），第 7 項。

〔註19〕 即「月（埶）」、「談（廉）」通轉之例，李文中論證甚詳，茲不贅述。詳見李家浩〈南越王墓車駔虎節銘文考釋——戰國符節銘文研究之四〉《容庚先生百年誕辰紀念文集》（廣州：廣東人民出版社，1998 年），頁 664～665。

【字形表 2——「執」之字形發展】

1 商・簠人 56	2 商・前 6.17.4	3 西周晚・兮甲盤	4 西周晚・師袁簋	5 西周晚・多友鼎
6 春戰・侯馬 67：6	7 春戰・侯馬 67：4	8 曾 1 正	9 包 2.81	10 包 2.120
11 包 2.122	12 包 2.135	13 郭・老甲 10	14 郭・緇 18	15 郭・老丙 11
16 上一・緇 10	17 上一・性 28	18 上二・容 24	19 上三・周 8	20 上三・彭 1

《說文・𡙡部》：「𡙡（𡙡），捕罪人也。从丮、从𡎚，𡎚亦聲。」其釋形、釋義皆正確。從甲骨文以來，左從𡎚〔註 20〕、右從丮，構形一貫。西周金文或作「𡙡」形〔註 21〕（5 形）。楚文字所繼承的是西周晚期的這種結構，或以又代女（8 形），或右方改從攴（10、11 形），但並非多見，一般仍保持著金文以來的結構，即作「𡙡」形。

　　楚簡文字「執」、「埶」，其形體上差別在於左旁，「埶」的左半從甲骨文以來幾無變化，作「坴」形；「執」字所從「𡎚」旁的寫法則見幾種，細分爲如下：

A	B	C	D	E	F

　　標準寫法當爲 A 形，B、C 形僅在筆劃上稍作變化，D 形在下方多加一橫，E 形下半似類化爲從羊，F 形上方增加宀旁，其作用未詳。重要的是，無論何種寫法

〔註 20〕 𡎚（今音「尊」），即「執」、「圉」、「報」等字所從，漢隸以後逐漸與「幸」混而無別。甲骨文本象施於手腕的械形。詳見于省吾〈釋𡎚、𡙡〉《甲骨文字釋林》（北京：中華書局，1999 年 11 月第 4 刷），頁 292～296。／或者認爲該字是閩方言中表示抓捕罪人或動物意義的動詞 nie?（暫且以福州話爲代表）的本字。詳見林志強〈說「𡎚」〉《古文字研究》第 24 輯（北京：中華書局，2002 年 7 月），頁 148。

〔註 21〕 「丮」之下部類化爲從「女」形，這種演變與「娶」相同，是西周晚期金文裡普遍出現的現象。

都與「杢」旁形體差距甚遠，絕不可混淆。

經由上述字形分析，我們似可確定在楚文字裡並無「埶」、「執」相混之疑慮。職是之故，就本篇「埶」字的考釋而言，本文先排除形近而混的可能。附帶解釋，正如廖文所舉，傳世文獻中的確有不少「埶」、「執」相混之例，不僅如此，依照裘錫圭之說，其互譌之例亦見於武威漢簡、馬王堆帛書。〔註22〕其實，這些現象都是漢以後的字形譌變所造成的，與楚文字無關，參下面字形表：

【字形表3】

埶	埶 1 西漢·馬·老子乙前12下	埶 2 西漢·馬·孫臏111	執 3 西漢·武威簡·泰射6	藝 4 東漢·史晨碑	埶 5 東漢·校官碑
執	執 6 西漢·馬·老子甲26	執 7 西漢·馬·老子甲118	執 8 西漢·居延簡甲19B	執 9 東漢·石門頌	執 10 東漢·尹宙碑

楚文字裡「埶」、「執」寫法迥異，與之相反，漢隸中二字字形變得相當接近，東漢碑碣文字中甚至還出現偏旁混同之例，清儒顧藹吉《隸辨》一書中逐一舉出，茲列出其中幾例，如下：

【字形表4】

藝 1《隸辨·去聲·祭韻》夏承碑（藝）	勢 2《隸辨·去聲·祭韻》高彪碑（勢）	執 3《隸辨·入聲·緝韻》費鳳碑（執）

顧藹吉按語云：「（1形）碑變埶從執，執從幸與埶有異。」〔註23〕「（2形）勢從埶，碑變從執。」〔註24〕「（3形）𡐨即藝字，碑蓋誤用。」〔註25〕其實不僅漢隸，楷書中這種譌混更為嚴重，幾乎每個從埶或從執之字，都有這種譌形。後世字書一般以異體來處理之，茲選取其中較為明確的例子而羅列於後，以供參考：

〔註22〕 可參裘錫圭〈古文獻中讀為「設」的「埶」及其與「執」互訛之例〉《東方文化（Journal of Oriental Studies）》第26卷1998年第1、2期合訂，頁39～45。

〔註23〕 〔清〕顧藹吉《隸辨》（北京：中華書局，2003年12月第2刷），頁134下。

〔註24〕 〔清〕顧藹吉《隸辨》（北京：中華書局，2003年12月第2刷），頁135下。

〔註25〕 〔清〕顧藹吉《隸辨》（北京：中華書局，2003年12月第2刷），頁191下。

【字形表 5】

襃	塾	蓻	熱	藝
1《字彙・衣部》（襃）〔註26〕	2《龍龕手鑑・土部》（塾）〔註27〕	3《龍龕手鑑・草部》（蓻）〔註28〕	4《彙音寶鑑・堅下入聲》（熱）〔註29〕	5《增廣字學舉隅・卷二・正譌》（藝）〔註30〕

　　綜上所述，「埶」、「執」相混是隸楷以後才出現的現象，楚文字與之毫無關係。一些學者認爲楚簡中此二字會相混，實不必。

六、《郭店・老子丙》「埶」字與《上博（二）・容成氏》「蓻」字

　　我們已對字形有了如此認識，現在再看《郭店・老子丙》簡 4「埶」字，窄式隸定當可作「埶」，即「埶」字，不可與「埶（執）」混用。除了裘錫圭讀作「設」之外〔註31〕，還見幾種說法，或讀「臬（與「埶」音近）」〔註32〕，或讀「藝」〔註33〕，或讀「埶」〔註34〕等，但目前論者大多仍從裘說。《上博（二）・容成氏》簡 14「蓻」字，當是「蓻」字，不可與「蓻」混用，簡文中用作動詞，陳劍、蘇建洲讀作「執」，可從。

七、簡文中的讀法

　　△字，上从埶、下从衣，當爲「褻」字。根據陳劍〔註35〕、禤健聰〔註36〕

〔註26〕《説文・衣部》另有「褻」字，但《字彙》該字條下云：「先結切。音屑。《説文》私服也。」可知此形並非《説文》「褻」字，而是「襃」之譌體。

〔註27〕《龍龕手鑑》裡「塾」與此形並列，云：「都念反。下也。又徒叶反。地名。二同。」上从執作「塾」形，當爲「塾」之譌體。

〔註28〕《説文・艸部》另有「蓻」字。但《龍龕手鑑》該字條下云：「蓻俗，蓻正。種也。」可知此形並非《説文》「蓻」字，而是「蓻」之譌體。

〔註29〕《彙音寶鑑》裡「熱」字後列出此形，並云：「仝上字。」

〔註30〕《增廣字學舉隅》裡「藝」字後列出此形，並云：「非。」該書爲同治年間鐵珊所輯，前代有些字書僅列出幾種異體，並未註明孰正孰俗，反之，鐵珊正確地指出从執作「藝」形就是錯字，此點值得肯定。

〔註31〕裘錫圭〈以郭店〈老子〉簡爲例談談古文字的考釋〉《中國哲學》第 21 輯（瀋陽：遼寧教育出版社，2000 年 1 月），頁 187。

〔註32〕丁原植《郭店竹簡老子釋析與研究（增修版）》（臺北：萬卷樓圖書股份有限公司，1999 年 4 月），頁 355。

〔註33〕劉信芳《荊門郭店竹簡老子解詁》（臺北：藝文印書館，1999 年 1 月初版），頁 69。

〔註34〕廖名春《郭店楚簡老子校釋》（北京：清華大學出版社，2003 年 6 月初版），頁 523。

〔註35〕陳劍〈上博竹書〈曹沫之陳〉新編釋文（稿）〉（簡帛研究網，2005 年 2 月 12 日），注 7。

〔註36〕禤健聰〈上博楚簡釋字三則〉（簡帛研究網，2005 年 4 月 15 日）。

的研究，〈曹沬之陳〉簡 11 的最後二句當可釋爲「居不褻文，食不二菜」，但其中對「褻」的讀法我們似可再斟酌，句中該如何讀之？首先可以參考魏宜輝的看法：

> 陳劍先生認爲「褻」在此讀作「文」，可從。上博簡〈容成氏〉簡有：「居不褻美」（按：應爲筆誤，〈容成氏〉作「衣不褻美」。）。「居不褻美」是說居室裏不設置漂亮的裝飾，「美」作「裝飾、美飾」解。「居不褻文」和「居不褻美」所表達的意思相近。「文」亦可作「裝飾、美飾」解。《廣雅・釋詁》：「文，飾也。」〔註37〕

《上博（二）・容成氏》簡 21 云：「禹然後始行以儉：衣不褻美，食不重味，朝不車逆，春不毇米，宰不折骨。」其語在描寫禹之力行節儉。類似的辭句見於《左傳・哀公元年》的記載中：

> 食不二味，居不重席。（《左傳・哀公元年》）
>
> 衣不褻美，食不重味。（《上博（二）・容成氏》）
>
> 居不褻文，食不二菜。（《上博（四）・曹沬之陳》）

上舉辭句都在描寫生活上的儉樸。《左傳》云：「食不二味」，意即「飲食不要求多種口味」。簡文有「食不重味」、「食不二菜」等說法，其意亦相同。對於「居不重席」，楊伯峻云：「居即今之坐。古之坐若今之跪。席地而坐，地面有席。唯士僅一層席，此闔廬亦一層席。」〔註38〕〈容成氏〉作「衣不褻美」。《說文・衣部》：「褻，私服。」此字在古書注疏中一般被解爲「衷衣」或「裏衣」〔註39〕，顯然這裡不可讀本字，當爲假借。原考釋者李零將「褻美」讀作「鮮美」〔註40〕，但蘇建洲指出其釋未必正確，理由爲：（1）先秦文獻中未見「鮮美」一詞；（2）而且其詞在古書裡一般不用於形容衣服者。〔註41〕蘇說可參。〈曹沬之陳〉作「居不褻文」，魏文認爲「褻文」一詞的涵意應與「褻美」相類〔註42〕，其說當無誤，故此兩處「褻」的讀法應爲相同，本文竊以爲當讀「設」。裘錫圭已有專文指出古文字材料中常以「埶」爲「設」

〔註37〕魏宜輝〈讀上博楚簡（四）箚記〉（簡帛研究網，2005 年 3 月 10 日），第 7 項。

〔註38〕楊伯峻《春秋左傳注》（北京：中華書局，2000 年 7 月第 6 刷），頁 1608。

〔註39〕參看宗福邦、陳世鐃、蕭海波主編《故訓匯纂》（北京：商務印書館，2004 年 3 月第 2 刷），頁 2074。

〔註40〕馬承源主編《上海博物館藏戰國楚竹書（二）》（上海：上海古籍出版社，2002 年 12 月初版），頁 266。

〔註41〕蘇建洲《《上海博物館藏戰國楚竹書（二）》校釋》（臺北：國立臺灣師範大學國文研究所博士論文，2004 年），頁 226。

〔註42〕魏宜輝〈讀上博楚簡（四）箚記〉（簡帛研究網，2005 年 3 月 10 日），第 7 項。

〔註43〕，故从埶聲之「褻」，當可讀「設」。雖然典籍中未見「設美」或「設文」等字眼，但有「設飾」一詞：

　　曾子曰：「尸未設飾，故帷堂，小斂而徹帷。」（《禮記·檀弓上》）

　　君即位而爲椑，歲一漆之，藏焉。復、楔齒、綴足、飯、設飾、帷堂並作。

　　（《禮記·檀弓上》）

　　故三月之葬，其貌以生設飾死者也，殆非直留死者以安生也，是致隆思慕

　　之義也。（《荀子·禮論》）

《廣雅·釋詁》：「文，飾也。」「文（彣）」、「飾」意近，古書中還有「文飾」一詞〔註44〕，是近義並列複合詞。這種用法之「設」，還見於如下辭句中：

　　居則設張容，負依而立，諸侯趨走乎堂下。（《荀子·正論》）

　　垂衣裳，設采色，動容貌，以媚一世，而不自謂道諛。（《莊子·天地》）

綜上，「衣不設美」一句大抵應可解爲「衣服不要弄得華麗」；至於「居不設文」一句的解釋，本文則接受魏說，當可解爲「居室裏不設置漂亮的裝飾」。〔註45〕

八、小　結

　　楚簡中「埶」、「執」二字的字形相差甚遠，不可相混。「褻」字明顯从「埶」，或者認爲「褺」之誤，不可從。本文認爲其在簡文中應讀「設」。

〔註43〕裘錫圭〈釋殷虛甲骨文裏的「遠」「𢓊（邇）」及有關諸字〉《古文字研究》第 12 輯，（北京：中華書局，1985 年 10 月），頁 85～98。／裘錫圭〈古文獻中讀爲「設」的「埶」及其與「執」互訛之例〉《東方文化（Journal of Oriental Studies）》第 26 卷 1998 年第 1、2 期合訂，頁 39～45。／裘錫圭〈簡帛古籍的用字方法是校讀傳世先秦秦漢古籍的重要根據〉《中國出土古文獻十講》（上海：復旦大學出版社，2004 年 12 月初版），頁 173～175。

另外，禤健聰認爲：「『埶』之得讀爲『設』，除了讀音之外，還應別有淵源。值得注意的是，迄今出土的先秦古文字材料中，還沒有發現『設』字。『埶』是『藝』的初文，表示種植義，引申之則可表示樹立、設立。故『埶』可兼具設立一類的義項，而『設』當是『設立』義的後造專字，其成字時間可能較晚。」禤健聰〈戰國楚簡所見楚系用字習慣考察〉《第十八屆中國文字學國際學術研討會論文集》（臺北：輔仁大學中國文學系，2007 年 5 月 20 日），頁 284。

〔註44〕《禮記·玉藻》：「不文飾也不裼。裘之裼也，見美也。弔則襲，不盡飾也；君在則裼，盡飾也。服之襲也，充美也，是故尸襲，執玉龜襲，無事則裼，弗敢充也。」《荀子·禮論》：「禮者，斷長續短，損有餘，益不足，達愛敬之文，而滋成行義之美者也。故文飾、麤惡、聲樂、哭泣、恬愉、憂戚，是反也，然而禮兼而用之，時舉而代御。故文飾、聲樂、恬愉，所以持平奉吉也；麤惡、哭泣、憂戚，所以持險奉凶也。故其立文飾也，不至於窕冶；其立麤惡也，不至於瘠棄；其立聲樂恬愉也，不至於流淫惰慢；其立哭泣哀戚也，不至於隘懾傷生，是禮之中流也。」

〔註45〕魏宜輝〈讀上博楚簡（四）箚記〉（簡帛研究網，2005 年 3 月 10 日），第 7 項。

補　記

　　本文宣讀後〔註46〕，劉正浩教授指出《左傳》「居不重席」之「居」，其所指並非「居處」，而是「長跪」。（可參本論中所引楊伯峻之說）《說文·尸部》：「居，蹲也。从尸，古者居从古。踞，俗居从足。」此外，「跽（匣／之）」、「跪（溪／支）」二字古音亦與「居（見／魚）」相近〔註47〕，應屬一聲之轉。依其解，「居不重席」一句當釋「坐著不鋪兩層席褥」，而不可釋爲「居處不鋪兩層席褥」，然則〈曹沫之陳〉「居不褻文」一句亦應當可讀作「踞不褻文」。但實際上，先秦文獻中「居」字用作「居處」義，亦相當多見。〔註48〕並且，與上博簡時代、地域都相同的包山簡裏的「居」字亦爲「居處」字，如下：

	辛巳之日不以所死於其州者之居尻（處）名族至（致）命，阩門又敗〔註49〕。 　　　　　　　　　　　　　　　　　　　　　　《包山》簡 2.32

　　劉信芳說：「居尻名族：住址、身份（供職處所）、名字、士族，猶今人所言姓名籍貫之類。」〔註50〕其解應可信。王力認爲「家」、「居」同源〔註51〕，實際上二字古音同屬見紐魚部，即雙聲疊韻。《說文·宀部》：「家，居也。」

　　綜上，古漢語裡面的「居」字，可以用來表示兩個意義，即「蹲踞」或「居處」。《左傳》「食不二味，居不重席」之「居」字，歷代注疏並無解，而從文意看，讀作「踞」固然好，但我們仍不能完全排除其爲居處字的可能，竹添光鴻云：「箋曰：食與居對，《論語》『食無求飽，居無求安』一例。」〔註52〕至於本篇「食不二菜，居

〔註46〕本論文第五章之第一節〈說「褻」〉、第二節〈說「覍」〉、第三節〈說「鑑」〉發表於第十三屆國立臺灣師範大學國文學系研究生學術論文研討會（臺北：國立臺灣師範大學，2007 年 4 月 28 日）。

〔註47〕韻可旁轉，聲則皆屬喉牙。至於「跽」、「跪」二字的同源關係，可參王力《同源字典》（北京：商務印書館，2002 年 11 月第 6 刷），頁 86。

〔註48〕宗福邦、陳世鐃、蕭海波主編《故訓匯纂》（北京：商務印書館，2004 年 3 月第 2 刷），頁 619～620。

〔註49〕李家浩讀「阩門」爲「登聞」，云：「『登聞鼓』的『登聞』是上聞的意思。『登聞道辭』科應該是有關上聞的科條。『登聞又敗』跟漢律『登聞道辭』科應該有一定的關係，意思大概是說如果受期者不按照文件所說的指示辦，就以上聞有敗論處。」李家浩〈談包山楚簡「歸鄧人之金」一案及其相關問題〉《出土文獻與古文字研究》第 1 輯（上海：復旦大學出版社，2006 年 12 月初版），頁 20。

〔註50〕劉信芳《包山楚簡解詁》（臺北：藝文印書館，2003 年 1 月初版），頁 46。

〔註51〕王力《同源字典》（北京：商務印書館，2002 年 11 月第 6 刷），頁 127。

〔註52〕竹添光鴻《左傳會箋》（臺北：廣文書局，1961 年 9 月初版／原書出版於明治 26 年），第 29 卷。

不藝文」之「居」字，目前學者一般認爲是「居處」字（包含本文所採魏宜輝之說），被「設文」的對象應該是「居處」，因此本文認爲於此讀作「居」，比起讀作「踞」更爲妥當。

第二節　說「夒」

一、引　言

　　楚簡中有一個字，過去或釋「虞」、「麤」、「虔」等，皆誤。郭店楚簡材料公佈以後，此字才得到正確的釋讀。李天虹通過相關文例的彙整，證明其字在簡文中讀「文」，然未能正確地解釋出其結構。隨後，經過李家浩、李學勤、陳劍等學者之研究，已大致弄清了其字形原委。本文對其上半從李學勤之說，認爲从民，乃爲聲旁；至於下半則從陳劍之說，即贊成將之視爲「夊」字的看法。字在楚簡中作「夒」，或加彡作「夒」〔註53〕，均讀「文」。下文中一律以△代之。

二、〈曹沫之陳〉的△字

> 莊公曰：「慢哉，吾聞此言。」乃命毀鐘型而聽邦政。不晝【10】寢，不飲酒，不聽樂，居不藝（設〔註54〕）△，食不二菜〔殘〕【11】
>
> 〈曹沫之陳〉簡 10-11

　　原整理者李零云：「居不藝虞，讀『居不設席』。『藝』讀『設』，『藝』是心母月部字，『設』是書母月部字，讀音相近。『虞』讀『席』，『虞』是精母魚部字，『席』是邪母魚部字，讀音亦相近。」並將末段兩句釋作：「居不設席，食不二味。」〔註55〕類似的辭句見於《左傳·哀公元年》的記載中，爲便於瞭解，這裡將相關文字引用於下：

> 吳師在陳，楚大夫皆懼，曰：「闔廬惟能用其民，以敗我於柏舉。今聞其嗣又甚焉，將若之何？」子西曰：「二三子恤不相睦，無患吳矣。昔闔廬食不二味，居不重席，室不崇壇，器不形鏤，宮室不觀，舟車不飾；衣服財用，擇不取費。在國，天有菑癘，親巡孤寡而共其乏困。在軍，熟

〔註53〕若考慮到本形，下部應从「文」，隸定作「夒」、「夒」。（後詳論）
〔註54〕詳見本論文〈說「藝」〉。
〔註55〕馬承源主編《上海博物館藏戰國楚竹書（四）》（上海：上海古籍出版社，2004 年 12 月初版），頁 250。

食者分而後敢食，其所嘗者，卒乘與焉。勤恤其民，而與之勞逸，是以民不罷勞，死知不曠。吾先大夫子常易之，所以敗我也。今聞夫差，次有臺榭陂池焉，宿有妃嬙、嬪御焉；一日之行，所欲必成，玩好必從；珍異是聚，觀樂是務；視民如讎，而用之日新。夫先自敗也已，安能敗我？」

子西所云：「食不二味，居不重席，室不崇壇，器不彤鏤，宮室不觀，舟車不飾；衣服財用，擇不取費。」是在形容過去闔廬的樸素、儉省的生活態度。簡文中楚莊公接納了曹沫的諫言，便下令毀棄鐘型而開始認真聽政，接下來「不晝寢，不飲酒，不聽樂，居不褻△，食不二菜。」亦當是在描寫生活上的儉樸。據此不難推斷，簡文「居不褻△，食不二菜」其涵意應與子西所言之「食不二味，居不重席」相類，然「居不褻△」能否釋爲「居不設席」，則值得商榷。事實上，問題在於△字的釋讀上，原考釋認爲它是楚文字中一般用爲「且」的「虘」字，並主張於此假借爲「席」。陳劍已指出其釋有誤，認爲應當隸定作「𧆞」，讀作「文」。〔註56〕其說甚是。△字上部並非從「虎頭」，不可釋爲「虘」字。

三、何以讀「文」？

　　△字早見於仰天湖簡、望山楚簡、包山楚簡等，過去各家對該字形的隸定和解釋相當分歧。〔註57〕直到郭店楚簡材料中大量出現相關字例後，該字才得到了正確的釋讀。郭店原考釋中裘錫圭將之隸作「虘」，並云：「字當讀爲『序』或『度』。」〔註58〕其後，陳偉連結了《郭店‧語叢一》第31、97簡，指出簡文「禮因人之情而爲之【31】即△【97】者也。」就相當於今本《禮記‧坊記》：「禮因人之情而爲之節文」。但陳文中仍依照裘說讀「即△」爲「節度」。〔註59〕隨後，李天虹受到陳偉編連的啓發，彙整其在楚簡中的所有用例，證明出當讀

〔註56〕陳劍〈上博竹書〈曹沫之陳〉新編釋文（稿）〉（簡帛研究網，2005年2月12日），注7。

〔註57〕望山楚簡原考釋云：「疑爲『蔽（苴）』之簡體。」湖北省文物考古研究所、北京大學中文系《望山楚簡》（北京：中華書局，1995年6月），頁125，注104。／包山楚簡原考釋隸定作「虘」，但對字形無說。湖北省荊沙鐵路考古隊《包山楚簡》，（北京：文物出版社，1991年10月初版），頁31。／滕壬生則隸定作「虘」。《楚系簡帛文字編》（武漢：湖北教育出版社，1995年7月初版），頁764。

〔註58〕荊門市博物館《郭店楚墓竹簡》（北京：文物出版社，1998年5月初版），頁182。

〔註59〕詳見陳偉〈《語叢》一、三中有關「禮」的幾條簡文〉《郭店楚簡國際學術研討會論文集》（武漢：武漢大學‧湖北人民出版社，2000年5月），頁143～144。

「文」。〔註60〕

【字形表1】

1 郭・尊 17 行此△也	2 郭・性 20 所以△節也	3 郭・語一 10 起習△章	4 郭・語一 97 節△者也	5 郭・語四 6 必△以訛

四、字形結構分析

　　剩下的問題是，其字形結構該如何解釋？對於此一問題，學者已提出各種看法，本文首先對其作一番梳理。

　　李天虹究明△字的讀法，並試著分析結構，如下：

> 我們懷疑「麐」可能是「麟」的象形字，因而可以讀爲「文」。古「文」爲明母文部字，「麟」爲來母眞部字，兩者聲、韻均近可以通轉。麐、麖、麟三字之相通即爲明證（《說文》口部謂「吝」从「文」聲）。又古文字常見的「哭」，从鄰之古文「㗀」，「㗀」亦聲，「文」亦聲；字既可用作「鄰」，又可用作「文」，也是一個很好的例證。當然，說麐是麟的象形字只是一個推測，尚有待今後相關材料的檢驗。〔註61〕

李家浩對其說云：

> 《郭店楚墓竹簡》隸定爲鹿頭下从且从又、裘按讀爲度或序的那個字，李天虹讀爲「文」是正確的，但她對字形的解釋不正確。實際上，這個字見於《古文四聲韻》、《汗簡》引《石經》，爲古文「閔」字。〔註62〕

此一指出可以說是非常敏銳，在△字的字形分析上提供了重要線索。誠如所指，《汗簡》、《古文四聲韻》中「閔」字條下收錄如下之字形：

〔註60〕 詳見李天虹〈釋楚簡文字「麐」〉《郭店竹簡〈性自命出〉研究》（武漢：湖北教育出版社，2003 年 1 月），頁 14～22。此文原載於《華學》第 4 輯（北京：紫禁城出版社，2000 年 8 月），頁 85～88。

〔註61〕 李天虹〈釋楚簡文字「麐」〉《郭店竹簡〈性自命出〉研究》（武漢：湖北教育出版社，2003 年 1 月初版），頁 20。

〔註62〕 此言發表於 2000 年 10 月北京大學中國古文獻研究中心「郭店楚簡研究」項目小組舉行的例會上。見於李天虹〈釋楚簡文字「麐」〉補記《郭店竹簡〈性自命出〉研究》（武漢：湖北教育出版社，2003 年 1 月），頁 21。／又見於張富海〈北大中國古文獻研究中心「郭店楚簡研究」項目新動態〉（簡帛研究網，2000 年 10 月）／又見於李家浩〈包山楚簡中的「枳」字・補正〉《著名中年語言學家自選集・李家浩卷》（合肥：安徽教育出版社，2002 年 12 月），頁 294。

【字形表 2：傳抄古文材料中的「閔」字】

	1 義雲章	2 石經	3 古史記	4 古史記	5 說文
汗　簡					
古　文 四聲韻					
隷　續		〔註63〕			

　　黃錫全認為 1 形可隷定作「瞾」，即「嶋」字。瞾、閔音近，故借「嶋」為「閔」。〔註64〕其說可從。它純粹是假借字，字形上與△字無關，故本文不再論之。本文所要討論的是 2、3、4、5 形，黃文認為它們都是從民聲，即「㥧」字。〔註65〕「民（明／眞）」，「閔（明／諄）」，「文（明／諄）」，三字聲同韻近，故當可為「閔」，亦可借為「文」。其中李家浩所指為第 2 形（即《魏三體石經》的「閔」字），其下半的結構顯然與 3、4、5 形不同，然黃文中對此無說。

　　最早對△字做全面性分析的，是李學勤，其說如下：

　　楚文字的「民」，一般作㞋或㞋，但也有時作㞋或㞋。在九店簡中有不少例子，李家浩先生說：「其上皆作『中』字形，字形比較特別。」這個寫法的上半，就與「鹿」字之「頭」完全相同。不過，楚文字從「鹿」之字，「鹿」旁都有足形，沒有省作「鹿頭」的。

　　知道簡文該字從「民」省聲，即解決了字讀為「文」的音韻問題。

　　再看該字的下部。

　　石經「閔」字古文的下部，左側是很清楚的，其偏上部分是「目」，偏下部分是「又」。簡文該字同樣，是從「目」從「又」，只有個別幾個例子中間加了一橫。這是什麼字呢？我認為，是《說文》「夏」字的古文寫法。

　　《說文》第四夏部有「閔」字，其字後世誤寫為「閔」。《汗簡》卷上之二

〔註63〕李學勤說：「此『閔』字見於洪适《隷續》卷四〈魏三體石經《左傳》遺字〉，只是字形更有譌變，沒有了最下的『又』形。」〈試解郭店簡讀「文」之字〉《中國古代文明研究》（上海：華東師範大學出版社，2005 年 4 月），頁 229。此文原載於《孔子‧儒學研究文叢（一）》（齊魯書社，2001 年初版）。

〔註64〕黃錫全《汗簡注釋》（武漢：武漢大學出版社，1990 年 8 月初版），頁 161。

〔註65〕黃錫全《汗簡注釋》（武漢：武漢大學出版社，1990 年 8 月初版），頁 161／322／379／426。

把「旻」寫成「𡕥」，從「又」，「𨳿」字古文也是一樣。我們知道，從「攴」
與從「又」每每通用，所以這個現象並不奇怪。「𨳿」字，據《說文》是
從「旻」，「門」聲，「門」是明母文部，「𨳿」同樣在明母文部。

於是我們知道，簡文與石經古文的字，應理解爲從「旻」、「民」聲，同「𨳿」
乃是一個字的異寫。由於音同，其讀爲「閔」或「文」是合乎情理的。

最後還得說到，石經古文那個字下部右側從「彡」，簡文該字也有不少是從
「彡」的。這也不難理解。《說文》「彡」訓「毛飾畫文也」，凡從「彡」之
字多有文飾之義，是《說文》學者習知的。總的來說，簡文與石經的該字
實可隸定爲「𢒉」，就是《說文》從「彡」從「文」的「彣」字，也就是文
章之文。如此看來，它簡直是「節文」的「文」的專用寫法了。〔註66〕

李學勤認爲它就是「𨳿」的異寫。《說文·旻部》：「𨳿、低目視也。從旻、門聲。弘
農湖縣有𨳿鄉，汝南西平有𨳿亭。無分切。」依照其說，△字下從「旻」實爲「𨳿」
字所從之「旻」。簡言之，「△」、「𨳿」二字只是所取聲旁不同，「民」、「門」古音密
近，故可互換。至於從「彡」，認爲代表文飾之義，《說文》有從彡、從文之「彣」
字，也就是文章之「文」字。△字簡中或加「彡」，或不加。依照其說，不加彡形在
簡文中用爲「文」當屬音近假借，加彡形則爲假借分化字。

李零則提出不同意見，認爲△字就是從每得聲之「敏」字：

第一、這個字的上半（即除去它下面的心或又字），在《古文四聲韻》中
其實是「敏」字的古文：第二、《說文》、《石經》「民」字的古文，比較這
種寫法可知，戰國時期上出歧頭，内有兩點的「民」字，其實是借「每」
爲「民」或混「每」爲「民」（或更準確地說，是混合早期「每」、「民」
二字的特點而成），而不是「民」的本字；第三、簡文此字，中間作「且」，
也顯然不是「日」字（「昏」所從的「日」是由「且」訛變）。所以，雖然
我們還不太清楚，簡文作「且」的部分是從何而來（或許我們應該把它與
又合併考慮，視爲又旁的變體），但這個字大體應相當於「敏」，我想是沒
有多大問題的。

簡文此字是借「敏」字爲之，這有兩條證據：

第一、早期寫法的「敏」字，無論甲骨卜辭還是西周金文，它們都從又不
從攴，而簡文和《石經》的這個字也正好是從又（「敏」字從攴，見於戰

〔註66〕 李學勤〈試解郭店簡讀「文」之字〉《中國古代文明研究》（上海：華東師範大學出
版社，2005 年 4 月），頁 229～230。此文原載於《孔子·儒學研究文叢（一）》（齊
魯書社，2001 年）。

國秦兵器，後世寫法可能與秦系文字有關，參看何琳儀《戰國古文字典》，上冊，130頁）。

第二、雖然有人會說，「每」是明母之部字，而「民」是明母真部字，兩者的讀音有一定差距，但《楚辭·九章》「離愍而不遷兮」，《史記·屈原賈生列傳》作「離湣而不遷兮」，正是楚地「每」、「民」通假的例證。《玉篇》等書也是把「愍」字當作「湣」字的異體。

準此理解，我們還可對《汗簡》、《古文四聲韻》「閔」字的寫法提出分析。我們認為，《石經》的「閔」字（帶又旁的字）是相當於「敏」字，《史書》和《說文》的「閔」字（帶心旁的字）是相當於「愍」或「湣」字（前者是後者的本字，後者的「敄」是「敏」的變體）。〔註67〕

李零認為△字上部所從並非「民」而是「每」，「從又、每聲」即「敏」字，至於中間的「目（他認為「且」）」形，則保留。他還主張九店楚簡的「民」字（即李學勤說所據）也是借「每」為「民」，至少可能是將「每」、「民」二字的特點混合而成的寫法。

【字形表3】

 1 侯馬200：58 （每）	 2 郭店·語一34 （每）	 3 上二·子羔4 （每）	 4 古文·王庶子碑 （每）
 5 古文·古孝經 （敏）	 6 古文·王庶子碑 （敏）	 7 古文·義雲章 （敏）	

5 形就是李零說所據，其所從「每」確與《古文四聲韻》「閔」字條下之 3、4 形（參【字形表2】）所從「民」類似，但實際上一般楚系「每」字的寫法（1、2、3 形）與「民」字迥異，並且《古文四聲韻》的其他字形（6、7 形）亦與「民」不類。雖然楚簡中有些△字頗疑讀「敏」〔註68〕，但應是音近假借。

何琳儀認為△字就是《字彙》所收的「瞽」字，但對字形無作詳論：

〔註67〕李零《郭店楚簡校讀記（增訂本）》（北京：北京大學出版社，2002年9月第2刷），頁54～55。此說又見李零〈郭店楚簡中的「敏」字和「文」字〉《古文字研究》第24輯，（中華書局，2002年7月），頁390。

〔註68〕李零認為郭店楚簡〈性自命出〉簡65、〈尊德義〉簡17的△字當讀「敏」。李零〈郭店楚簡中的「敏」字和「文」字〉《古文字研究》第24輯，（中華書局，2002年7月），頁391。

當隸定「瞀」，與《古文四聲韻》「閔」作「（字形）」形體吻合。「瞀」、「閔」一聲之轉，《字彙》：「瞀，閔也。」（按：應爲筆誤。《字彙‧目部》作：「瞀，悶也。」）簡文「瞀」當讀作「文」。〔註69〕

梁立勇認爲「瞀」字，《說文‧攴部》：「瞀，冒也。从攴、昏聲。」並主張△字解爲「閔」或「文」都是假借，如：

> 《古文四聲韻》中的第二至五字四例（按：參【字形表2】之第二行）讀爲「閔」的字，其聲符都是「昏」，而楚簡△字和第二字乃是同一字，和第三、四、五字只是從又和從心的不同，因此筆者認爲△字當釋爲「瞀」，《汗簡》與《古文四聲韻》中所引石經的「閔」同。「瞀」從民得聲，「民」是明母眞部字，「閔」是明母文部字，聲母相同，韻部一音之轉，《汗簡》與《古文四聲韻》是假「瞀」爲「閔」。「閔」和「文」古音同聲同部（都是明母文部字），因此楚簡中的「瞀」可讀爲「文」。〔註70〕

陳劍基本上接受李學勤的分析，認爲上部所從是「民」聲，右邊兩斜撇是「彡」旁，然不同意將△視爲「閔」之異寫的看法。陳文中對△字下半（即除民、彡外的部分）的解釋頗有突破性，且論證甚詳，茲爲求簡明起見，改爲表列於後：

【字形表4】

商代					
	一期‧鐵50.1	二期‧粹279	三期‧合49	三期‧甲2402	五期‧前1.3.3
	亡文	亡文	亡文	亡文	亡文

西周早中期						
	楷伯簋	麥方尊	㢱方鼎之二	㢱簋	靜簋	班簋
	亡文	亡迖	毋有夓于厥身	卒搏無夓于㢱身	靜教無夓	夓天威

西周中期			
	黽方尊	繁卣	沈子它簋蓋
	亡夓	卒事亡量	敢㬎昭告

〔註69〕何琳儀〈第二批滬簡選釋〉《上博館藏戰國楚竹書研究續編》（上海：上海書店出版社，2004年7月初版），頁446。

〔註70〕梁立勇〈釋「瞀」〉《上博館藏戰國楚竹書研究續編》（上海：上海書店出版社，2004年7月初版），頁548～549。

西周中晚期	竹	中竹	甡	竹	拜
	兮甲盤	師望鼎	大克鼎	梁其鐘	虢叔旅鐘
	亡斁	叀純亡斁	叀純亡斁	叀純亡斁	叀純亡斁

甲文「文」字舊釋「尤」，然而其寫法顯然與其他古文字中的「尤」字不符，因此陳劍提出一個新的看法。從文例看，甲金文的「文」、「这」、「旻」、「昊」、「壆」、「斁」、「敃」無疑表示同一個詞。「文」應爲這些字的共同聲旁，至於爲何从「辵」或「目」，陳文無說。「旻」或譌爲「昊」、「壆」，依古文字通例，都完全可能。陳劍云：「有了偏旁組合的限制和整體結構的制約，所以其中的『文』可以省作普遍的『又』形。同時，西周金文作偏旁的『又』常常可以寫作形義皆近的『丑』，例子極多。」〔註71〕

從西周中晚期開始出現从「民」之「敃」形，對此形陳文中提出三種可能：第一、「敃」是將「斁」形中的「又」改爲形近的「文」而成，「文」起注音的作用；第二、「民」是疊加聲旁，即「敃」爲「民」、「文」皆聲的雙聲字〔註72〕；第三、「敃」形中的「民」是由「旻」形中的「目」變來的。〔註73〕若接受第三種說法，由「旻」變作「敃」，當可視爲聲化。

關於其義，徐中舒早已針對「叀純亡敃（或「斁」）」一類的「敃」字做了解釋，云：「同愍，憂也。」〔註74〕陳劍接受其說，進而認爲上舉諸形皆可讀「愍」。實際上，各卜辭及銘文中讀其爲「愍」，文意非常通順。陳文中並指出這個意爲「憂」的「愍」字，古書中寫法頗多，如：惛、痻、瘴、潛、文、閔、憫等，前四者从民聲；後三者从文聲，「民」古音在明紐眞韻；「文」則明紐諄韻，二字聲同韻近。

對於「文」字的初形本義，陳劍提出了一個假設，即其乃「拇」之初文，如下：

> 「文」字字形可以分析爲在「又」的起筆之處加一小斜筆或小橫筆。眾所周知，「文」本是「右手」的象形字。而它的第一筆或說起筆之處，<u>代表的是右手的「大拇指」</u>。……
>
> 「文」字字形在手形的大拇指上加一小斜筆或小橫筆，我認爲，這一筆係起指事作用的符號，表示大拇指之所在；<u>「文」跟「拇」在讀音上又有密切關系，因此它就應該是「拇」字的表意初文。</u>

〔註71〕陳劍〈甲骨金文舊釋「尤」之字及相關諸字新釋〉《北京大學中國古文獻研究中心集刊》第4輯（北京：北京大學出版社，2004年10月初版），頁80。

〔註72〕陳劍認爲第二個可能性更大一些。

〔註73〕陳文中表明此一可能爲其師裘錫圭所提。

〔註74〕徐中舒《徐中舒歷史論文選輯》（北京：中華書局，1998年9月初版），頁543。

從讀音上看，「拇」跟「無啟（愍）」的「啟（愍）」、「旻天」的「旻」，以及「閔」和「文」等都是明母字，其韻部則「拇」在之部，「愍」、「曼」和「閔」、「文」等字多在文部，而上古音不少之部跟文部字有密切關系。〔註75〕

其說形音兩方面推得都很合理，只是「文」字卜辭中早已借用爲「愍」，或用作地名字，目前看不到用爲「拇」意者。其形體演變大抵應爲如下：

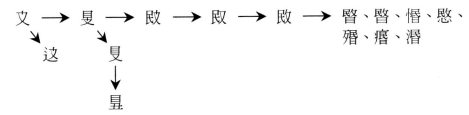

陳劍認爲△字下从「⿱」，就是上面所討論的「旻」字，云：

現在剩下的問題是，除掉上半的「民」和右旁的兩斜撇或「彡」旁，楚簡和石經此字的下半當如何分析？其中間部分，有的寫作「目」形，有的寫作「目」下多一橫形，按楚簡文字從「盧」聲之字的「盧」旁，其中的「且」既可以寫作「目」下多一橫形，也可以就寫作「目」形。所以舊隸定爲「且」粗看也是有道理的。但跟石經古文「閔」字對應上之後，正如李學勤先生已經指出的那樣，其中間所从的就可以肯定應該是「目」了。那麼，楚簡這類「古文閔」字可以隸定作「㝱」。

「㝱」形中除掉上半的「民」，剩下的从「又」从「目」可以隸定爲「旻」的部分，不正是我們上文所討論過的黽方尊的「⿱」字麼？根據上文的結論，「旻」等字的讀音皆應與「啟」字相近，那麼它出現在所謂「古文閔」字的「㝱」形裡，就很好解釋了。正如「閔」字所从的「門」、「文」都是聲旁一樣，「㝱」字所从的「民」和「旻」也都是聲旁。〔註76〕

現在我們才能夠清楚地瞭解到它爲甚麼在《汗簡》和《古韻四聲韻》中隸於「閔」字條下。（讀後文自明）《說文・門部》：「閔，弔者在門也。从門、文聲。」其義未見文獻，「閔」字古書中一般解爲「憂」意，如：《詩經・邶風・柏舟》：「憂心悄悄，慍於群小。覯閔既多，受侮不少。」高亨注：「閔，憂患。」《左傳・宣公十二年》：「寡君少遭閔凶，不能文。」杜預注：「閔，憂也。」《左傳・昭公三

〔註75〕陳劍〈甲骨金文舊釋「尤」之字及相關諸字新釋〉《北京大學中國古文獻研究中心集刊》第 4 輯（北京：北京大學出版社，2004 年 10 月初版），頁 88～89。

〔註76〕陳劍〈甲骨金文舊釋「尤」之字及相關諸字新釋〉《北京大學中國古文獻研究中心集刊》第 4 輯（北京：北京大學出版社，2004 年 10 月初版），頁 87～88。

十二年》：「閔閔焉如農夫之望歲。」杜預注：「閔閔，憂貌。」這種用法的「閔」字，後起本字作「憫」，《玉篇》：「憫，憂也。」

「旻」字，根據陳說，我們可以肯定在銘文中讀「慇」，其義亦爲「憂」。至於增益「民」旁，陳劍認爲它是疊加聲旁，即「疊」是由「民」、「旻」而成的雙聲字。實際上，還有一種可能：我們已經知道，西周中晚期以後「旻」字多改作「敗」，「疊」也許是由「旻」、「敗」二形混合而成的寫法。

經由上述考論，可以確定「閔」、「疊」應爲一個詞的不同寫法。「疊」在簡中用作「文」，當屬假借；或加「彡」旁，以凸顯「彣飾」之義，則假借分化，但尚未完全取代前者，簡中二形並用。《汗簡》、《古文四聲韻》「閔」字條下收「彭」形，雖有根據（至少同音），但不完全正確，照理來說，應當收「疊」形。

有了此一認識，再回頭看「疊」的各種後世寫法，都不難看出其演變脈絡：

（1）何琳儀認爲△即「瞀」字。由結構看，「疊」、「瞀」當可視一字。雖然其實際用例未見文獻，但《字彙・目部》云：「瞀，悶也。」悶、閔，聲同義近。

（2）梁立勇認爲△即「瞀」字。「瞀」當爲「瞀」之譌，二字字義相同，如：《莊子・外物》：「心若縣於天地之間，慰瞀沈屯。」陸德明釋文：「慰，鬱也。瞀，悶也。」「瞀」所从之「日」當爲「目」之譌，古文字中「目」和「日」經常譌混。前文已述，「慇」字在古書中有很多異寫，其中不少字形从「昏」〔註77〕得聲，如：「惽」、「殙」、「癏」、「湣」。

（3）《汗簡》「閔」字條下所收四形（參【字形表2】），其中2形可隸定作「彭」（若考慮到本形，應隸作「彭」）；3形黃錫全認爲「惽」，可從；4形窄式隸定可作「慇」，其結構基本上與3形相同；《說文》「閔」字古文作「慇」形，可見「日」形進一步爲譌作「田」形。但古文字資料及文獻中看不到「慇」形，从「田」可能是後世傳抄翻刻所造成的譌誤。

五、小　結

楚簡中△字讀「文」，從文例來看，乃確切無疑。結構方面也經過學者討論已大致弄清。本篇中亦讀「文（彣）」，至於其文意解讀，前一節〈說「蓻」〉中已作詳論，

〔註77〕　《說文・日部》：「昏，日冥也。从日、氐省 —— 氐者、下也。一曰民聲。」季師曰：「秦文字以後上部所從的『氐』形漸漸訛成『民』形，當有聲化的作用，『昏』（＊xmwən）上古音在曉紐文部合口一等，『民』（＊mjiən）上古音在明紐文部合口三等，聲韻俱近。」《說文新證》上冊（臺北：藝文印書館，2002年10月初版），頁536。「瞀」字所从之「昏」，與「昏」之聲化體「昏」毫無關連。

故不贅述。

第三節　說「盨」

一、引　言

　　楚簡裡有個字作「盨」形，或省作「盉」，迄今凡三見〔註78〕。據襏健聰的研究，該字可溯源到春秋金文，本文認爲其說應可信。金文裡作「鷪」形，字形當可析爲「從爾、采聲」，楚簡字雖改從皿，但仍以「采」爲聲。襏文中釋其爲「莘」，（采、宰古音密近），其釋可以成立，但本文認爲釋作「荣」亦無妨。

二、〈曹沫之陳〉的△字

	莊公曰：「慢哉，吾聞此言。」乃命毀鐘型而聽邦政。不晝【10】寢，不飲酒，不聽樂，居不褻（設）曼（牣），食不二△。〔殘〕【11】
	〈曹沫之陳〉簡 10-11

　　原考釋中李零未作隸定，讀作「味」，云：「可能是『顕』字的異寫，相當於『沫』字，這裡讀爲『食不二味』。《左傳・哀公元年》：『昔闔廬食不二味，居不重席。』」〔註79〕《說文・頁部》：「顕，昩〔註80〕前也。從頁、昜聲。讀若沫。」「昩」、「味」皆從「未」得聲，當可互通，但△字能否釋作「顕」，字形上值得商榷。主要問題在於該字形中間所從之「 」，其與楚系「頁」字寫法不合。參下面字形表：

【字形表1】

1 信 2.05（頁）	2 仰 25.22（頁）	3 包 2.16（顗）	4 包 2.21（頯）	5 郭・緇 34（顥）

　　原考釋雖比較符合文獻記載，但字形方面的根據仍嫌薄弱。

〔註78〕即《上博（二）・容成氏》簡 21、《上博（四）・曹沫之陳》簡 11、《上博（五）・三德》簡 13。

〔註79〕馬承源主編《上海博物館藏戰國楚竹書（四）》（上海：上海古籍出版社，2004 年 12月初版），頁 250。

〔註80〕「昩」當爲「沫」之誤，「沫」字訓爲洗臉，其字金文作「盨」、「盨」、「盨」、「盨」等形，銘文裏一般被借用爲「眉壽」之「眉」。

三、《上博（二）‧容成氏》的△字

	禹然後始行以儉：衣不褻（設）美，食不重味，朝不車逆，春不穀米，△不折骨。【21】

〈容成氏〉簡 21

原考釋者李零隸作「緐」，云：「从釆聲，疑讀爲『宰』，指殺牲。」〔註 81〕陳劍認爲該字與〈曹沫之陳〉△字實屬同字，並讀作「滋」，但括號內加問號而表示不確定，云：

> 此字不能確識……原所謂「宰」字（按：指〈容成氏〉△字）與簡文此形（按：指〈曹沫之陳〉△字）當爲一字，兩字出現的文句類同，但所在位置有異。兩相對照，可以肯定此兩形上半中間當从「釆」。頗疑此字以「釆」爲基本聲符（〈容成氏〉原釋讀爲「宰」就是據此立論的），簡文此處可讀爲「滋味」之「滋」。《廣韻‧之韻》：「滋，旨也。」《禮記‧檀弓上》：「曾子曰：『喪有疾，食肉飲酒，必有草木之滋焉。』」鄭玄注：「增以香味，爲其疾不嗜食。」《說文‧口部》：「味，滋味也。」王筠《說文句讀》引《檀弓》文及鄭注後云「是滋即味也」。「滋」、「味」同義，「滋味」一詞當是同義並列式的複合詞，簡文「食不貳滋」亦與古書多見之「食不二味」意同。〔註82〕

陳劍的字形分析是確有根據的，參下面字形表：

【字形表 2】

1 郭‧性 45（釆）	2 上一‧孔 17（菜）	3 上一‧性 37（悉）
4 上二‧容 21 △字所从	5 上四‧曹 11 △字所从	

1、2、3 形是楚簡中已識之「釆」字及从其之字形。現在我們從〈容成氏〉和〈曹沫之陳〉的△字字形中暫時抽出其中間部分（4、5 形）而與之作比較，就可發

〔註81〕馬承源主編《上海博物館藏戰國楚竹書（二）》（上海：上海古籍出版社，2002 年 12 月初版），頁 266。

〔註82〕陳劍〈上博竹書〈曹沫之陳〉新編釋文（稿）〉（簡帛研究網，2005 年 2 月 12 日），注 8。

現其字形特徵完全一致：「爪丨」皆位於左上方，「木」旁則或省中間豎筆的下半。陳劍將「采」當作聲旁看，讀作「滋」。「滋」上古音在精紐之部，與「采（清／之）」聲近韻同。基本上陳說在字形、字音二方面都能成立。

四、春秋金文二形

禤健聰贊成陳劍的字形分析，同樣認爲上揭楚簡二形當屬同字。他進而主張這種字形應可溯及到春秋金文，並列舉如下之字形：

【字形表3】

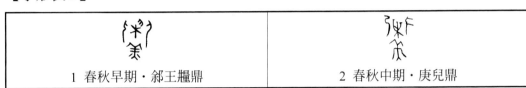

1 春秋早期・邾王糧鼎	2 春秋中期・庚兒鼎

禤健聰云：

此字當分析爲从鬻从采，采亦聲。上揭四例（按：指〈容成氏〉、〈曹沫之陣〉之△字與【字形表3】之二形）構形一致，从「采」得聲顯然……其下無論从羔還是从皿，其功能與从鬲一樣，都是連上部兩側的筆畫構成一個整體，象煮食器皿之形……此字應該是表示一個表示烹煮的動詞，而且與「菜」有關。我們認爲，此字就是《說文》艸部下的「葷」字。葷从宰聲，鬻从采聲，宰、采二字古音相近，二字當可相通。《說文》：「葷，羹菜也。从艸、宰聲。」朱駿聲《說文通訓定聲》：「謂烹菜爲羹，字亦作窠。」段玉裁《說文解字注》：「謂取菜羹之也。《集韻》有窠字，烹也，即此字。」可見葷（窠）、鬻二字音義均通，應該是一組異體字（或者也是古今字）。

二字構形方式不同，前者是形聲字，後者則是會意兼聲字。〔註83〕

禤說頗有啓發性，我們先從字形方面討論該說。邾王糧鼎字中間所从之「木³」，當是「采」字。前人對此字的考釋亦基於這樣的字形認知，如：

（1）楊樹達將其隸作「鬻」而釋作「羹」，云：「鬻字从鬻省，从羔，从采……其从鬻从羔，與《說文》鬻、鬻、鬻三文皆相合，余謂此亦羹字也。然則何以从采也？曰：采者，菜也。夫羹有二：一曰太羹，二曰鉶羹。……太羹無菜，鉶羹則有菜。……鉶羹有菜，故此羹字从采也。論其全字，从羔，示羹有肉也；从采，示有菜也；从鬻省，所以和羹也。」〔註84〕該說則視

〔註83〕禤健聰〈上博楚簡釋字三則〉（簡帛研究網，2005年4月15日）。

〔註84〕楊樹達〈邾王糧鼎跋〉《積微居金文說（增訂本）》（北京：中華書局，2004年1月

「釆」爲義符，用爲「菜」義。

（2）郭沫若則釋作「胹」，視「釆」爲聲旁，云：「當是胹之古文。《廣韻》胹作
膶，又引籀文作鬺，从鬲、而聲。此从古文鬲、釆聲，釆聲與而聲同在之
部。」〔註85〕

（3）張亞初隸作「鬻」，讀作「菜」〔註86〕。該釋讀亦出於以「釆」爲聲的看
法。至於庚兒鼎字，因原拓漫漶不清，實不敢斷言是否从釆，然張亞初仍
隸作「鬻」，亦讀作「菜」。〔註87〕

本文認爲邾王糧鼎字應當隸作「鬻」（即從張亞初的意見），字形當析作「从鬻、
釆聲」。《說文・鬻部》：「鬻，歷也。古文，亦鬲字，象孰飪五味气上出也。」金文
裡還有一些字从這個部首：

【字形表4】

1 西周晚期・樊君鬲	2 春秋早期・弔夜鼎	3 春秋早期・弔夜鼎	4 春秋早期・陳公子甗

上揭諸形目前尚未完全釋出，第四版《金文編》皆當作未識字。〔註88〕這些字
形所从之「鬲」〔註89〕就是《說文》的「鬻」字，季師曰：「鬻與鬲實爲同字，但
鬻字象鬲烹煮食物之形，所以把鬲的兩邊寫得特別寬闊，以便在其中容納其它的偏
旁。……『鬻』字兩旁的『弜』並不是象『象孰飪五味气上出』，它其實只是「鬲」
字兩邊的筆畫罷了。」〔註90〕《說文》裡以其爲形旁者共有十二例，如：鬻、鬻、
鬻、鬻、鬻、鬻、鬻、鬻、鬻、鬻、鬻、鬻，其中除了「鬻」、「鬻」之外，皆爲形
聲結構。邾王糧鼎的「鬻」形，雖《說文》無載，但析爲「从鬻、釆聲」應無誤。

附帶解釋，本文之所以不把邾王糧鼎字隸作「鬻」，是因爲這些字形所从之「鬲」
實爲「鬻」字，即「鬲」之變體，故不宜分爲「从弜、从羔」。其下部何以寫成類似

第2刷），頁126～127。

〔註85〕郭沫若《兩周金文辭大系圖錄考釋》（上海：上海書店出版社，1999年），頁159。
該釋聲韻上比較有問題：「釆」上古音在清紐之部，「而」則泥紐之部，二字雖疊
韻，但聲紐並不近。

〔註86〕張亞初《殷周金文集成引得》（北京：中華書局，2001年7月初版），頁44。

〔註87〕張亞初《殷周金文集成引得》（北京：中華書局，2001年7月初版），頁45。

〔註88〕容庚《金文編（第四版）》（北京：中華書局，2002年11月第7刷），附錄下，頁
1190。

〔註89〕唯2形下部从「皿」，應屬義近形符替換。

〔註90〕季師旭昇《說文新證》上冊（臺北：藝文印書館，2002年10月初版），頁178。

「羊」形？從獨體的「鬲」字的寫法已可窺見其端倪，參看下面字形表：

【字形表 5】

鬲	1 西周早期・盂鼎	2 西周早期・令簋	3 春秋早期・鄭羌伯鬲
羔	4 西周早期・索諆爵	5 西周中期・九年衛	6 西周中期・三年癲壺

《說文・鬲部》：「鬲，鼎屬，實五穀——斗二升曰觳。象腹交文。」字本象三足食器之形，六書屬獨體象形，但我們可以發現西周早期令簋字其下部已譌爲與「羊」形相近。〔註91〕從西周晚期到春秋早期金文裡所見的「　」旁應爲從這種寫法的「鬲」字演變過來的。

五、綜合討論

【字形表 6】

1 春秋早期・邾王糧鼎	2 春秋中期・庚兒鼎	3 上二・容 21	4 上四・曹沫 11

通過上述研究，我們可以把 1、2 形隸定作「鬻」，3、4 形則作「盤」。古文字裡意義相近的形旁常爲互用，楚簡二形下部改從皿，並非影響字義，況且春秋金文裡已出現過下部從皿的形體（【字形表 4】之 2 形）。總言之，從字形看，上揭四形視爲同字，似無疑義。

陳劍讀作「滋」，褚健聰認爲「莘（桼）」之古字，二說皆出於以「采」爲聲的看法。（采、宰、茲古音俱近）但陳說僅據楚簡二例立論，本文暫時保留。至於褚說，其字形分析正確可從，但對於釋作「莘」，似可補充討論。其釋讀有一定道理，但實際上釋作「桼」亦無妨。金文二形張亞初已讀作「桼」，其文例爲如下：

○邾王糧用其良金，鑄其饋鼎，用鬻麀（？）臘（？），用饗賓客，子子孫孫，世世是若。（邾王糧鼎）

○月初吉丁亥，邾王之子庚兒，自作飤繁，用征用行，用龢用鬻，眉壽無疆。（庚

〔註91〕 詳見季師旭昇《說文新證》上冊（臺北：藝文印書館，2002 年 10 月初版），頁 177。

兒鼎）

　　禤文指出「鬻」字在銘文中的位置分別與「饔」、「䰛」對應，故當解為動詞。根據字書上的釋義，「莘」當作動詞「烹煮」解〔註92〕；「菜」則一般用為名詞。楚簡二形之文例為如下：

　　○然後始行以儉：衣不藝美，食不重味，朝不車逆，舂不繫米，䰭不折骨。【21】（《上博（二）·容成氏》）

　　○公曰：「曼哉，吾聞此言。」乃命毀鐘型而聽邦政。不晝【10】寢，不飲酒，不聽樂，居不藝文，食不二䰭〔殘〕【11】（《上博（四）·曹沫之陳》）

　　「䰭不折骨」、「食不二䰭」二語皆為形容飲食方面的儉約，禤文將「䰭不折骨」解為「烹煮的食物中不含節解的牲肉」；「食不二䰭」則解作「每餐不作兩次烹煮」，但實際上在此處無論釋為「莘（動詞）」還是「菜（名詞）」，解讀皆無礙。漢語的詞沒有形態變化，往往是多功能的，每類詞都能作好幾種句子成分。〔註93〕「莘」、「菜」基本涵意相似，並且二字古音亦極近，頗疑為同源，也許根本就是一個詞的不同寫法，不必依詞類強分為二。

六、《上博（五）·三德》的「盉」字

　　《上博（五）·三德》篇中有如下之字：

	身且有病，惡△與食。邦且亡，惡聖人之謀。【13】〈三德〉簡13

　　原考釋中李零將之隸作「盉」，讀「菜」。〔註94〕該形「從皿、采聲」，當為「䰭」之省體。禤健聰認為此字亦當釋為「莘」字〔註95〕，本文認為釋「菜」或「莘」都無所謂。但如果要依照其詞類，讀作「菜」似乎更妥當一些，因為此處「盉」的位置與「食」對應，即用作賓語。古漢語裡名詞一般只作主語或賓語。

七、小　結

　　《說文》部首「弜」，實為與「鬲」同字，金文裡若干字以其為形，「鬻」亦其

〔註92〕禤文中有關說明已甚詳，茲不贅述，參引文。
〔註93〕郭錫良〈古漢語詞類活用淺談〉《漢語史論集（增補本）》（北京：商務印書館，2005年10月初版），頁47。
〔註94〕馬承源主編《上海博物館藏戰國楚竹書（五）》（上海：上海古籍出版社，2005年12月初版），頁197。
〔註95〕禤健聰〈上博楚簡（五）零札（一）〉，（武漢大學簡帛網，2006年2月24日）。

中之一，楚簡文字下部改从皿，作「䰞」形，或省作「盍」形。根據相關文例，可以確定其涵意應與「烹飪」有關。學者大多視「釆」爲聲旁，或讀「滋」，或讀「莘」，或讀「荣」。以實際用法考察，本文認爲釋作「莘」、「荣」皆可。

第四節　說「祝」

一、引　言

　　〈曹沫之陳〉篇有「」字（下文以△代之），根據甲金文所見「祝」字的形體來看，其應當是直接繼承甲骨文的古老寫法。同樣屬於戰國楚文字的新蔡簡中有幾個寫法幾乎相同的字形，亦釋「祝」。沈培認爲△字當釋「祝」，簡文中讀「篤」（「祝」、「篤」古音相近）。此外，郭店簡有兩個从昌的字形，其寫法近似△字，但末筆的寫法仍有差別，故本文初步判定爲應屬不同字。

二、〈曹沫之陳〉的△字

	莊公曰：「善守者奚如？」答曰【57上】：「其食足以食之，其兵足以利之，其城固【15下】足以捍之，上下和且△，纚紀於大國，大國親之，天下【16上】不勝。……【46下】」

〈曹沫之陳〉簡 16 上

　　原考釋者李零將此字隸定作「昌」，並云：「西周銅器《班簋》有『東國痛戎』，齊器《國差罎》有『無瘼無痟』，其『痟』字皆从此。特別是後者，連筆勢都是一樣的。簡文此字乃『厭』字所从，『厭』字是影母談部字，古音與『輯』字相近（『輯』是從母緝部字），從文義看，似應讀爲古書常見的『和輯』之『輯』。《爾雅・釋詁上》：『輯，和也。』此字與小篆『昌』相似。在先秦古文字材料中，我們還沒有發現過『昌』字，此字也可能就是古『昌』字。」〔註96〕原考釋中將如下二字亦讀爲「輯」。

	使人不親則不敦，不和則不△，不義則不服。

〈曹沫之陳〉簡 33

	不卒則不恒，不和則不△，不兼畏〔殘〕

〈曹沫之陳〉簡 48

〔註96〕馬承源主編《上海博物館藏戰國楚竹書（四）》（上海：上海古籍出版社，2004 年 12月初版），頁 253。

從文例看，簡 16、33、48 字所表示的當為同一詞。雖然簡 33 字下方寫法稍有變化，但仍可視為同字；簡 48 字艸頭底下完全與△同形。李零認為此三字在簡文中讀法相同，應可從。

三、學者討論

（1）徐在國的研究

徐氏贊成原考釋的讀法，並指出「聿」字已見於郭店簡，凡二例，其原篆與文例為如下：

	魯穆公問於子思曰：「何如而可謂忠臣？」子思曰：「恆稱【1】其君之惡者，可謂忠臣矣。」公不悅，○而退之。【2】

〈魯穆公問子思〉簡 1-2

郭店原考釋中裘錫圭將之隸作「聿」，讀「撎」。〔註 97〕依其釋，文意非常明確，當可從。

	《詩》云：「穆穆【33】文王，於○熙敬止。」【34】

〈緇衣〉簡 33-34

傳世本裡其相應之字為「緝」，今本《禮記·緇衣》作：「〈大雅〉曰：『穆穆文王，於緝熙敬止。』」今本《詩經》亦同。郭店原考釋將之隸作「偮」〔註 98〕，並依照今本讀作「緝」。

徐氏並提出一個新的看法，即認為楚簡中所見這種「聿」旁，其淵源可以追溯到甲骨文及銅器銘文。下面羅列卜辭中的相關字形：

【字形表 1】

甲 2292 A	林 1.23.8 B	佚 426 C	佚 257 D

〔註 97〕荊門市博物館《郭店楚墓竹簡》（北京：文物出版社，1998 年 5 月初版），頁 141。原書中對字形無詳論。

〔註 98〕右旁能否視「人」，裘錫圭則有所保留，云：「似非從『人』，《說文》有『聚』字，疑即由此字訛變而成。」荊門市博物館《郭店楚墓竹簡》（北京：文物出版社，1998 年 5 月初版），頁 135，注 83。

　　《甲骨文編》「兄」字條下所收之諸形〔註99〕，依照形體大抵可分為以上四類，姚孝遂早已指出其中只有 A 類才是「兄」字，其餘則實為「祝」字：

　　祝象人跪禱之形。許慎據小篆立說，不可據。王筠《說文釋例》據大祝禽鼎釋祝字為「人跪嚮神之形」。林義光《文源》謂：「𧛹象人形，口哆於上，以表祝之意」。卜辭祝或省示。孫海波《甲骨文編》誤混入兄字，以為「兄用為祝」。實則凡卜辭祝字之省示者作「𧛹」或「𧛹」，象人跪形，亦有象人立形作「𧛹」者，突出手掌形以區別於「兄」字，金文則以「𧛹」為兄，已混。〔註100〕

徐氏認為其中 C、D 類並非「祝」，而是「聝」字，即△之原由。並主張其乃為「揖」之初文，其說如下：

　　我們認為上引諸字（按：指 C、D 類字）不管釋為「祝」，還是釋為「兄」，都有問題。是否有手掌形，應當是有區別的。甲骨文、銅器銘文中單獨的「兄長」之「兄」，形體都沒有手掌形。我們認為凡是有手掌形者，不管是站立的還是跪坐的，都應釋為「聝」，字形像人拱手行禮形。《說文》：「聝，聶語也。從口，從耳。」義為附耳私語。顯然，這不是「聝」字的本義。《說文》：「揖，攘也。從手，聝聲。一曰：手箸胸曰揖。」揖的意思是拱手行禮。這是用後起的一個形聲字來表示它的本義。許慎認為此字「從口，從耳」，是據訛變後的形體進行分析的。所謂的「耳」字就是從𧛹形訛變而來。〔註101〕

（2）陳斯鵬的研究

　　陳氏不同意原考釋的讀法及徐在國的看法，則認為△是銅器銘文裏一般讀作「貺」的「兄」字，簡文中被借為「恭」，其說如下：

　　兄，原作𧛹，與金文習見的𧛹極相近似，彼字一般釋「兄」而讀作「貺」，據此疑簡文此字亦可釋為「兄」。此字在簡 33 作𧛹，下部訛變為「見」，又簡 48 有益「艸」旁作𧛹者，則可隸釋為「芫」。三者在簡文中都記錄同一個詞，竊以為可讀為「恭」，為恭順之義。……今按，讀「輯」在文義上固然是很好的，但此釋至少有如下幾個困難：第一，《李釋》和徐先生也都是認為𧛹和𧛹是一字，如果它們是「聝」，那麼金文「貺」字𧛹、𧛹二

〔註99〕孫海波《校正甲骨文編》（臺北：藝文印書館，1974 年 10 月再版），頁 364～365。
〔註100〕于省吾主編、姚孝遂按語《甲骨文字詁林》，（北京：中華書局，1999 年 12 月第 2 刷），頁 349。
〔註101〕徐在國〈說「聝」及其相關字〉（簡帛研究網，2005 年 3 月 4 日）。

體互作的現象將難以解釋。第二，楚簡中明確从「聝」的字，如郭店〈魯穆公問子思〉2的■，和〈緇衣〉34的■，所从「聝」與■尚有相當的差別；而且與其說此二「聝」象人作揖形，遠不如《說文》之分析爲「从口从耳」可信，楚簡「耳」或作■（郭店〈唐虞之道〉26）、■（〈語叢四〉2），「聝」下所从與之幾無別，不過借用「口」形底橫而已。第三，金文■釋「兄」讀「貺」作賞賜義，甚合文例，且「貺」正是先秦常用的表賞賜義的詞，若釋「聝」則尚未有令人滿意的解釋。有此三難，在沒有其他證據之前，■恐仍以釋「兄」較爲合理。〔註102〕

該文的主要觀點大約可以整理爲如下：

（1）〈曹沫之陳〉△字與郭店簡「■」、「■」左旁，形體仍有所差異（主要差別在於最後一劃的鉤筆與否），故不可視爲同字。

（2）郭店簡文例非常明確，「■」、「■」二字分別讀作「揖」、「緝」無疑，故△不能釋作「聝」。

（3）郭店簡「■」、「■」左下方的寫法近似於楚簡所見的「耳」，故《說文》的釋形仍不可輕易摒棄。

（4）△字與金文「兄」字形體頗爲相近，△也應是「兄」字。「兄」、「恭」古音相近，故簡文裡可讀爲「恭」。

（3）范常喜的研究

范氏同意原考釋，並認定△與郭店簡裡从「聝」的兩個字爲一字。照此，進而主張新蔡葛陵楚簡（下文簡稱爲「新蔡簡」）中的「祝禱」也應改釋爲「禔禱」，讀爲「罷禱」，其說如下：

（按：新蔡簡）「兄禱」或「祝禱」中的「兄」、「祝」二字原簡文作如下諸形：

■（乙四 128）　■（乙四 139）　■（乙四 145）　■（零 243）　■（零533）

不過同批簡中「祝融」之「祝」字則作：

■（甲三 35）　■（乙一 22）

比較可知，「祝禱」一語中的「祝」當非「祝融」之「祝」。我們懷疑此字

〔註102〕陳斯鵬《戰國簡帛文學文獻考論》（廣州：中山大學博士論文，2005 年）。由於筆者所看到的是電子檔，故不明頁碼。此說見於其論文之第四節〈戰國簡帛散文文本校理舉例之二──〈曹蔑之陣〉校理〉。

中所謂的「兄」旁可能即「畀」字。楚文字中「畀」或從「畀」之字作如下諸形：

（郭・魯 2）（郭・緇 34）（上博四・曹 16）（上博四・曹 48）

將上述「畀」旁與新蔡簡中「兄禱」、「祝禱」中的「兄」旁相比較，可以初步認定二者應當是一個字，所以「兄禱」、「祝禱」當釋作「畀禱」、「禂禱」，我們懷疑這種祭禱方式即楚祭禱簡中較爲常見的「罷禱」。〔註103〕范氏認爲「罷」字從「能」得聲：「能」與「熊」是同族字，「能」的上古韻部一般歸於蒸部，但該文認爲改歸於侵部，更爲恰當〔註104〕。「畀」聲上古韻部屬緝部，「侵」、「緝」二部密近，故「罷」、「禂」二字可以通轉：

> 既然「熊」和「能」在上古音均歸侵部，「罷」又從「能」得聲，所以其上古音亦當屬侵部。「畀」屬於緝部，那麼與「罷」屬於陽入對轉，古音相近，自可相通。新蔡簡甲三 22、59：「罷日癸醜」，其中的「罷」字即文獻中表示第二天的「翌」。「翌」從「立」得聲，「立」古音屬緝部，「罷」又從「能」得聲，可見同樣從「能」得聲的「罷」與同屬緝部的「畀」也可以相通，由此我們認爲新蔡簡中的「畀」或「禂」可以讀作「罷」，這種祭禱方式當即楚祭禱簡中常見的「罷禱」。〔註105〕

（4）沈培的研究

　　沈氏認爲新蔡簡中的「」、「」等字仍然當釋「祝」，他透過一番全面性的字形彙整，證明出這是繼承甲骨文的寫法（後文詳細介紹），並主張△字亦當爲「祝」，其說如下：

> 這種寫法的「祝」字應當看作是從甲骨文中跽跪、覆手形的、變來的。在漢字演變中，早期寫作跽跪形的字形到後來往往都變成了立人形。甲骨文中從示從跽跪形的「祝」字，到了西周中期的《長由盉》（《集成》15.9455）裏已經變成了立人形，變得跟兄弟的「兄」寫法一樣，只是囚爲有「示」旁而能跟「兄」字區別開來。裘錫圭先生也指出，早期「見」和「視」本來有從跽跪形和從立人形的區別，但是後來「見」也往往寫成立人形。正因爲這樣，作立人形的「視」字的表意初文逐漸就從歷史上消失了。新蔡簡這種寫法的「祝」有從示和不從示兩種寫法，即「」和「」並存，這正跟殷

〔註103〕范常喜〈新蔡楚簡「畀禱」即「罷禱」說〉（武漢大學簡帛網，2006 年 10 月 17 日）。
〔註104〕其所據爲麥耘〈「能」字上古音歸侵部補注〉（華中語言網）。＊臺灣地區無法進入此網站。
〔註105〕范常喜〈新蔡楚簡「畀禱」即「罷禱」說〉（武漢大學簡帛網，2006 年 10 月 17 日）。

墟甲骨文中「祝」作「君」和「禝」對應，只不過所从人形已从跽跪形變成了立人形，這是合乎字形演變規律的。另外，這種字形從殷商時代一直到戰國時代都帶有覆手形，反映了這種寫法延續的時間比較久遠。這也不必感到奇怪。曾憲通先生曾指出，直到春秋中期或晚期的《王子午鼎》，其上「考」「孝」「壽」三字仍然是從覆手形的。可以注意的是，此鼎也是楚器。看來，在楚國文字裏，帶覆手形的字存活的時間比較長。〔註106〕

認爲簡文中當讀「篤」：

〈曹沫之陳〉裏的「祝」用的顯然不是「祝告」義。結合語音和古書相關材料，我們認爲〈曹沫之陳〉這三個字都應當讀爲「篤」。「祝」是章母覺部字，「篤」是端母覺部字，二者讀音很近。《論語‧先進》「孔子曰：論篤是與，君子者乎？色莊者乎？」其中的「篤」字，定州竹簡本作「祝」。這是「祝」通「篤」的一個直接證據。〔註107〕

他對郭店「𡥈」、「𢼨」二形，同意郭店原考釋，認爲此二形可以確定從「畐」，但其寫法仍與△字有所差別，故不可釋△爲「畐」。

此外，據沈文，禤健聰也有專文討論此一問題〔註108〕，但目前在臺灣尚無法看到其書，故姑且依照沈文記載，簡單介紹其說。禤文的主要觀點爲如下：

（1）至於〈曹沫之陳〉△字，贊成原考釋，即以△爲畐，簡文中當讀「輯」。

（2）但甲金文的所謂有手掌形，若全部改釋爲「畐」，則無法做出令人滿意的解釋，徐說不可從。

（3）新蔡簡的「𤔍」仍然應釋爲「祝」。

四、綜合討論

茲爲讀者方便再揭【字形表1】於後：

甲 2292 A	林 1.23.8 B	佚 426 C	佚 257 D

〔註106〕沈培〈說古文字裏的「祝」及相關之字〉《中國簡帛學國際論壇2006》（武漢：武漢大學簡帛研究中心，2006年11月），頁44～45。

〔註107〕沈培〈說古文字裏的「祝」及相關之字〉《中國簡帛學國際論壇2006》（武漢：武漢大學簡帛研究中心，2006年11月），頁50～51。

〔註108〕禤健聰〈楚簡文字與《說文》互證舉例〉《許慎文化研究——首屆許慎文化國際研討會論文集》，（中國文藝出版社，2006年2月）。

沈培認爲 A、C 形是「兄」字、B、D 才是「祝」之初文，即無論有沒有手掌形，作立人形者爲「兄」，作跽跪形者則「祝」。此說與以往學界一般所接受的姚孝遂之說主要不同在於對 C 形的認知上：姚說以 B、C、D 形爲「祝」字，但沈說指出 C 形在古文字中從未用作「祝」，其說在銅器銘文中能夠得到印證，下面討論金文中的相關字形：

【字形表 2】

祝	祝	祝	祝
1 西周早·大祝禽鼎	2 西周早·孟鼎	3 西周中·長由盉	4 西周中·申簋

金文「祝」字，除大祝禽鼎字保留原始寫法外，其餘已不再作跽跪形，遂似從兄。獨體象形文增加偏旁之後，象形體往往失去原形，這種現象在古文字形體演變中都很常見。「兄」字則多加「㞢（「往」之初文）」旁而作「䚘」形，「往」字古音在匣紐陽韻，「兄」則曉紐陽韻，二字聲近韻同，「䚘」當係「兄」之注音形聲字，其形如下：

【字形表 3】

兄	兄	兄	兄
1 西周早·史棄兄簋	2 西周早·弔趯父卣	3 西周中·作冊益卣	4 西周中·帥隹鼎

上揭諸形中值得注意的是第 1 形右旁之寫法，其無疑是 C 形，過去姚孝遂認爲「金文則以『ㄅ』爲兄，已混。」〔註109〕現在看來，實不必看成是字形混同，第 1 形所從本來就是「兄」字，沈文認爲這是 A 形與 C 形相同之證〔註110〕，當可從。附帶一提，徐說認爲甲金文中有手掌形亦應釋爲「眉」，若依照其說，除非看成是誤刻，否則無法解釋第 1 形的寫法。

金文「祝」字均加示，已不復出現單體，但形聲結構的「䚘」，並無完全取代其象形初文「兄」，銅器銘文裏二者均見。重要的是，那些不加「㞢」旁的字形中亦可發現不少有手掌形。其在銘文中一般讀作「貺」。《詩・小雅・彤弓》：「中心貺之」毛傳：「貺，賜也。」其字形與銘文爲如下：

〔註109〕于省吾主編、姚孝遂按語《甲骨文字詁林》，（北京：中華書局，1999 年 12 月第 2刷），頁 349。

〔註110〕沈培〈說古文字裏的「祝」及相關之字〉《中國簡帛學國際論壇 2006》（武漢：武漢大學簡帛研究中心，2006 年 11 月），頁 34～35。

（字形）	丙辰，王令邲其○鬵于夆田渴，賓貝五朋，在正月，遘于姚丙，肜日，大乙爽，唯王二祀，既钑于上下帝。 商・钔卣二／二祀钔其卣 05412〔註111〕
（字形）	尹舟作○癸尊彝。 西周早期・壽兄癸卣／尹舟作兄癸卣 05296
（字形）	乙卯，王令保及殷東國五侯，誕○六品，蔑曆于保，賜賓，用作文父癸宗寶尊彝，遘于四方，會王大祀，祓于周，在二月既望。 西周早期・保卣／保卣 05415
（字形）	唯八月初吉，王姜賜旟田三于待劃，師櫨酜（舔）○，用對王休，子子孫其永寶。 西周早期・師獻鼎／旟鼎 02704
（字形）	唯王于伐楚，伯在炎，唯九月既死霸丁丑，作冊矢令尊宜于王姜，姜商（賞）令貝十朋、臣十家、鬲百人，公尹伯丁父○于戍，戍冀，司乞（訖），令敢揚皇王貯，丁公文報，用稽後人享，唯丁公報，令用莽（深）辰（揚）于皇王，令敢辰（揚）皇王貯，用作丁公寶毀，用尊事于皇宗，用饗王逆造，用剜寮人，婦子後人永寶。 西周早期・令簋／作冊矢令毀 04300
（字形）	唯五月，王在序（斥），戊子，令作冊折○聖土于相侯，賜金、賜臣，揚王休，唯王十又九祀，用作父乙尊，其永寶，木羊冊。 西周早期・斤觥／作冊折觥 09303

釋爲「兄」，讀爲「貺」，字形、文義兩方面皆能令人信服。沈培據以認爲卜辭中的 C 形亦當讀爲「貺」：

	壬午，王田於麥麓，獲商戠兕，王錫宰豐，寢小肸○。在五月，惟王六祀彡日。 佚 426

李學勤曾經指出這種寫法的「兄」字應該是表示給予的專用字。〔註112〕沈培亦持有相同意見，進而提出「異體分工」的可能：

〔註111〕先揭《金文編》器名，後則《殷周金文集成》器名及編號。
〔註112〕李學勤〈柞伯簋銘考釋〉《文物》1998 年第 11 期，頁 69。

甲金文中用「兄」表示「兄弟」的「兄」，用「兄」表示「貺」，可以看作是「異體分工」。……再來觀察「兄」的字形，可以推測其覆手形也許是為了突顯將物予人的動作，因為其物可以是多種多樣的（如土地、牛馬臣妾之類），難以表示，因此沒有把「物」畫出來。如果這樣看的話，「兄」就可以看成是為「貺」這個詞而造的本字。〔註113〕

接著看新蔡簡中的相關字形及文例，如下：

字形	文例	出處
兄	〔殘〕君、文伕＝（夫人），○其大牪（牢），百	乙四：128
兄	〔殘〕一鹿，北方○禱乘良馬、珈〔璧〕〔殘〕	乙四：139
兄	〔殘〕靈君子○其戠牛之禱。奠（鄭）憲占之：沘□〔殘〕	乙四：145
兄	〔殘〕□綮○〔殘〕	零：127
祝	〔殘〕○禱於	零：243
祝	〔殘〕之，○禱於〔殘〕	零：533
祝	〔殘〕〔老〕童、○融、穴熊芳屯一〔殘〕	甲三：35
祝	〔殘〕以其古（故）敓（說）之。舉禱楚先：老童、○融	甲三：188
祝	〔殘〕不瘛（懌），疠（病）之古（故），○丁〔殘〕	零：209
祝	〔殘〕虜（虢）命○〔殘〕	零：249

〔註113〕沈培〈說古文字裏的「祝」及相關之字〉《中國簡帛學國際論壇2006》（武漢：武漢大學簡帛研究中心，2006年11月），頁37。

「祝禱」、「祝融」等詞以往古文字材料中都已出現過，新蔡簡原考釋〔註 114〕中將上列諸形皆釋爲「祝」，當可從。目前所見西周金文「祝」字已皆從示旁，但楚簡文字中再度出現單體的祝字，並且或加手掌形或則不加，這些特徵皆與甲骨文一致。照此，我們應當可以認爲新蔡簡「祝」字的這些寫法是從甲骨文以來一直延續下來的。

五、字形比較

根據上論，我們似可確定以下兩點：

（1）依照文例，郭店簡「　」、「　」二形從「昌」無疑。《說文・口部》：「昌，讘語也。從口、從耳。」「昌」字甲金文未見，其字形來源，尙未確知，向來論者亦甚少。郭店簡二形爲目前所見最早的「昌」旁，其下從近似「耳」，然字形並非完全脗合。

（2）新蔡簡的「　」、「　」等字形當釋「祝」，這是從甲骨文以來一直延續下來的古老寫法。

徐在國認爲甲金文裡的所謂有手掌形都要改釋爲「昌」。單憑形體來看，似有脈絡關係，然而就實際甲金文文例而言，其說遠不如舊說。范常喜認爲新蔡簡「　」、「　」等字都要改釋爲「昌」，進而主張當讀「罷」。但根據甲金文相關字形及新蔡簡文例，其當讀「祝」，實不必改釋，並且「昌」、「罷」的通轉關係也似乎頗爲曲折。

現在我們要討論的是，〈曹沬之陳〉的△字究竟該釋爲「昌」還是「祝」？爲方便比較，下面再羅列各材料中的相關字形：

【字形表 4】

郭　店	 魯穆公問子思 2	 緇衣 34		
新　蔡	 乙四：128	 乙四：139	 零：243	 甲三：35
上博四	 曹沬之陳 16	 曹沬之陳 33	 曹沬之陳 48	

〔註 114〕河南省文物考古研究所《新蔡葛陵楚墓》（鄭州：大象出版社，2003 年 10 月初版）。

實際上，上揭諸形的寫法基本上都非常相近，若硬要區分的話，差別僅在於末筆的筆法上，具體來說，郭店字作一撇，其餘則大多作鉤筆。假設說此一鉤筆具有區別意義，應有兩種可能：其一、甲骨文「祝」字本作跽跪形，楚文字的這種鉤筆也許是其遺蹟。其二、由於楚文字裡「昌」、「祝（右所从）」幾乎是同形，因之有些書手爲了加以區別，有意地把祝字的末筆鉤起來。〔註115〕新蔡簡中从示的祝字，一般不鉤末筆，這應該是因爲已經加了示旁，故不需再作區別。總言之，根據目前所能掌握的資料，〈曹沫之陳〉△字釋作「祝」的可能性似乎比較高一點。如同沈說，〈曹沫之陳〉裡△字應非用作本字，簡文中讀作「篤」，確實能夠講得通，並符合古書記載，因而本文姑且接受其讀法。

六、小　結

「祝」字，甲骨文字中單體與加示形並存，所見金文字形全作加示形，然而戰國楚文字中再出現單體的祝字。其形體與「昌」旁頗爲近似，兩者之間差別僅在於末筆的鉤筆與否。這一差別是否具有區別意義，目前相關字形並非充足，還不能是定論，仍需待更多新材料的發現與研究。

在本篇的寫作過程中，承同門高佑仁兄惠供資料（新蔡葛陵楚簡），特此致謝。

附　論

一、柞伯簋的「祝」字

沈培認爲甲骨文裡「兄」與「祝」二字的區別在於站立與否，而不在於手掌形的有無。我們贊成其說，並要補充討論西周銅器柞伯簋中的「祝」（下文以△代之）字。此器在簋內底鑄有銘文，共七十四字，如下：

〔註115〕此一可能聞於季師。

唯八月辰在庚申，王大射在周。王命南宮率王多士，師𩱀〔註 116〕（魯）父率小臣。王遅（陳〔註 117〕）赤金十鈑，王曰：「小子、小臣，敬有叉（賢〔註 118〕）獲則取。」柞（胙〔註 119〕）伯十稱弓無廢矢。王則畀胙伯赤金十鈑，徣〔註 120〕賜△見〔註 121〕。胙伯用作周公寶尊彝。

該銘文記載著西周康王時期所舉行的大射禮的過程。〔註 122〕依其內容，這天在射禮中胙伯總共射了十次箭，而沒有一隻脫靶，於是王獎給他赤金十鈑，又賞賜「△見」。可見「△見」應是當天的賞賜品。最初釋文將之隸作「柷見」，讀「柷𣗥」，云：

「柷」即柷，柷亦作椌，爲樂器。「見」《集韻》云：「見，音𣘻」而間又與柬、官等字相通，可見亦可釋爲管或𣗥（訓小鼓），均爲樂器。〔註 123〕

李學勤同樣認爲是樂器，但釋作「柷虎」，讀「柷敔」，云：

〔註 116〕李學勤指出此爲《說文》「𩱀」字。《說文・㲋部》：「獸也。从㲋、吾聲。讀若寫。」李學勤〈柞伯簋銘考釋〉《文物》1998 年第 11 期，頁 68。

〔註 117〕陳劍說：「『遅』似當讀爲『尸』或『矢』。尸、矢同紐同韻，典籍中都常訓爲『陳也』。……其實，遅、陳定紐雙聲、韻部有嚴格的陰陽對轉關係，把遅直接讀爲『陳』也未嘗不可。不管認爲遅具體和哪個字相通，『王遅赤金十鈑』都可以理解爲『王陳列赤金十鈑』。」陳劍〈柞伯簋銘補釋〉《傳統文化與現代化》1999 年第 1 期，頁 53。

〔註 118〕此爲陳劍釋，他受到《郭店・唐虞之道》「叉」字的啓發，解出柞伯簋的該字。詳見陳劍〈柞伯簋銘補釋〉《傳統文化與現代化》1999 年第 1 期，頁 50～53。

〔註 119〕即《左傳》所見之「胙國」，爲周公某一庶子的封地。

〔註 120〕楊樹達釋作「𢓊」，讀「遂」（出、彖古音相近）。依其釋，文意非常順通，故以往論者多信從其說，然其右旁的形體與「出」字有一定距離（參第四版《金文編》116 頁），能否釋作「𢓊」，值得商榷。楊樹達〈𦎫白𠤳㲃再跋〉《積微居金文說（增訂本）》（北京：中華書局，2004 年 1 月第 2 刷），頁 94。／陳劍認爲西周金文中所見這類字形皆實爲「造」字，云：「從字形看這些字都可以釋爲『造』字異體，這一點現在我感到問題不大。但它所表示的究竟是語言中的哪個詞，卻還很難有令人完全滿意的答案。」此說形體上優於舊說，陳文中並提出兩種可能的讀法，即「肇」或「攸」（二字古音皆與「造」相近），然陳氏本人仍認爲其所表示的詞尚待進一步研究。陳劍〈釋造〉《出土文獻與古文字研究》第 1 輯（上海：復旦大學出版社，2006 年 12 月初版），頁 97～99。

〔註 121〕其原字形與金文常見「見」的形體稍有不同（參後面的摹本），李學勤釋「虎」，但字形相差更遠，實不可從。本文暫且釋作「見」。

〔註 122〕詳見廖佳行、袁俊杰、王龍正〈柞伯簋與大射禮及西周教育制度〉《文物》1998 年第 9 期，頁 59～61。

〔註 123〕袁俊杰、姜濤、王龍正〈新發現的柞伯簋及其銘文考釋〉《文物》1998 年第 9 期，頁 57。

「遂〔註124〕錫柷虎」。《呂氏春秋·仲夏紀》：「飭鐘磬柷敔」，高誘注：「柷如漆桶，中有木椎，左右擊以節樂；敔，木虎，脊上有鉏鋙，以杖櫟之以止樂。」「柷虎」就是「柷敔」。大射必奏樂，如《周禮·大司樂》說：「大射，王出入，令奏〈王夏〉；及射，令奏〈騶虞〉。」〔註125〕

陳劍釋作「柷見」，至於「柷」字的右旁，則云：「此字右半所從也與兄弟的『兄』不同。」〔註126〕

　　△字一般釋作「柷」，讀「柷」，可見諸家認爲其右旁是「祝」之初文，但實際上其寫法並非完全符合金文「祝」字所從（參【字形表 2】）。胳膊上所附著的手掌形，可視爲甲骨文的遺跡，但身體上也加兩短橫，此爲古文字初見。如果它眞的是「祝」字所從的話，該怎麼解釋這樣的形體？竊以爲這很可能是過渡期寫法。金文中「祝」字，除了西周早期大祝禽鼎之外，其餘已不作跽跪形，遂與「兄」混而無別。柞伯簋是康王時期鑄造的，銘文字體也屬於西周早期習見的「波磔體」。〔註127〕「祝」之右旁確實已不作跽跪形，但西周早期有些書手仍要與「兄」字加以區分，因之身體上也加了兩短橫，換言之，這也許是爲了別於「兄」字而有意增筆的形體，而這種寫法並沒有得到繼承，後世文字裡「祝」字所從與「兄」字完全變成同形了。當然目前這只是一種推測，我們仍不能排除它是前所未見的新字的可能。

〔註124〕即從楊樹達說。
〔註125〕李學勤〈柞伯簋銘考釋〉《文物》1998 年第 11 期，頁 67。
〔註126〕陳劍〈柞伯簋銘補釋〉《傳統文化與現代化》1999 年第 1 期，頁 53。
〔註127〕袁俊杰、姜濤、王龍正〈新發現的柞伯簋及其銘文考釋〉《文物》1998 年第 9 期，頁 53。

附錄、柞伯簋銘文（筆者摹寫）

8 7 6 5 4 3 2 1

1
佳唯
八
月
辰才在
庚申
，
王
大
射

2
才在
周
。
王
令命
南
宮
衒率
王
多

3
士
，
師
魯魯
父甫
衒率
小
臣
。
王
得陳

4
赤
金
十
反鈑
，
王
曰
：小
子、
小
臣

5
牧敬
又有
又賢
，
隻獲
剔則
取
。
柞胙
白伯
十

6
冓稱
弓
無
澷廢
矢
。
王
剔則
昇
柞胙

7
白伯
赤
金
十
反鈑
，
徝易賜
稅枆
見
，

8
作胙
白伯
用
乍作
周
公
寶
畢尊
彝
。

二、「咠」的來源

《說文・口部》:「咠，聶語也。从口、从耳。」其未見於甲金文，目前所見古文字材料中，郭店簡「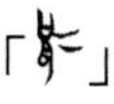」、「」二形應爲時代最早的「咠」旁，陳斯鵬說:「楚簡『耳』或作（郭店〈唐虞之道〉26）、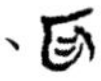（〈語叢四〉2），『咠』下所从與之幾無別，不過借用『口』形底橫而已。」〔註128〕但實際觀察楚簡中所見單體的「耳」及作偏旁時的寫法，仍覺得字形上有著一定距離，參看下面字形表:

【字形表5】

 1 包2.34	 2 包2.265	 3 郭・唐26	 4 郭・性	 5 上二・民6
 6 包 2.80 （耴）	 7 曾143 （耴）	 8 望2策 （聑／聯）	 9 包2.265 （聑／聯）	 10 包 2.130 反 （䎽／聞）
 11 郭・語四24 （䎽／聞）	 12 郭・成1 （䎽／聞）	 13 包2.94 （聖）	 14 郭・語一94 （聖）	 15 上四・曹10 （聖）

鄙見認爲「咠」也許是截取「猒」的左旁而造出來的字。劉釗曾經將這種造字法稱爲「簡省分化」:

> 簡省分化，是指一個文字形體借用另一個文字形體的一部份，同時接受「母字」的讀音作爲記錄語言的符號，或者說是一個文字形體截取下來部份構形因素來充當另一個文字形體的一種文字分化現象。
>
> 在古文字形體中，有一些字是沒有獨立的源的，它只是借用了另外的一個文字形體的一部份。這種文字分化現象是「六書」不能包括的，也應該看成是一種造字手段。
>
> 簡省分化是文字表音化傾向趨於強烈的表現。分化之新字無所謂「本形本義」，其形體只是「母字」的一部份，其讀音則來自「母字」。〔註129〕

〔註128〕陳斯鵬《戰國簡帛文學文獻考論》（廣州：中山大學博士論文，2005年）。由於筆者所看到的是電子檔，故不明頁碼。此說見於其論文之第四節〈戰國簡帛散文文本校理舉例之二——〈曹蔑之陣〉校理〉。

〔註129〕劉釗《古文字構形研究》（長春：吉林大學博士論文，1991年），頁207。此一論文

先談「昌」、「猒」的聲韻關係：從「昌（清／緝）」得聲之「揖（影／緝）」字，古書裡多與「猒（影／談）」字相通，如：《儀禮・鄉飲酒禮》：「賓猒介入門左，介猒眾賓入。」鄭注：「猒，今文皆作揖。」／《儀禮・鄉射禮》：「賓猒眾賓。」鄭注：「今文皆曰：『揖眾賓。』」／《禮記・玉藻》：「進而揖之。」《大戴禮記・保傳》揖作猒。根據古書通假，可知「揖」、「猒」二字的聲韻關係相當密切。另外，需要補充說明的是，有關聲紐方面的問題，《說文》裡從「昌」得聲之諸字中，除「揖」字外，其他字的聲紐大多在齒音或舌音：

		揖	檝	緝	輯	聱
聲	紐	影	精	清	從	透
韻	部	緝	緝	緝	緝	緝

或者會質疑「揖」字上古聲母歸於影紐是否可信，然本文認為「揖」字屬影紐確切無疑，其理由為如下：

一、古書裡「揖」字有與「抑」或「挹」通假之例，如：《韓詩外傳》：「持滿之道抑而損。」《淮南子・道應》抑作揖。《荀子・議兵》：「拱挹指麾。」《富國》：「拱揖指揮。」《荀子・宥坐》：「此所謂挹而損之之道也。」《淮南子・道應》挹作揖。「抑（影／眞）」，「挹（影／緝）」，二字皆為影紐字。

二、《汗簡》、《古文四聲韻》「揖」字條下收錄如下字形：

【字形表 6】

《汗簡・卷五・手部》出孫強集字	《古文四聲韻・緝韻》孫彊集

黃錫全認為此當為「搧」字。〔註130〕「翁」上古音隸於影紐東韻。然從形體和聲韻兩方面推敲，這個字也有可能是「擒」字，「翕」上古音在曉紐緝韻。「揖」、「擒」二字同屬緝韻，曉、影為鄰紐。無論解為「搧」或「擒」，它之所以誤入「揖」字條之下，是因為它與「揖」字聲韻密近。「搧」、「擒」二字聲紐各屬影、曉，這也能證明「揖」字古聲母確屬影紐。

當然，「揖」與其他諧聲字的通轉，亦不乏其例，如：《尚書・舜典》：「輯五瑞。」

去年正式出版。劉釗《古文字構形學》（福州：福建人民出版社，2006 年 1 月初版），頁 118。

〔註130〕黃錫全《汗簡注釋》（武漢：武漢大學出版社，1990 年 8 月初版），頁 417。

《史記‧五帝本紀》：「揖五瑞。」《國語‧晉語三》：「君揖大夫就車。」《舊音》揖作輯，云：「或作揖。」宋庠本作輯。／《漢書‧郊祀志上》：「揖卒瑞。」顏注：「揖與輯同。」／《漢書‧百官公卿表》：「屬官有上林、均輸、御羞、禁圃、輯濯、鐘官。」顏注：「輯讀與揖同。」／《莊子‧大宗師》：「不以心捐道。」《釋文》：「揖，郭作揖，崔云或作楫。」

接下來，談形體。猒字初見於金文：

【字形表7】

 1 西周早期‧沈子它簋〔註131〕	 2 西周晚期‧毛公鼎〔註132〕	 3 西周晚期‧商戲簋〔註133〕

《說文‧甘部》：「猒，飽也。从甘、从肰。」從金文字形來看，《說文》的釋形顯然不確。「甘」上古音在見紐談韻，與「猒」聲近韻同，小篆从甘而作「猒」形，只是後世的聲化而已。金文字形確爲从口从肉从犬，高鴻縉云：「字意爲飽足。从犬口含肉會意。……秦漢改作饜。」〔註134〕楚簡中的寫法爲如下：

【字形表8】

 1 包山 2.219（猒）〔註135〕	 2 包山 2.259（繜）〔註136〕	 3 郭店‧緇衣46（猒）〔註137〕

〔註131〕沈子它簋作：「乃沈子妹克蔑見猒于公。」文獻作「厭」，《國語‧周語下》：「克厭帝心。」韋昭注：「厭，合也。」《說文‧厂部》：「厭，笮也。从厂、猒聲。一曰：合也。」

〔註132〕毛公鼎作：「皇天引猒厥德。」類似的句子見於《尚書‧洛誥》：「萬年猒于乃德。」

〔註133〕商戲簋作：「魯士商戲虢肇作朕皇考叔猒父尊簋」則用爲人名。

〔註134〕高鴻縉《中國字例》（臺北：三民書局，1992年9月），頁493。

〔註135〕包山簡 2.219 作：「厭一豬地主，賽禱行一白犬，歸冠帶於二天子。」用作祭名。《禮記‧曾子問》：「攝主不厭祭」。鄭玄注：「厭，厭飫神也。厭有陰有陽，迎尸之前，祝酌奠，奠之且饗，是陰厭也；尸謖之后，徹薦，俎敦設於西北隅，是陽厭也。」

〔註136〕包山 2.259 有「繜」字，从糸、猒聲，即文獻中「厭冠」之專用字。《禮記‧曲禮下》：「苴屨、扱衽，厭冠，不入公門。」鄭玄注：「此皆凶服也。……厭，猶伏也，喪冠厭伏。」孔穎達疏：「厭冠者，喪冠也。」《儀禮‧既夕禮》：「冠六升，外繹，纓條屬厭。」鄭玄注：「繹謂縫著於武也，外之者，外其餘也。纓條屬者，通屈一條繩爲武，垂下爲纓，屬之冠。厭，伏也。」

〔註137〕《郭店‧緇衣》、《上博（一）‧緇衣》皆作：「我龜既猒，不我告猒。」可與今本《詩‧小雅‧小旻》：「我龜既厭，不我告猶。」對照。

4 上一・孔子 23（猒）〔註138〕	5 上一・緇衣 24（猒）	6 上三・恆先 1（猒）〔註139〕

此外，《汗簡》、《古文四聲韻》厭、猒字條下收錄如下字形：

【字形表 9】

《汗簡・卷二・甘部》 王存乂切韻（厭）	《古文四聲韻・王琰韻》 王存乂切韻（厭）	《古文四聲韻・琰韻》 竝籀韻（厭）	《古文四聲韻・琰韻》 竝籀韻（厭）
《古文四聲韻・琰韻》 竝籀韻（厭）	《古文四聲韻・琰韻》 竝籀韻（厭）	《古文四聲韻・鹽韻》 古老子（猒）	

值得注意的是，傳抄古文字資料裡「厭」字條下所收字形中有省犬之形。竊以為這就是後世一般用作聲旁的「昌」字。《郭店・魯穆公問子思》「揖」字作「🔸」形，如同前述，「厭」、「揖」古音互通，楚人為寫「拱揖」之義，截取同音的「猒」字的左半來記錄它，然後將肉旁的首筆往裡面收捲，以區別於「母字」。

總言之，「昌」應為從「猒」分出來的字，讀音亦承襲母字。然目前字形上的證據並非充分，期待將來有新材料的發現，能夠為「昌」字的來源得出一個合理的解釋。

餘　論

劉釗《古文字構形研究》一書中針對「簡省分化」作了精闢的論述（參上列引文），並列舉若干相關字例。然而其中有一個例子，似可討論，下面則提出一些不成熟的意見，僅供參考。

關於「昌」的來源，劉文認為其當為「猒」之簡省分化字。《說文・肉部》：「昌，小蟲也。从肉、口聲。一曰：空也。」許說確為令人難以信服，但過去學者對此字的解說大多仍以《說文》為基礎的。劉說可謂頗有突破性，如下：

〔註138〕《上博（一）・孔子詩論》作：「〈鹿鳴〉以樂始而會，以道交，見善而傚，終乎不猒人。」

〔註139〕《上博（三）・恆先》作：「自猒不自忍」。

其實冐字也是一個省形分化字，其來源的母字就是猒字。……猒字從冐從犬，分析其構形有兩種可能：一種可能是冐字本即猒字初文，象口啖肉形，故字有飽義。一種可能是冐與犬組合成會意字，會犬以口啖肉形，但犬與冐字筆劃不連，似乎是一個不好解釋的現象。如果是第二種可能，那麼冐字就應該是從猒字截取部分構形分化出的一個字。字音仍沿猒字讀音，但有些變化，古音猒在影紐談部，冐在見紐元部，但從冐得聲的娟就在影紐，聲爲喉牙通轉，韻皆爲陽聲。〔註140〕

從形體而言，該說完全可能。但就音理來講，值得商榷。在此一問題上，關鍵在於元、談二部能否通轉，但目前古音學家一般都不認爲此二部能夠通轉，陸志韋云：「《詩經》實在沒有-m 叶-n 的例子。更可注意的，查徧先秦韻文，-m 絕對不叶-n。」〔註141〕實際上就陽聲韻之間的旁轉而言，除了同類收音的通轉之外，-n 僅通-ŋ，-m 亦僅通-ŋ（陸文認爲這是因爲-n、-m 可變爲-ŋ 之故），但並無-n 通-m 之例。「元」、「談」二部亦不例外，具體來說，與「元」部能夠旁轉的陽聲韻爲「眞」、「諄」、「耕」、「陽」四部，其中「眞」、「諄」同樣收 n 尾音，「耕」、「陽」則收 ŋ尾音；與「談」部能夠旁轉的陽聲韻爲「侵」、「添」、「陽」、「東」四部，其中「侵」、「添」同樣收 m 尾音，「陽」、「東」則收 ŋ 尾音。〔註142〕就算古音學家不贊同元、談通轉，但如果「冐」聲系字與「猒」聲系字之間有通假的例子，劉說很可能能夠成立，但其例亦未見，故本文對該說持保留態度。

第五節　說「灷」

一、引　言

　　〈曹沫之陳〉篇中有個字作從四人形，凡二見。其形古文字初見，就字形分析言，目前較爲可信的說法有二：第一、據古文《尚書》「虞」作｜灷，推論其音應與「虞」字相同或相近，故可假爲「御」或「武」；第二、《汗簡》、《古文四聲韻》裡有一些原本從「翟」得聲之字改從「袞（褌之初文）」聲，其中《汗簡》「燿」字所从之「袞」即譌作四人形，據以認爲「灷」形乃「袞」之譌，其音應與「翟」字

〔註140〕劉釗《古文字構形研究》（長春：吉林大學博士論文，1991 年），頁 210～211。劉釗《古文字構形學》（福州：福建人民出版社，2006 年 1 月初版），頁 119～120。

〔註141〕陸志韋《古音說略》（臺北：臺灣學生書局，1979 年 9 月再版），頁 209。

〔註142〕詳見陳師新雄《古音研究》（臺北：五南圖書，2000 年 11 月第 2 刷），頁 467～473。

相同或相近，故可假爲「耀」或「擢」。這兩種說法各有所據，出現更多相關材料之前，姑且二說並存。

二、〈曹沫之陳〉之「灥」字

	曹沫曰：三軍出，君自率，【22】必約邦之貴人及邦之奇士，△卒使兵，毋復〔殘〕【29】 〈曹沫之陳〉簡 22＋29〔註 143〕
	且臣聞之：卒有長、三軍有帥、邦有君，此三者所以戰。是故長【28】民者毋攝爵，毋△軍，毋避罪，用都教於邦【37 上】於民【49】 〈曹沫之陳〉簡 28＋37 上＋49〔註 144〕

原考釋者李零將△字讀作「御」，簡 29 按語云：「第一字（按：指第 29 簡字）又見於下第四十一簡（按：應爲筆誤，當係第 37 簡），正始石經（《左傳・隱公元年》正義引）、《汗簡》第二十六頁背、《古文四聲韻》卷一第二十四頁正並以爲古文『虞』字。這裡疑讀爲『御卒使兵』。」〔註 145〕第 37 簡按語云：「疑讀『御軍』。《六韜・龍韜・立將》：『臣聞國不可以從外治，軍不可以從中御。』自古兵家最忌中御之患，疑簡文所述即此意。」〔註 146〕如其所指《汗簡》、《古文四聲韻》「虞」字條之下收錄如下字形：

【字形表 1】

灥	灥	灥
1《汗簡・卷二・入部》 尙書（虞）	2《古文四聲韻・虞韻》 古尙書（虞）	3《古文四聲韻・虞韻》 古尙書（虞）

黃錫全云：「《左氏隱元年傳疏》：『石經古文虞作灥』。古寫本《尙書》虞多作灥。」〔註 147〕「虞」、「灥」字形相去甚大，形體上似乎看不到任何關連性，「灥」之所以

〔註 143〕編連及斷句姑從白於藍〈上博簡〈曹沫之陳〉釋文新編〉（簡帛研究網，2005 年 4 月 10 日）。

〔註 144〕編連及斷句姑從白於藍〈上博簡〈曹沫之陳〉釋文新編〉（簡帛研究網，2005 年 4 月 10 日）。

〔註 145〕馬承源主編《上海博物館藏戰國楚竹書（四）》（上海：上海古籍出版社，2004 年 12 月初版），頁 262。

〔註 146〕馬承源主編《上海博物館藏戰國楚竹書（四）》（上海：上海古籍出版社，2004 年 12 月初版），頁 267。

〔註 147〕黃錫全《汗簡注釋》（武漢：武漢大學出版社，1990 年），頁 211。

收於「虞」字條下，應該是因爲兩者聲韻關係密切。

林素清云：

《郭店簡‧緇衣》簡 39、40

〈君連（陳）〉員（云）：「出内（入）自尔（爾）帀（師）于（虞），庶言同。」

《上博簡‧緇衣》簡 20

〈君連（陳）〉員（云）：「出内自尔帀雩，庶言同。」

《禮記‧緇衣》

〈君陳〉曰：「出入自爾師虞，庶言同。」

僞古文《尚書‧君陳》

〈君陳〉曰：「出入自爾師虞，庶言同則繹。」

……簡文「帀于」、「帀雩」，《禮記》和僞古文《尚書》作「師虞」，帀爲師字古文，金文等古文字材料常見，是戰國楚系古文，内野本作「師攽」，書古文訓本作「𥝊攽」，師作𥝊與《魏三體石經》古文近（僖公二十八年），「攽」字疑「旅」字古文之形訛。于、雩、虞、魯、旅，音近可通假。〔註148〕

由這些異文看，「攽」與「虞」等字的聲韻關係似無疑義，林文進而認爲「攽」即「旅」之《說文》古文「𣎴」〔註149〕之形訛。季師亦從之，師曰：

林說可從。《說文解字》以「𣎴」爲「旅」之古文，段注云：「石經古文『虞』作『攽』，魯作『𣎴』。」《禮記》鄭注：「師、庶皆衆也。虞，度也。」古本《尚書》「師攽」之「攽」即「旅（來紐魚部）」，應讀「慮（來紐魚部）」。《郭店》本之「于（匣紐魚部）」、《上博》本之「雩（匣紐魚部）」、今本之「虞（疑紐魚部）」、古本《尚書》之「魯（來紐魚部）」，聲近韻同（「盧」屬來紐，而從「虍」聲，可證）。諸字均應讀爲「慮」，「慮」與《禮記》鄭注「度也」同義。〔註150〕

總言之，原考釋中根據其與「虞」字的聲韻關係，讀作「御」，確有一定根據的。（「虞」、「御」上古音同屬疑紐魚部。）

〔註148〕林素清〈利用出土戰國楚竹書資料檢討《尚書》異文及相關問題〉《龍宇純先生七秩晉五壽慶論文集》（臺北：臺灣學生書局，2002 年 11 月），頁 95。

〔註149〕《說文‧㫃部》：「旅，軍之五百人爲旅。从㫃、从从。从，俱也。𣎴，古文旅。古文以爲魯衞之魯。」

〔註150〕季師旭昇主編《上海博物館藏戰國楚竹書（一）讀本》（臺北：萬卷樓圖書股份有限公司，2004 年 7 月第二刷），頁 137。

— 167 —

三、學者討論

陳劍重編釋文中遵從原考釋而讀作「御」，但簡 29、37 兩處均加問號〔註 151〕，表示懷疑。注 34 云：「所謂「御」字的釋讀尚不能肯定。」〔註 152〕

陳斯鵬釋作「從」，但對字形無作詳解。〔註 153〕

蘇建洲認爲簡 29 字也許可以讀作「武」，其釋讀亦基於將「㐺」視爲「旅」之譌的看法，然他對這樣的字形解釋似乎有所保留，云：

> 「虞」作「㐺」在其他異文亦見的到，如《尚書・西伯戡黎》「不虞天性」，「不虞」敦煌本作「弗㐺」。又如僞古文《尚書・君陳》的「師虞」，内野本作「師㐺」。簡文「△1（按：簡 29 字）」、「△2（按：簡 37 字）」作四「人」形，但是傳鈔古文「虞」作「㐺」，所從偏旁似乎不是「人」形，如《汗簡》就歸在「入」部之下。……「虞」寫作「㐺」有點無法想像，恐怕是通假字。段玉裁在《說文》「旅」字古文「」下說：「《左傳》仲子生而有文在其手，曰爲魯夫人。《正義》曰：隸書起於秦末。手文必非隸書。石經古文虞作㐺，魯作炏，手文容或似之。」季師旭昇、林素清先生均認爲「㐺」字疑「旅」字古文之形譌。而「旅」字下正從二「人」之形。如此說可信，則「㐺」的確本從「人」形，而可與本簡「△1」、「△2」相對應。換言之，「△1」、「△2」或許是「旅」字。簡 29「邦之奇士△1卒」中，「△1 卒」應該是個詞組，李零先生讀作「御卒」。「旅」（來魚）；「御」（疑魚）聲音關係如同「旅」與「虞」（疑魚）。雖然文獻中似乎未見「御卒」一詞，但是我們懷疑這或許是互文的用法，因爲文獻上有「御士」、「奇兵」的說法。前者如《左傳・僖公二十四年》：「以狄師攻王，王御士將禦之。」後者如《尉繚子・制談》：「奇兵捐將而走」，而「兵」、「卒」義近，說成「奇卒」意思相去不遠。筆者另一考慮是將「△1」讀作「武」（明魚），與「旅」（來魚）在聲音上是複聲母、疊韻。「武卒」，見於《荀子・議兵》：「故齊之技擊，不可以遇魏氏之武卒；魏氏之武卒，不可以遇秦之銳士。」《漢書・卷二十三・刑法志》：「齊愍以技擊強，魏惠以武卒奮，秦昭以銳士勝。」漢陳琳〈檄吳將校部曲文〉：「都城屠於句踐，武卒

〔註 151〕陳劍〈上博竹書〈曹沫之陳〉新編釋文（稿）〉（簡帛研究網，2005 年 2 月 12 日），簡 29、37 釋文。

〔註 152〕陳劍〈上博竹書〈曹沫之陳〉新編釋文（稿）〉（簡帛研究網，2005 年 2 月 12 日），注 34。

〔註 153〕陳斯鵬〈上海博物館藏楚簡〈曹沫之陣〉釋文校理稿〉（孔子 2000 網，2005 年 2 月 20 日）。

散於黃池。」至於簡 37 上「毋△2 軍」，「△2」是動詞，李零先生讀作「御」似乎可從。

要說明的是以上的推論都是建立在將「△1」、「△2」釋爲「旅」字的基礎上。不可諱言，這樣的字型與一般所見的「旅」有段距離，是否眞是「旅」字，還有待將來的材料來論斷。〔註154〕

何有祖認爲此字與「旅」字無關，故不能讀「御」，並提出一個新的看法，則認爲當讀「耀」，云：

> 正如蘇建洲先生所說，■與一般所見的「旅」有段距離，筆者亦認爲■不當隸作「旅」。

> 《汗簡》第五十五頁背引《李商隱集字》「耀」字作■，從「火」，從■（正與簡文■同）。可知■，是「耀」的聲符。■當可讀爲「耀」。

> 「耀」有炫耀展示之意。《國語・楚語下》「子西使人召王孫勝」章：「耀之以大利」，韋昭註：「耀，示也。」37 號簡「耀軍」，與「耀武」、「耀兵」同意，均爲動詞詞組。「耀軍」指展示軍實。《左傳》哀公二十三年：「且齊人取我英丘，君命瑤，非敢耀武也，治英丘也。」《後漢紀・孝靈皇帝紀》：「因偶修攻具耀兵於西南。」《太平御覽・兵部・營壘》引梁書曰：「王僧辯、陳霸先之破侯景也，耀軍于張公洲。」

> 「耀」又有「光耀」之意。《廣韻・笑韻》：「耀，光耀」。41 號簡（按：應爲筆誤，當係第 29 號簡）「耀卒」與「耀兵」同意。《後漢紀・孝靈皇帝紀》：「十月甲子，上觀耀兵於平樂」。「耀卒」、「耀兵」與「奇士」正可互文。……「毋耀軍，毋辟罪，用都教於邦」指不要炫耀軍實，不要避罪，應該用美德教化來治理國家。《國語・周語》「穆王將征犬戎」章：「先王耀德不觀兵。」〔註155〕

邴尙白認爲簡 29 字讀「擢」，簡 37 字則從何說，讀「耀」：

> 《龍龕手鑑》：「燚，古文，音盜。」「燊，同。」二字亦以「炊」爲聲符，讀爲「盜」。「炊」爲何字雖不能確定，但其音應與「盜」（宵部定母）、「耀」（宵部餘母）相近。簡文此字應讀作「擢」，訓爲選拔。古書中有「選卒」，如：銀雀山漢簡《孫臏兵法・八陳》：「敵弱以亂，先以選卒以乘之」（簡一零二），《戰國策・齊策一》：「其良士選卒亦殫」，《呂氏春秋・愛類》：「王也者，非必堅甲利兵選卒練士也」，《淮南子・兵略》：「乘之以選卒」、「越

〔註154〕蘇建洲《〈上博（四）・曹沫之陳〉三則補議》（簡帛研究網，2005 年 3 月 10 日）。
〔註155〕何有祖〈上博楚竹書（四）箚記〉（簡帛研究網，2005 年 4 月 15 日）。

王選卒三千人」，《管子・七法》則說「器成卒選」。

……至於簡三十七的「毋炏軍」則可從何說讀爲「毋耀軍」，指不要炫耀
軍力。〔註156〕

四、字形分析

上列諸說大抵可分爲三：

（1）讀作「御」或「武」（李零、蘇建洲）

此說主要依據爲古尙書「虞」作「厸」，據此異文，可知「厸」之讀音應與「虞」
相同或相近。該類釋讀基於這聲韻關係而推論出來的。至於「厸」的字形原由，或
認爲「旅」之譌。（林素清說）

（2）釋作「從」（陳斯鵬）

雖然在陳文中對字形無說，但其釋應出於形譌之考量。「從」字楚文字一般從二
人、從辵（或從止）而作「厽（天.卜）」、「㢟（包2.91）」、「𠈌（包2.138反）」等
形。這些形體究竟有沒有可能譌爲從四人之形，則有待進一步研究。

（3）讀作「耀」或「擢」（何有祖、邴尚白）

【字形表2】

1	2	3
《汗簡・卷六・無歸部》 無註出處（翟）	《古文四聲韻・陌韻》 義雲章（翟）	《汗簡・卷一・走部》 無註出處（趯）
4	5	6
《古文四聲韻・笑韻》 王庶子碑（曜）	《汗簡・火部》 李尙隱集字（燿）	《古文四聲韻・笑韻》 李商隱字略（燿）

何有祖讀作「耀」，其所據爲《汗簡》所收的「燿」字（5形），其右半確從四
人。「燿」何以從四人？黃錫全的看法爲如下：

夏韻笑韻錄此文（按：5形）作「燿（按：6形）」是，此寫脫一畫。侯馬
盟書狄作「厸」，三體石經《僖公》古文作「厸」，古鉩鄧作「𩁺」（類編
439），前日部錄曜字作「曜（按：4形）」，此「𤈦」形類同。「厸」本𥝪字

<hr />

〔註156〕邴尚白〈上博楚竹書〈曹沫之陳〉注釋〉《中國文學研究》第21期（臺北：國立臺
灣大學中國文學研究所，2005年12月），頁20～21。

初文，因音近假爲狄或翟，參見走部趨（按：3 形）。燿即爥俗字。〔註157〕
其說甚是。第 5 形右邊所从當爲「衺」之謬，「衺」，从爪、从衣，會以手脫衣之
意，即「褪」之初文。〔註158〕「褪」上古音在心紐錫部，與「狄（定／錫）」、「翟
（定／藥）」聲韻相近，故可互作。在如此的聲韻條件之下，原本从「翟」得聲之
字當可改从「衺」聲，《汗簡》、《古文四聲韻》裡這樣的字形尚有幾例，如：《汗
簡》「趨」字（3 形），从走、衺聲；《古文四聲韻》「曜」字（4 形），从日、衺聲。
此外，雖然有所形謬，《汗簡》、《古文四聲韻》「翟」字條下所收字形（1、2 形）
實亦爲「衺」字，其之所以收錄於「翟」字條下，除了因爲與「翟」字聲韻上有
直接關連之外，還因爲實際存在這些聲符替換之例。現在再看「燿」字（5、6 形），
二形出處相同〔註159〕，然而形體稍有差異：《古文四聲韻》字形（6 形）右旁大致
保留「衺」字的輪廓，但《汗簡》字形（5 形）右旁則完全謬爲四人形。附帶解釋，
邴文中列舉《龍龕手鑑》所收兩個古文字形「灻」、「㚓」讀作「盜」之例，並云：
「灻爲何字雖不能確定」〔註160〕。「灻」、「㚓」所从之「灻」，應亦爲「衺」之謬。
「盜」上古音在定紐宵部，與「衺（褪）」、「狄」、「翟」等字聲韻關係密切。《汗
簡》「燿」字（5 形）所从之「衺」謬作「灻」形，或許可以認爲是後世傳抄翻刻
之誤，但根據《龍龕手鑑》所收「灻」、「㚓」二形來看，這種寫法似有一定傳承。

五、自體類化

　　目前對楚文字「灻」的字形來源較爲可信的說法有二：一爲「旅」之謬，二爲
「衺」之謬。無論「旅」或「衺」，何以謬爲从四人形？林清源將這種謬變稱作「自
體類化」，云：

　　　一字之內，兩個位置相鄰或相對的部件，其中一個的構形，常會受另一個
　　　的影響，形體逐漸變得相似或相同，這種演變現象，筆者稱之爲「自體類

〔註157〕黃錫全《汗簡注釋》（武漢：武漢大學出版社，1990 年 8 月初版），頁 363。
〔註158〕何琳儀《戰國古文字典》（北京：中華書局，1998 年 9 月初版），頁 756。
〔註159〕《汗簡》字取於李尚隱集字，《古文四聲韻》字則取於李商隱字略，係指同書。《汗
　　　簡·郭忠恕脩汗簡所得凡七十一家事蹟》李尚隱集晷條云：「集晷編中或稱字晷，
　　　或稱集字，或稱字指。尚隱，《古文韻》作商隱。」清儒鄭珍云：「按：《唐書》尚
　　　隱、商隱皆有傳，不言著是書。《宋史·藝文志》有李商隱《蜀爾雅》三卷。陳振
　　　孫《直齋書錄》云：『《館閣書目》按：李邴鄲云商隱采蜀語爲之。』郭氏所采或即
　　　商隱此書中字。」〔清〕鄭珍、鄭知《汗簡箋正》光緒十五年廣雅書局刻版（臺北：
　　　藝文印書館，1991 年 1 月初版），頁 22～23。
〔註160〕邴尚白〈上博楚竹書〈曹沫之陳〉注釋〉《中國文學研究》第 21 期（臺北：國立臺
　　　灣大學中國文學研究所，2005 年 12 月），頁 20。

化」。一個字經歷「自體類化」之後，其構形有時會變得跟另一個字完全相同，造成所謂的「同形異字」現象。下文所舉的「赤」字，偶見譌作「夵」形，以致跟「炎」字同形，就是一個典型的例子。因「自體類化」而產生的新構形，基本上只是一種譌變形體，多數後來都歸於淘汰，很少流傳下來。〔註161〕

「旅」、「衣」二字均經「自體類化」之後，同樣譌作「㐱」形，也可以說變成一對「同形異字」。正如林文所言，「㐱」一形亦後世歸於淘汰，並無流傳下來。

六、小　結

〈曹沫之陳〉篇中的「㐱」字究竟是「旅」之譌，還是「衣」之譌？因為二說在形體上各有所據，並在文義上都能講得通，目前實為難以下定結論。再加上諸家對簡 29 和 37 前後編連及斷句上的意見頗有分歧，可見要掌握正確的文義，似尚待進一步研究。因此本文暫時不強作取捨，姑且二說並存。

第六節　說「𢻸」

一、引　言

楚簡有「𢻸」字，迄今凡二見。學者一般以其左旁為數目字「十」，徐在國讀「執」，陳劍讀「審」，蘇建洲讀「協」，皆出於與「十」的聲韻關係。孟蓬生則提出新的看法，認為其左旁也許是《說文》的「丨」字，楚文字中「敒（愼）」字從其得聲，據以將「𢻸」字讀作「愼」。諸說皆有據，但目前除字形解釋之外，編連方面亦有許多疑處，因此尚無法確知在簡文中該讀為什麼詞。

二、〈曹沫之陳〉的△字

	〔殘〕□厚食，使為前行。三行之後，苟見短兵，△〔註162〕【30】 〈曹沫之陳〉簡 30

原整理者李零云：「疑即『枚』字。郭店楚簡〈語叢四〉第十五簡『必𢻸鉛鉛』

〔註161〕林清源《楚國文字構形演變研究》（臺中：私立東海大學中國文學系博士論文，1997年 12 月），頁 157。

〔註162〕原考釋云：「此簡與下簡銜接關係不明。」馬承源主編《上海博物館藏戰國楚竹書（四）》（上海：上海古籍出版社，2004 年 12 月初版），頁 262。

也有這個字，讀法不詳。」〔註163〕△字傳世字書中未見，並且各家對本簡前後編連的意見頗有分歧，造成釋讀上的困難。下面先去瞭解一下諸家對郭店字的看法。

三、關於《郭店・語叢四》△字的討論

	邦有巨雄，必先與之以為朋。雖難【14】之而弗惡，必盡其故。盡之而疑，必△鉛＝【15】其邑。如將有敗，雄是為割。……【16】

〈語叢四〉簡 14-16

原考釋未作隸定，並無解。〔註164〕徐在國認為其字應讀「執」，如下：

此字从「攴」「十」聲，隸作「扙」，〈緇衣〉47「二十又三」之「十」字作「✦」，與此字左旁同。「扙」字不見於後世字書，在簡文中疑讀為「執」。古音「十」屬禪紐緝部，「執」屬章紐緝部，聲紐均舌上音，韻部相同，「扙」字又从「十」聲，故「扙」字可讀為「執」。……認為「鉛＝」應是合文，「＝」是合文符號，「鉛」應該釋為「金谷」二字。……簡文「必扙金谷其邊。」，意思是「必執金，谷（欲）其邊。」，一定拿著金，想使巨雄邊徙。〔註165〕

李零說：「『必扙鉛鉛』，讀法待考。」〔註166〕陳劍則調整簡序，將簡 15 插入於簡 5 和 6 之間。至於△字的結構，基本上接受徐在國的看法，亦將「十」當作聲符，則讀「審」，云：

凡說之道，急者為首。既得其急，言必有及。及【5】，之而弗惡，必盡其故。盡之而疑，必△鉛【15】之。鉛之而不可，必文以譎，毋令知我。……【6】

「鉛之鉛之」原作「鉛＝之＝」，「盡之而疑，必△鉛之」上下文皆有韻，此句亦以「疑」與「之」押韻（皆之部字）。△可隸定作「扙」，徐在國先生分析為从「攴」「十」聲，可從。「扙鉛」疑可讀為「審喻」（「鉛」可讀為「喻」是裘錫圭先生的意見）。從讀音來講，「十」古音在禪母緝部，「審」在書母侵部，聲母相近且韻部有對轉關係，兩字中古音皆為開口三等；分別从「十」和「審」得聲的「汁」字與「瀋」字音義皆近，「針」之異體

〔註163〕馬承源主編《上海博物館藏戰國楚竹書（四）》（上海：上海古籍出版社，2004 年 12 月初版），頁 262。

〔註164〕荊門市博物館《郭店楚墓竹簡》（北京：文物出版社，1998 年 5 月初版），頁 217。

〔註165〕徐在國〈郭店楚簡文字三考〉《簡帛研究 2001》（南寧：廣西師範大學出版社，2001 年 9 月），頁 179。

〔註166〕李零《郭店楚簡校讀記（增訂本）》（北京：北京大學出版社，2002 年 9 月），頁 46。

「箴」可與「審」相通。與「鉻」聲旁相同的裕、浴、欲等字古音在余母屋部，「喻」古音在余母侯部，聲母相同且韻部有對轉關係，中古亦皆爲開口三等字。從意義來講，「審喻」見於《禮記・文王世子》：「大傅審父子、君臣之道以示之；少傅奉世子，以觀大傅之德行而審喻之。」 《漢語大詞典》「審喻」條解釋爲「明白地告知」。

簡文此段的大意是說，遊說之道，首先要明白對方之所急；如已明瞭對方之所急，則言說必有以及其急；已試探性地說到其所急之事而對方不反感厭惡，則必進一步盡言其事；盡言之而對方有所懷疑，則必須明白詳細地加以說明開導；曉喻開導而不能釋對方之疑，則必以不實之言加以掩飾，不要讓對方知道自己的眞實意圖。〔註167〕

劉釗固守原編排而將此句釋作：「邦有巨雄，必先與之以爲朋。雖難之而弗惡，必盡其故。盡之而疑，必忮裕裕其遷。如將有敗，雄是爲害。」譯爲：「國中有巨雄（奸雄），必先與他爲朋。雖然畏懼他，但不要厭惡他，一定要用盡其計謀。如果想盡辦法接近巨雄卻引起他的懷疑，就要慢慢地離開他。如果與巨雄的謀劃敗露，將受到其牽連。」〔註168〕至於△字，亦隸定作「忮」，但對字形並無詳論。

徐、陳二氏對字形結構的瞭解一致，認爲△字是「从攴、十聲」的形聲字，但目前似乎仍無法確定簡文中用來表示什麼詞。

四、關於〈曹沫之陳〉△字的討論

〈曹沫之陳〉的△字，陳劍仍讀「審？」〔註169〕，李銳則讀「什？」〔註170〕，然二氏都加問號，表示不確定。蘇建洲認爲可讀「協」，其說如下：

> 筆者以爲「△」似可讀作「協」。古「十」、「劦」二聲有相通的現象，如《史記・曆書》「『協』洽」作「『汁』洽」。「汁」，《說文》謂從水「十」聲。《周禮・大史》：「讀禮書而協事。」鄭玄《注》：「故書協作叶，杜子春云：『叶，書亦或爲協或爲汁』。」則本句可讀作「協毋怠」，《說文》曰：「協，眾之同和也。」則簡文是說「同心協力，不要怠慢輕忽。」《尚書・

〔註167〕陳劍〈郭店簡〈窮達以時〉、〈語叢四〉的幾處簡序調整〉《國際簡帛研究通訊》第2卷第5期（2002年6月）。

〔註168〕劉釗《郭店楚簡校釋》（福州：福建人民出版社，2003年12月初版），頁230。

〔註169〕陳劍〈上博竹書〈曹沫之陳〉新編釋文（稿）〉（簡帛研究網，2005年2月12日）。

〔註170〕李銳〈〈曹劌之陣〉釋文新編〉（簡帛研究網，2005年2月25日）。然他後來放棄此說，在重編釋文中則從陳劍的說法，改讀爲「審」。參李銳〈〈曹劌之陣〉重編釋文〉（簡帛研究網，2005年5月27日）。

湯誓》:「夏王率遏眾力,率割夏邑,有眾率『怠』弗『協』。」其中「率」
是語助詞,則所謂「『怠』弗『協』」正說明「協」、「怠」二者可用於反義
詞。……則簡文意思大約是:前行軍向敵軍三次前進,(已深入敵國腹地),
這時碰到拿短兵器的士兵,眼看就要發生近身肉搏戰,大家要齊心協力,
不要怠慢輕忽。不能再發生之前「廝徒傷亡」的事情了。〔註171〕

孟蓬生讀「慎」。以往論者皆將左邊所从視爲數目字「十」,但孟說則出於將之
視爲「丨」的觀點,其說如下:

「扰」字從攴、十聲。徐在國先生〔註172〕、陳劍先生均讀此字爲「審」。
從辭例來看,無論是郭店楚簡還是上博楚簡,讀「審」似乎並不十分妥貼。
我們以爲,此字所從的「十」字不一定是數目之「十」,也有可能是「丨」
(古本切)。從「丨」入手解決「扰」的讀法,也是一個值得探索的途徑。
郭店楚簡有「丨」字,而且也有從「丨」字得聲的「訓」字。《郭店楚墓
竹簡‧緇衣》:「出言有丨,利(黎)民所訓。」(原釋爲信,非。參見白
於藍〈郭店楚墓竹簡考釋(四篇)〉《簡帛研究二〇〇一》第192頁,廣西
師範大學出版社,2001年)這兩個字應該是押韻的,但可惜目前還不知
如何釋讀。
除此之外,郭店楚簡還有一個從「丨」的字,那就是讀爲「慎」或「塵」
的那個字。其構形如下:

𣥚　〈語叢四〉簡4

𣥚　〈老子甲〉簡11

𣥚　〈緇衣〉簡15

由於豎筆中間加小點,再進而演變爲短橫的情形在古文字材料中十分常
見,所以陳劍先生將這個字隸定爲「訢」,徐在國先生以爲此字左上爲土,
其說恐非。
這個字也可以寫作「訢」。其構形如下:

𣥚(《老子》甲本簡27)

徐在國先生以爲此字左上所從的「幺」應該看作「申」字,並認爲此字申、
訢皆聲(實際上是在訢字上追加聲符),其說甚是。

〔註171〕蘇建洲《上博(四)‧曹沫之陳》補釋一則(二)〉(簡帛研究網,2005年2月25
　　　　日)。
〔註172〕應爲筆誤,徐在國讀作「執」。參見徐在國〈郭店楚簡文字三考〉《簡帛研究2001》
　　　　(南寧:廣西師範大學出版社,2001年9月),頁179。

回過頭來再看「斬」字，其所從的「｜」如果看作形符，則不知何所取義，但如果看作聲符，則其構形與「斬」相同，也可以看作雙聲字（即在訢字上追加聲符｜）。

從「｜」聲的「斬」可以讀作「慎」，則同從「攱」聲的也可以讀作「慎」。所以上文提到的「攱毋怠」，就可以讀作「慎毋怠」。古人在祈使句的否定形式中用「慎」字十分常見。《墨子‧備穴》：「穴未得，慎毋追。」《禮記‧月令》：「命有司曰：土事毋作，慎毋發蓋。」《史記‧呂后本紀》：「我即崩，帝年少，大臣恐爲變，必據兵衛宮，慎毋送喪。」「慎毋」也可以寫作「慎無」。《戰國策‧趙策二》：「故夫謀人之主，伐人之國，常苦出辭斷絕人之交，願大王慎無出於口也。」《史記‧魯周公世家》：「子之魯，慎無以國驕人。」《史記‧吳王濞列傳》：「告曰：漢後五十年，東南有亂者，豈若邪？然天下同姓爲一家也，慎無反。」其中的「慎」字已經虛化，約略相當於現代漢語的副詞「千萬」。

《郭店楚墓竹簡‧語叢四》：「盡之而疑，必攱銘＝其卷。」「攱」後似當逗，「必攱」讀爲「必慎」。大意是說，如果把原因調查清楚之後，還存在疑問，就一定要慎重。「銘＝其卷」字當讀爲「銘銘其卷」。卷字《說文》以爲從卪聲，則古音亦當在眞部，與「攱」字爲韻。還字從卷聲，而或體作「㧯」，則入文部。古音眞文相近，訢聲在文部，而追加的聲符「｜」和「幺（申）」則在眞部，亦眞文相通之證也。至於「銘銘其卷」究竟如何讀法，筆者一時尚不能得其確詁，姑俟異日再考。〔註173〕

五、舊說檢討

就形體而言，△字應可析爲从攴、十聲。在郭店簡中徐在國讀「執」、陳劍讀「審」，這些釋讀皆出於與「十」字之聲韻關係。然令人困惑的是，在「盡之而疑，必△銘＝」一句中，各家對「銘」字的瞭解頗有分歧，再加上編連方面也有不同意見，導致難以掌握其正確的文意及△字的涵義。如何釋讀郭店△字，目前存疑待考。

至於本篇的△字，首先要討論其編連問題，因爲△字是第30簡的末字，爲釋破其讀法，正確的編連尤其重要。原考釋編連中簡30與31內容不連結，李零簡30按語中已云：「此簡與下簡銜接關係不明。」〔註174〕《上博（四）》面世以後最先發

〔註173〕孟蓬生〈上博竹書（四）閒詁（續）〉（簡帛研究網，2005年3月6日）。
〔註174〕馬承源主編《上海博物館藏戰國楚竹書（四）》（上海：上海古籍出版社，2004年12月初版），頁262。頁262。

表〈曹沫之陳〉重編釋文的是陳劍，他在〈上博竹書〈曹沫之陳〉新編釋文〉一文中將簡 30 插入於簡 51 上與 52 之間，如：

莊公又問曰：「復盤戰有道乎？」答曰：「有。既戰復舍，號令於軍中【50】，曰：『繕甲利兵，明日將戰。』則廝徒傷亡，盤就行▨【51 上】▨▨（立—位？）厚食，使為前行。『三行之後，茍見短兵，△（審？）【30】毋怠，毋使民疑。及尔龜策，皆曰勝之。改綦（？作？）尔鼓，乃失其服，明日復陳，必過其所。』此復【52】盤戰之道。」【53 上】〔註 175〕

蘇建洲讀「協」，孟蓬生讀「愼」，皆基於陳氏之編連。至於該部分的編連白於藍亦同意陳劍的看法。〔註 176〕陳斯鵬則將簡 30 接於簡 24 上之後，即認為簡 30 所陳述的內容是對「為和於陣如何？」的回答。但對△字無作解釋，如下：

臧公又問【23】：「為和於陣如何？」答曰：「車間容伍，伍間容兵，貴【24上】立（位？）厚食，使為前要行。三行之後，茍見耑兵△【30】民者，毋？爵，毋從軍，毋避罪，用都教於邦。【37 上】……〔此所以為和於邦陣。〕……」

李銳原本從陳劍的編連〔註 177〕，後來則改為如下：

莊公又問曰：「復盤戰有道乎？」答曰：「有。既戰復豫（舍），號令於軍中【50】曰：「繕甲利兵，明日將戰。」則戕毛（廝徒）煬，以盤就行▨【51 上】▨立（位），厚食，思（使）為前行。三行之後，茍見短兵，△（審？）【30】來告，曰其將帥盡傷，載（車）連（輦）皆栽（戈），曰將早行，乃▨【32 上】▨秩車甲，命之毋行。明日將戰，思（使）為前行。諜人【31】毋怠。毋思（使）民疑，及尔龜筮，皆曰勝之。改冒尔鼓，乃秩其（旗）服。明日復陳（陣），必過其所。此復【52】盤戰之道。」【53 上】〔註 178〕

邴尚白對此處的編連說：「諸家對本簡（按：指簡 30）後一簡的編聯似皆不可信，文義殘缺，此字（按：指△字）之釋讀亦難以確定。」〔註 179〕他亦認為簡 30為對「為和於陣如何？」的回答，然其編連中簡 30 似乎與下簡不能連讀，如下：

莊公或問：【23 下】「為和於陳如何？」答曰：「車閒容伍，伍閒容兵。貴【24上】〔位〕厚食，思為前行。三行之後，茍見短兵，△……【30】必召邦之貴人及

〔註 175〕陳劍〈上博竹書〈曹沫之陳〉新編釋文（稿）〉（簡帛研究網，2005 年 2 月 12 日）。
〔註 176〕白於藍〈上博簡〈曹沫之陳〉釋文新編〉（簡帛研究網，2005 年 4 月 10 日）。
〔註 177〕李銳〈〈曹劌之陣〉釋文新編〉（簡帛研究網，2005 年 2 月 25 日）。
〔註 178〕李銳〈〈曹劌之陣〉重編釋文〉（簡帛研究網，2005 年 5 月 27 日）。
〔註 179〕邴尚白〈上博楚竹書〈曹沫之陳〉注釋〉《中國文學研究》第 21 期（臺北：國立臺灣大學中國文學研究所，2005 年 12 月），頁 19。

邦之奇士、擢卒，使兵毌復，前【29】當。凡貴人思處前位一行，後則見亡。進【24 下】必有二將軍，每將軍必有數嬖大夫，每嬖大夫必有數大官之師、公孫、公子。凡有司率長，【25】伍之閒必有公孫、公子，是謂軍紀。五人以禦，一人【26】〔有〕多，四人皆賞，所以為斷。毌尚獲而尚聞命，【62】所以為毌退。率車以車，率徒以徒，所以同死生。【58】又戒言曰：『奔，爾正衼；不奔，而或興或康以【37 下】會。』故帥不可思奔，奔則不行。戰有顯道，勿兵以克。」【38】〔註 180〕

　　綜上，無論郭店△字還是本篇△字，簡文中讀作什麼詞，尚有待進一步研究，因此本文僅從字形著眼，提出一些可以考慮的方向，並檢討已有的說法。

　　蘇建洲讀作「協」。「十」古音在定紐緝部，「協」則在匣紐帖部，「緝」、「帖」二部鄰近，當可旁轉，聲紐則稍遠，定紐在舌音，匣紐在喉音。但值得注意的是，古書中卻可以發現「十」、「劦」二聲互通之例，蘇文中已有列舉，於此贅補二例，如：《方言‧卷三》：「斟，協，汁也。北燕、朝鮮、洌水之間曰斟，自關而東曰協，關西曰汁。」〔註 181〕此條似乎顯示出各方音之間「十」、「劦」二聲轉變的可能。另外，新出土材料中亦見其例，如：吳九龍《銀雀山漢簡釋文》簡 184 作：「唐革（勒）與宋玉言御襄王前，唐革（勒）先禹（稱）曰：『人謂就（造）父登車嗛（攬）猝（轡），馬汁（協）險（斂）正（整）齊周（調）均，不摯步趨☐』」〔註 182〕即「汁」讀「協」。總之，如果能夠把△字的左半視作「十」，並認為是聲旁，讀作「協」，聲韻上當可成立。

　　孟蓬生讀作「慎」。他認為「訢（慎）」從「丨」得聲，故同樣從「丨」得聲之△字亦可讀為「慎」。孟說在該字的釋讀上確實提供了一個新的思考方向，讀「執」、「審」、「協」基本上都出於將△字的左半視作「十」的看法，但它確實也可以視作「丨」字，因為古文字中豎筆中間加點，然後演變成橫畫的情況很多，郭店字作「𠂤」形，正是加點形，本篇字作「𠂤」形，作短橫畫。《說文‧丨部》：「丨，上下通也。引而上行讀若囟，引而下行讀若退。」許慎釋形未必可信，但「讀若囟」、「讀若退」從古文字材料中能夠得到印證，如下：

〔註 180〕邴尚白〈上博楚竹書〈曹沫之陳〉注釋〉《中國文學研究》第 21 期（臺北：國立臺灣大學中國文學研究所，2005 年 12 月），頁 10。

〔註 181〕周祖謨校箋《方言校箋》，（北京：中華書局，2004 年 11 月第 2 刷），頁 19。

〔註 182〕吳九龍《銀雀山漢簡釋文》，（北京：文物出版社，1985 年初版），頁 15。湯漳平認為此為楚國後期文學家唐勒所撰之〈御賦〉殘簡，今本《淮南子‧覽冥訓》引此賦云：「惜者王良造父之御也，上車攝轡，馬為整齊而斂諧。投足調均……」協、諧，音同義近。湯漳平〈論唐勒賦殘簡〉《文物》（1990 年第 4 期），頁 48～52。

（1）《郭店・緇衣》簡 17：「《詩》云：『其容不改，出言有｜，黎民所訏。』」《上博（一）・緇衣》簡 10：「〔殘〕所訏。」今本《禮記・緇衣》、《詩・小雅・彼都士》均作「彼都人士，狐裘黃黃。其容不改，出言有章。行歸于周，萬民所望。」即以黃、章、望爲韻。（三字皆屬陽部）簡本「｜」、「訏」也應叶韻，「訏」當可視爲「从言、｜聲」的形聲字。原考釋中把它釋爲「信」。「囟」、「信」古音同屬心紐眞部，「訏」頗疑「信」之異構。楚文字「信」一般作「訐」形，「千（清／眞）」、「囟」古音亦近。

（2）《上博（二）・容成氏》簡 1：「樟｜氏」，何琳儀讀作「渾敦氏」。〔註183〕何文中舉了一些古書中「退」、「敦」相通之例，實際上「囟（心／眞）」、「退（透／沒）」、「敦（端／諄）」三字古音相互都有關連，「眞」、「諄」爲鄰部，「沒」爲「諄」之入聲韻部。

（3）楚簡中「愼」字作「𧨡（上三・彭 2）」、「𧨡（上一・緇 16）」、「𧨡（郭・緇 15）」等形。「愼」上古音在定紐眞部，左上方所从「｜」，應爲聲符。（參見附論）其中間或加點，或演變爲「十」形，都符合古文字的一般規律。

綜上所述，至於△字的考釋，「十（定／緝）」、「｜（心／眞）或（透／沒）」兩種聲韻關係應該都可以考慮。

六、小　結

楚文字「忮」，該釋爲何字，尚無法確知。依一般造字規律，其左半應爲聲旁，目前對它的瞭解有二：第一、認爲數目字「十」；第二，認爲《說文》的「｜」字，其讀音爲「囟」或「退」。

附　論

一、「｜」的來源

本論中在「忮」字的字形分析上討論過兩種可能，即从「十」聲或从「｜」聲。但我們不能不考慮古文字中「十」、「𠄌」、「｜」也許根本就是一個字，同時《說文》「｜」字的來源也值得探討。裘錫圭曾對這個字的來源作詳細的論述，如下：

「｜」的來源可以追溯到殷墟甲骨文。甲骨文「十」字作「｜」，「朕」字

〔註183〕何琳儀〈第二批滬簡選釋〉《上博館藏戰國楚竹書研究（續編）》（上海：上海書店出版社，2004 年 7 月初版），頁 450。

中小篆訛爲「廾」的偏旁作「𠃊」，兩手所奉之物與「十」同形。象兩手奉物形之字，有時兼以所奉之物爲聲，如「龔」即以「龍」爲聲，「奉」之初文「𡘳」，即以「丰」爲聲；「共」字本作「𠔁」，兩手所奉之「𠙵」，乃作「𠙵」形之「公」字的初文，本爲「瓮」之象形字，「共」字原來即以之爲聲。「廾」字《說文》失收（後世字書「廾」字疑出附會），其音應與「朕」同。「朕」字上古音屬定母侵部，「十」字上古音屬禪母緝部。上古音禪、定二母發音相似，侵、緝二部陽入對轉，可知「廾」、「十」字之音極近。由此推測，「丨」當爲「針」之象形初文。「針」字上古音屬章母侵部。上古音章母與定母、禪母也都相近⋯⋯可見「針」與「十」、「廾」的上古音都很接近。所以古人以針的象形符號來記錄數字「十」，這跟以肘的象形符號來記錄「九」，是同類的現象（當然也不排斥古人以「丨」記錄「十」時，也考慮到「丨」正好是豎寫的「一」的可能）；又以兩手奉針形作爲「廾」的字形，讓「丨」兼起聲旁的作用。簡文「丨」字應該就是這個「針」字初文。〔註184〕

裘文認爲「丨」即「針」之象形初文，並假爲數目字「十」，又認爲「廾」（朕之聲旁）从「丨」得聲。從聲韻看，「十」上古音在定紐緝部，「針」則端紐侵部，聲屬一系，韻則鄰部，二字古音應可互通。從形體看，將一豎筆視作「針」的象形，都很合理。至於「廾」以「丨」爲聲，似可補充以下兩點：

(1)「朕」的上古韻部或歸「侵」，或歸「蒸」。段注：「今《說文》雖無廾字，然論例當有之。凡勝、騰、滕、臘、臁皆以朕爲聲，則朕古音當在六部矣。今音直禁切。六部與七部合韻最近也。」〔註185〕雖然「朕」的大徐本反切爲「直禁切」，但其他从「廾（廾）」得聲之字，如：勝、騰、滕、臘、臁等字皆屬蒸部，段注所指確有據。段氏並指出「-m」、「-ŋ」鄰近，現代古音學家亦認爲冬蒸兩部和侵部關係密切，王靜如云：「冬蒸兩部在上古或者原是合口類閉口韻，後因異化作用就慢慢的變成今日的啾口開脣的韻了。」〔註186〕即認爲冬蒸二部原本亦收 m 韻尾。綜上，「朕」的古韻部無論歸於

〔註184〕裘錫圭〈釋郭店〈緇衣〉「出言有丨，黎民所訂丨」——兼說「丨」爲「針」之初文〉《古墓新知——紀念郭店楚簡出土十周年論文專輯》（香港：國際炎黃文化出版社，2003 年 11 月初版），頁 2～3。／此文後收於裘錫圭《中國出土古文獻十講》（上海：復旦大學出版社，2004 年 12 月初版），頁 294～302。

〔註185〕〔東漢〕許慎撰／〔清〕段玉裁注《說文解字注》（臺北：洪葉文化事業有限公司，2001 年 10 月增修 1 版第 2 刷），頁 408。

〔註186〕王靜如〈跋高本漢的上古中國音當中幾個問題〉《中央研究院歷史語言研究所集刊》

「侵」還是「蒸」，其古音應與「十」字密近。

（2）段注：「朕在舟部，其解當曰：『舟縫也。從舟、灷聲。』何以知朕爲舟縫也？
〈考工記・函人〉曰：『視其朕欲其直也。』戴先生曰：『舟之縫理曰朕，故
札續之縫亦曰朕。』所以補許書之佚文也。本訓舟縫，引伸爲凡縫之稱。凡
言朕兆者，謂其幾甚微，如舟之縫、如龜之坼也。」〔註187〕商承祚根據段
注而解釋甲骨文「𢍪」字，云：「舟必有縫，故從手持｜，｜密縫之具也。」
〔註188〕甲骨文階段的形聲字一般以初文加聲符的方式而造成，直接以形符
加聲符造成的例子並不多見。「𢍪」字能否析爲「从収、｜聲」，可商。但「朕」、
「十」的聲韻關係也能夠成立，因此至少不能排除兼聲的可能。

有趣的是，「𢍪」及其相關字在楚簡中多讀諄部，如下：

△1 △2 △3	博一△1 少一△2，厚錢△3。 《信陽》2-15

「𢍪」甲骨文中已出現上方加點之形，金文以後則大多作「灷」形，楚文字承
之。上揭「灷」字，劉國勝讀作「寸」，認爲計量佩玉的長度單位名稱。〔註189〕

△1 △2 △3	△1 德義，明乎民倫，可以為君。【1】 仁為可親【3】也，義為可△2 也，忠為可信也，學為可益也，教 為可類也。【4】 △3 仁、親忠、敬壯、歸禮【20】，行矣而亡違，養心於子諒，忠 信日益而不自知也。【21】 《郭店・尊德義》

第 1 本第 3 分（臺北：中央研究院歷史語言研究所集刊編輯委員會，1971 年 1 月再
版），頁 410。／此文後收於《上古音討論集》（臺北：學藝出版社，1970 年 1 月初
版）。

〔註187〕〔東漢〕許慎撰／〔清〕段玉裁注《說文解字注》（臺北：洪葉文化事業有限公司，
2001 年 10 月增修 1 版第 2 刷），頁 408。

〔註188〕商承祚《甲骨文字研究下編》此說見於《古文字詁林》第 7 冊（上海：上海教育出
版社，2002 年 12 月初版），頁 709。／字形演變可參季師旭昇《說文新證》下冊（臺
北：藝文印書館，2004 年 11 月初版），頁 48。

〔註189〕劉國勝〈信陽長台關楚簡〈遣策〉編聯二題〉《江漢考古》2001 年第 3 期，頁 66～
67。

郭店簡原考釋中裘錫圭按語云：「從文義看，似是『尊』之異體」〔註190〕但對字形未作詳論。陳偉認爲其上方所從「夅」乃聲旁，云：「尊、朕二字爲文、侵通轉，古音相近，或可通假。」〔註191〕依其說該形可析爲「从酉、夅聲」，作「奆」形，即「尊」字的新的形聲結構。

	恭以涖之，則民有△＝。 《上博（一）・緇衣》簡 13

「△＝」郭店本作「愻心」，今本作「孫心」。字形可析爲「从心、夅聲」，則作「恋」形。沈培讀其爲「愻」。〔註192〕

通過上列例子，我們可以確定在楚方言裡「夅」與諄部字的關係非常密切。（「寸（清／諄）」，「尊（精／諄）」，「孫（心／諄）」均屬諄部。）不但「夅」本身可與諄部字通轉，而且從其得聲之「奆」、「恋」字亦讀諄部字。原本收-m 韻尾的「冄」字，楚方言裡何以讀作收-n 韻尾的諄部呢？ 沈培認爲其音變的歷程應爲「-m → -ŋ → -n」，其說如下：

> 本來收-m尾的蒸、冬、東部字，後來都逐漸變成了-ŋ尾，但各方言變化的緩疾是不同的。如果只從《詩經》用韻來看，蒸、冬兩部字收-m尾的現象，主要保存在西北方言裏。由此可以推論，一般來說，東部地區蒸、冬兩部字變成-ŋ尾，其時間應當不會太晚。我們認爲，從一些楚文字資料看，雖然我們不能肯定在戰國時代的楚方言中是否所有的蒸部、東（冬）部字都變成了-ŋ尾，但基本上可以肯定至少有一些從「夅」得聲的字應當已經收-ŋ尾了。馬王堆帛書《老子》乙種本凡勝敗字皆作「朕」。從《老子》的用韻來看，蒸部字已經不與侵部字合韻，而與之部字合韻，其中就有「朕（勝）」與「應」押韻，而「應」與「之」押韻的例子。這似乎都能反映當時「朕」收-ŋ尾。
>
> 瞭解了從「夅」之字在戰國時代已經收-ŋ尾，就比較容易解釋從「夅」之字爲什麼通文部字了。這其實就是-n尾和-ŋ尾相混的現象。現代方言中不乏其例，古書中對楚方言中這種現象也早有反映。例如《楚辭・遠游》有「蒸文」合韻。又如《禮記・檀弓下》「工尹商陽與陳棄疾追吳師」鄭玄

〔註190〕荊門市博物館《郭店楚墓竹簡》（北京：文物出版社，1998 年 5 月初版），頁 174。

〔註191〕陳偉《郭店竹書別釋》（武漢：湖北教育出版社，2003 年 1 月第 1 版），頁 135。

〔註192〕詳見沈培〈上博簡〈緇衣〉篇「卷」字解〉《華學》第 6 輯（北京：紫禁城出版社，2003 年 6 月），頁 68～74。

注：「陳或作陵，楚人聲。」按照一般的理解，鄭注的意思是「陳」字楚

人讀作「陵」。〔註193〕

推論合理，可從。

　　現在我們所要討論的是，《說文》裡讀作「囟」或「退」的「｜」字，它與甲骨
文中的「｜」字（即「針」的象形初文或數目字「十」）的關係爲何。裘錫圭認爲就
是一字，云：

　　「愼」屬眞部，眞、文二部極爲接近。與「｜」、「十」有密切關係的「氼」
　　既可讀爲文部字或用爲文部字的聲旁，「｜」和「十」當然也可以用作「愼」
　　字的聲旁。上博簡〈性情論〉中的「愼」字有簡作「訁」的，可以分析爲
　　從「言」「十」聲。楚簡「十」字沒有只作一豎而不加點或短橫的，所以
　　「愼」字所從的「｜」必須看作「針」的初文。郭簡〈語叢四〉有「扱」
　　字，徐在國〈郭店楚簡文字三考〉認爲此字從「十」聲，在簡文中讀爲「執」。
　　陳劍同意此字從「十」聲，但認爲在簡文中應讀爲「審」。此字究竟應該
　　讀爲何字，還可進一步研究。

　　《說文》「｜」字有「囟」、「退」二音。「囟」與可以用「｜」、「十」爲聲
　　的「愼」同屬眞部，其聲母與可以用「氼」爲聲的「愻」（遜）同屬心母。
　　「退」屬微部，微部與「十」、「尊」、「愻」、「訓」等字所屬的文部有陰陽
　　對轉關系，（《廣韻》「｜」音古本切，屬文部）；其聲母屬透母，跟「｜」、
　　「十」、「氼」等字的聲母很相近。由此看來，《說文》的「｜」應該就是「針」
　　的初文，只不過許愼已經不知道這一點了。其「引而上行」、「引而下行」
　　之說雖然難以相信，「囟」和「退」這兩個讀音還是有根據的。〔註194〕

裘文認爲甲骨文時期從「｜」得聲之「氼」字，楚方言中其讀音的確演變爲諄部了
（其音變過程可參前引沈文），故「｜」字的讀音亦可轉爲諄部，《說文》裡注「｜」
的讀音爲「囟」，可證。並且楚文字中「愼」字作「訢」或「訢」形，屬於眞部之「愼」
字從「｜」得聲，也是楚方言中「｜」的讀音已演變爲諄部的證據。

　　果眞如此，我們似乎可以思考以下問題：

　　（1）楚方言中「氼」、「｜」變讀爲諄部，於是數目字「十」的讀音當然也有可

〔註193〕沈培〈上博簡〈緇衣〉篇「卷」字解〉《華學》第6輯（北京：紫禁城出版社，2003
　　　　年6月），頁71。

〔註194〕裘錫圭〈釋郭店〈緇衣〉「出言有｜，黎民所訌」——兼說「｜」爲「針」之初文〉
　　　　《古墓新知——紀念郭店楚簡出土十周年論文專輯》（香港：國際炎黃文化出版社，
　　　　2003年11月），頁4。

能是演變成諄部。

（2）然則在楚文字「忮」字的考釋上，似乎可以優先考慮與「丨（心／真）」的聲韻關係。

二、楚簡中「愼」字的寫法

【字形表1】

訢 （訫）	1 郭・語四 4	2 上一・緇 17	3 上三・彭 2	
	4 郭・老甲 11	5 郭・緇 32	6 郭・緇 33	7 上一・緇 16
	8 郭・緇 15	9 上一・性 16	10 上一・性 39	
誋	11 上四・曹 48			
訴	12 包 2・145	13 郭・老甲 27	14 上二・容 39	15 上三・仲弓 23
誂	16 郭・五 16	17 上一・孔 28		
憗	18 郭・五 17			

楚簡中「愼」字異寫繁多〔註195〕，其中最正規的寫法應爲「訢」，字形可析爲

〔註195〕上列字形簡文中或借用爲「塵」（「塵」、「愼」古音密近）。另外，楚文字中還有一個用來表示「愼」的字。其形作「昚」，結構可析爲「从火、从日，日亦聲」，是「熱」之異體。「日」、「愼」古音相近，用爲「愼」當爲假借。因爲它跟本文所討論的內容沒有直接的關聯性，故茲不贅述。至於「昚」字，可參以下二文，王輝〈秦器銘文叢考（續）〉第 8 項「炅」、「鋠」《考古與文物》1989 年第 5 期，頁 121～122。／劉樂賢〈釋《說文》古文愼字〉《考古與文物》1993 年第 4 期，頁 94～95。

「从言、忻聲」。所从「忻」乃《說文》「所」字〔註 196〕，即「質」的聲旁。楚布文中有單體的「忻」字〔註 197〕：

【字形表 2】

1 史 13 圖	2 亞 4.56	3 亞 4.56	4 典 249	5 典 250

左半已聲化爲从「丨（十）」。

至於「訢」形从「幺」，目前有三種說法。

（A）陳偉武云：「似可析爲从言、斦聲，『斦』當即『䜣』（此字亦見於睡虎地秦簡，用爲『近』）之省。」〔註 198〕

（B）徐在國云：「並非是『幺』，應是『申』字。……字所从的『申』、『訢』均是聲符。」〔註 199〕

（C）陳劍云：「楚簡中『糸』經常寫作『幺』，『幺』經常寫作『彡』。『幺』和『彡』的關係，能否與『𣂼』形〔註 200〕中的『⺀』和『鬙』形中的『幺』的關係聯繫起來考慮呢？」〔註 201〕裘錫圭贊成此一看法，云：「大概認爲這種『幺』就是由『⺀』譌變的。上博簡〈容成氏〉有左上方作『彡』形的『慎』字（參看【字形表 1】14 形），似可證成陳說。」〔註 202〕

A 說認爲「䜣」爲聲符，然「近」古音在匣紐諄部；「慎」則定紐真部，韻可旁轉，然聲紐稍遠隔〔註 203〕，並且「訢」所从「斤」應爲「所」之省，故不宜釋作「䜣」

〔註 196〕可參季師旭昇《說文新證》下冊（臺北：藝文印書館，2004 年 11 月初版），頁 253，「所」字條。

〔註 197〕李天虹〈楚幣文「忻」字別解〉《第四屆國際中國古文字學研討會論文集》（香港：香港中文大學中國語言及文學系，2003 年 10 月），頁 594。

〔註 198〕陳偉武〈舊釋「折」及从「折」之字平議〉《古文字研究》第 22 輯，頁 252。

〔註 199〕徐在國〈郭店楚簡文字三考〉《簡帛研究 2001》（桂林：廣西師範大學出版社，2001 年 9 月），頁 183。

〔註 200〕戰國璽印文字中「慎」字常作「𣂼」形，其左旁「＝」當爲省略符號。

〔註 201〕陳劍〈說慎〉《簡帛研究 2001》（桂林：廣西師範大學出版社，2001 年 9 月），頁 212。

〔註 202〕裘錫圭〈釋郭店〈緇衣〉「出言有丨，黎民所訢」——兼說「丨」爲「針」之初文〉《古墓新知——紀念郭店楚簡出土十周年論文專輯》（香港：國際炎黃文化出版社，2003 年 11 月），頁 4。

〔註 203〕邵榮芬曾有專文討論匣紐的性質，可參：〈匣母字上古一分爲二試析〉《語言研究》1991 年第 1 期，頁 118～127。／〈匣母字上古一分爲二再證〉《中國語言學報》1995 年第 7 期，頁 121～134。

另外，李玉《秦漢簡牘帛書音韻研究》（北京：當代中國出版社，1994 年 10 月）第

字的一旁。B 說認爲「幺」乃「申」字，是作聲符用。「申」、「愼」二字古音極近，但楚文字「申」字的寫法與之有別，參下面字形表：

【字形表 3】

1 郭・忠 6（申）	2 郭・緇 19（迪）	3 郭・緇 39（迪）	4 郭・太 5（神）	5 郭・唐 15（神）

　　C 說則認爲「斬」所從「幺」爲省略符號「彡」之變，就目前來說，此說最爲合理，但形體上的證據似並非十分充足。

第七節　說「戩」、「戣」

一、引　言

　　〈曹沫之陳〉篇中有兩個字作「戩」、「戣」形，其形古文字初見。從字形看，二形皆從「㪜」，且依文例，簡文中二字所記錄的應該是同一詞。原考釋中讀其爲「散」，陳斯鵬則釋「捷」，蘇建洲肯定原考釋的讀法，並加以詳論。本文在蘇文的基礎上彙整從甲骨文以來的相關字形，然後透過一番字形分析，梳理出「散」字的發展歷程。竊以爲原考釋的釋讀及蘇文對字形的瞭解都正確可信，即本篇二形所從「㪜」，當爲「散」字。

二、〈曹沫之陳〉的△1、△2 字

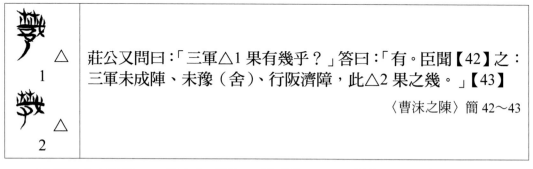

△1 △2	莊公又問曰：「三軍△1 果有幾乎？」答曰：「有。臣聞【42】之：三軍未成陣、未豫（舍）、行阪濟障，此△2 果之幾。」【43】
	〈曹沫之陳〉簡 42～43

　　原考釋者李零將△1 隸定作「䜌」，讀「散」，云：「䜌果，疑讀『散裹』，銀雀山漢簡《孫臏兵法・官一》有所謂『圉（御）裹』，是防止敵人包圍的辦法。這裏的

---

　　1 章第 4 節「喉牙音」裡亦見有關匣紐通假的論述。據其研究，在一般的情況之下，上古音系統裡匣紐跟定紐通轉的可能性極低。

『散裹』可能是指打破敵人包圍的辦法。」〔註204〕△2則隸作「棥」，亦讀「散」，云：「此棥果之幾，以上是講出師後、臨戰前，在行軍途中防止敵人包圍的注意事項。其忌在於隊形不整而穿越險阻（容易遭人伏擊）。案：宋楚泓之役，宋襄公恪守古訓，不肯乘楚師半渡未陳而擊之，遭慘敗。後世兵家都以『半渡而擊』、『未陳而擊』爲大利（參看《孫子·行軍》、《吳子·料敵》）。」〔註205〕

三、學者討論

陳劍重編釋文中依照原考釋將 △1、△2 皆讀作「散」，但兩處都加問號，表示不確定。〔註206〕

陳斯鵬則釋作「捷」，但無作詳論。〔註207〕

邴尚白亦認爲不宜釋作「散」，云：

> 李說（按：指原考釋）不可從，因「機」指敵方可乘之機。至於陳斯鵬之釋，可能是因爲三體石經『捷』字古文作「𢽤」，假「截」爲「捷」，與「棥」形近。然石經「截」字上半應爲「才」之訛，與「林」有別，故其說亦不可從。「棥」，簡四十三作「棥」，當爲從「林」聲之字，應如何釋讀待考。
>
> 〔註208〕

蘇建洲仍從原考釋，並對字形加以詳細的討論與分析，如：

> 由文例來看二者顯然是一字。……筆者以爲李零先生所釋可能是對的。甲骨文「散」字作 𣏺 （《甲》1360），裘錫圭先生認爲本義是芟除草木。季師旭昇以爲從木，小點象被打散而掉下來的散落物。西周金文「散」字作 𣏟 （散車父壺），偏旁類似「林」形。「△1」、「△2」的固定部件是「林」、「戈」，而王國維先生早就提出「攴」、「戈」皆有擊意，所以古文字可以相通。如《包山》135 反「陰之『職』客」作 𢿃，從「戈」；134 作 𢾇，從「攴」。還有古文字「啓」、「救」、「寇」，馬王堆漢墓帛書「敵」、「攻」等字所從的「攴」旁，皆有寫作從「戈」的。所以「△1」、「△2」可以理

〔註204〕馬承源主編《上海博物館藏戰國楚竹書（四）》（上海：上海古籍出版社，2004 年 12 月初版），頁 270。

〔註205〕馬承源主編《上海博物館藏戰國楚竹書（四）》（上海：上海古籍出版社，2004 年 12 月初版），頁 271。

〔註206〕陳劍〈上博竹書〈曹沫之陳〉新編釋文（稿）〉（簡帛研究網，2005 年 2 月 12 日）。

〔註207〕陳斯鵬〈上海博物館藏楚簡〈曹沫之陳〉釋文校理稿〉（簡帛研究網，2005 年 2 月 20 日）。

〔註208〕邴尚白〈上博楚竹書〈曹沫之陳〉注釋〉《中國文學研究》第 21 期（臺北：國立臺灣大學中國文學研究所，2005 年 12 月），頁 25。

解從「林」、「攴」。至於「△1」左下的「又」旁與「△2」左下的「邑」可能皆爲飾符。前者如「僕」，《郭店・老子甲》2 作，亦作（《郭店・老子甲》13）；「相」，《郭店・老子甲》19 作，亦作（《上博（四）》・柬大王泊旱 10）。至於後者，戰國文字常在姓氏或地名加上「邑」旁繁化，如楚兵器，何琳儀先生釋爲戴或蒩，即屬地名加上「邑」旁。但是如《包山》103「鄗」，李學勤先生指出即曾姬壺的「蒿」，應該讀作「郊間」，是指農民而言。則此「間」並非地名，亦非人名。「閒（間）」字的變化過程應是：（《包山》13）→（《包山》220）→（《包山》103）。可見「邑」似乎可以理解爲飾符。而且「△1」、「△2」既爲一字，但一從「又」，一從「邑」，從字形來看，二者的構形地位相同，則「邑」恐怕也只能理解爲飾符。〔註209〕

四、字形分析

首先羅列《說文》中的相關字例，如下：

〈朮部〉：「朮，分枲莖皮也。从屮、八象枲之皮莖也。」

〈林部〉：「林，葩〔註210〕之總名也。林之爲言微也，微纖爲功。象形。」

〈林部〉：「椒，分離也。从攴、从林——林、分椒之意也。」

〈麻部〉：「麻，與林同，人所治。在屋下——从广、从林。」

〈肉部〉：「散，雜肉也。从肉、椒聲。」

〈隹部〉：「雘，繳雘也。从隹、椒聲。一曰：飛散也。」

許說雖未必全可信，但其中確實包含著不少重要訊息，姑依其說將上揭諸字的關係圖示於後：

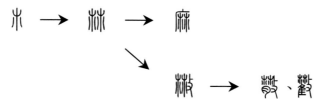

接下來，利用古文字材料來檢討《說文》的這一套說法，並試圖去瞭解其實際發展情況。

〔註209〕蘇建洲〈楚文字雜識〉（簡帛研究網，2005 年 10 月 30 日），第 6 項。

〔註210〕大徐本作「葩」，段注已指出當作「葩」。〔東漢〕許慎撰／〔清〕段玉裁注《說文解字注》（臺北：洪葉文化事業有限公司，2001 年 10 月增修 1 版第 2 刷），頁 339。

【字形表1】

1 西周晚‧師麻匡 （麻）	2 春戰‧侯馬 1：21 （麻）	3 春戰‧侯馬 200：36 （麻）	4 戰國‧郭‧緇 26 （朮）
5 戰國‧郭‧六 28 （朮）	6 秦‧睡.日乙 65 （麻）		

　　「朮」古文字未見。「麻」字初見金文（1 形），从厂、从朮，作「麻」形。《說文》認爲「麻同朮」，並云：「朮之爲言微也。」「微」上古音在明紐微部，「麻」則明紐歌部，二字雙聲，韻部不算接近，但仍可旁轉〔註211〕。段注亦認爲「朮」、「麻」一字，云：「朮、微音相近。《春秋說題辭》曰：『麻之爲言微也。』朮、麻古葢同字。」〔註212〕郭店簡有「朮」字，凡二見（4、5 形），如：〈緇衣〉簡 26 作「吾大夫恭且檢，朮人不檢」，至於其中的「朮」字，原考釋無說，李零則認爲讀「靡」，云：「原文乃『麻』字所從，這裡疑讀『靡』，是無的意思。」〔註213〕劉釗亦持相同意見，云：「『朮』讀爲『靡』，因『靡』從『麻』聲，而『麻』又從『朮』聲，故『朮』可讀『靡』。」〔註214〕〈六德〉簡 27～28 作「絰衰齊戊朮實」，裘錫圭按語中已指出此句可與今本《儀禮》對照，《儀禮‧喪服》作「疏衰裳齊，牡麻絰」，簡文「戊朮實」則讀「牡麻絰」。〔註215〕據上列二例，楚簡中「朮」字，讀「麻」（或「靡」），似無疑義。《說文》認爲「麻同朮」，應可信。依一般造字規律，「朮」應爲象形初文，「麻」則其纍增字，季師曰：「（朮）象眾麻形，與麻同。」〔註216〕「（麻）從厂下朮，應是厂下植麻之意，朮亦聲。」〔註217〕

【字形表2】

〔註211〕陳師新雄《古音研究》（臺北：五南圖書，2000 年 11 月第 2 刷），頁 453。

〔註212〕〔東漢〕許慎撰／〔清〕段玉裁注《說文解字注》（臺北：洪葉文化事業有限公司，2001 年 10 月增修 1 版第 2 刷），頁 339。

〔註213〕李零《郭店楚簡校讀記（增訂本）》（北京：北京大學出版社，2002 年 9 月第 2 刷），頁 65。

〔註214〕劉釗《郭店楚墓校釋》（福州：福建人民出版社，2003 年 12 月初版），頁 61。

〔註215〕荊門市博物館《郭店楚墓竹簡》（北京：文物出版社，1998 年 5 月初版），頁 189，注 17。

〔註216〕季師旭昇《說文新證》上冊（臺北：藝文印書館，2002 年 10 月初版），頁 585。

〔註217〕季師旭昇《說文新證》上冊（臺北：藝文印書館，2002 年 10 月初版），頁 586。

 1 商・佚 2921（𣀔）	 2 商・甲 1360（𣀔）	 3 商・甲 357（𣀗）	 4 商・甲 489（𣀚）
 5 西周晚・散車父簋（㪔）	 6 西周晚・散車父壺（㪔）	 7 西周晚・散伯簋（𢿸）	 8 西周晚・散盤（𢿸）
 9 春秋晚・秦・石鼓文（𨘢）	 10 戰國早・齊・羊角亲戈（𢿸）	 11 戰國晚・秦・睡 16.117（散）	

甲骨文裡「散」字，从攴、从林，作「𣀔」形（1 形），姚孝遂認爲持杖以分離叢木之形〔註 218〕。林上或加小點（2 形），季師認爲小點表示被打散而掉下來的散落物，故其本義應爲「扑擊打散」。〔註 219〕裘錫圭認爲「殺（生／月）」、「𣀔（心／元）」同源，「殺」指殺死動物，「𣀔」則芟除草木。卜辭中還有「𣀗」字（3 形），或改从茻而作「𣀚」（4 形），裘文認爲「𣀔」之繁體。〔註 220〕值得注意的是，金文以後不从林，其左半與「麻」字〔註 221〕所从同形（5、6 形），窄式隸定當作「㪔」。對於這種形變，季師提出兩種可能：

（1）「㪔」字所从與「麻」字所从之「𣏟」，頗疑不同字，後以二字形近，故混而爲一。〔註 222〕

（2）當然，也不排除「㪔」是以攴擊麻使散開之意。〔註 223〕

本文較爲傾向於第一可能，因爲從甲骨文字形來看，散字的左旁並非「𣏟」，金文 5、6 形从𣏟而作「㪔」，應非本形。小篆亦从「𣏟」而作「𢿫」，當爲承襲金文以來的這種譌體。此外，金文裡「散」字有另一種結構，則作「𢿸」形，羅振玉、王

〔註 218〕于省吾主編、姚孝遂按語《甲骨文字詁林》（北京：中華書局，1999 年 12 月第 2 刷），頁 1384。

〔註 219〕季師旭昇《甲骨文字字根研究》（臺北：文史哲出版社，2003 年 12 月初版），頁 284～286。／季師旭昇《說文新證》上冊（臺北：藝文印書館，2002 年 10 月初版），頁 337。

〔註 220〕裘錫圭〈甲骨文中所見的商代農業〉《全國商史學術討論會論文集》（河南：殷都學刊編輯部，1985 年 2 月），頁 222～227。

〔註 221〕參看【字形表 1】之 1 形。

〔註 222〕季師旭昇《甲骨文字字根研究》（臺北：文史哲出版社，2003 年 12 月初版），頁 284。

〔註 223〕季師旭昇《說文新證》上冊（臺北：藝文印書館，2002 年 10 月初版），頁 585。

國維認爲「𦥽」之形譌〔註224〕，然「𦥽」上古音在見紐魚部，與「散（心／元）」古音遠隔，其說不可從。裘錫圭認爲「散」形所从之「林」，當是甲骨文「㮤」之省，但至於下从「月」旁，則無說。〔註225〕高鴻縉曾經認爲是聲旁〔註226〕，然「月（疑／月）」、「散」古音亦有距離。關於「散」一形的來源，目前則只能存疑待考。春秋晚期石鼓文「趯」字所从「散」，似已混合「㮤」〔註227〕、「散」而成，季師曰：「後世可能因爲兩個來源的字形、音相近，於是合流。」〔註228〕其後之秦文字承襲這種寫法，即成隸楷所本。

五、再談〈曹沫之陳〉的△1、△2字

現在回過頭來討論〈曹沫之陳〉的△1、△2字。

△1	△2

其左上方所从，郭店簡中已出現，確爲「林」字，右旁从戈無疑，窄式隸定當作「戠」、「𢦏」。原考釋从林而作「欑」、「樊」，實不確。依文例，簡文中二字的讀法應爲相同，二形所从「㮤」，當爲聲旁。自從金文以來「㮤（散）」字譌爲从「林」，並且古文字裡「攴」、「戈」二旁可互通，楚文字「戠」當可視爲「㮤」字，故从其得聲之「戠」、「𢦏」二形亦當可讀「散」。原考釋仍可從。至於下从「邑」、「又」，蘇建洲認爲是飾符，其說不無可能，但一般來說，以邑爲形者大多是地名字，簡文中以「戠」爲「散」，可能是單純的同音假借。其也許是後世字書裡的「鄁」字，如：《玉篇・邑部》：「鄁，地名。所閒切。」《集韻・平聲・刪韻》：「鄁，地名。師姦切。」據反切，該字當爲「从散（散）省聲」，所从「林」乃「林」之譌。另外，《字彙補・雨部》：「霙，與霰同。」其聲符「敱」當爲「散」之異體，可析爲「从又，㮤聲」，隸楷不會隨意增益「又」旁，這種寫法雖然罕見，但應該是有一定傳承的，其似與「𢦏」形有所關連。

〔註224〕王國維〈說𦥽〉《觀堂集林》（石家莊：河北教育出版社，2002年1月第2刷），頁86～87。

〔註225〕裘錫圭〈甲骨文中所見的商代農業〉《全國商史學術討論會論文集》（河南：殷都學刊編輯部，1985年2月），頁223。

〔註226〕高鴻縉《中國字例》（臺北：三民書局，1992年10月第9版），頁600。

〔註227〕也許是「㮤」。因爲原拓漫渙不清，實不易判斷是从林或从林。吳昌碩、鄧散木、王禔等歷代書法家多作从林，然其所據應非原拓，而是《說文》小篆。

〔註228〕季師旭昇《說文新證》上冊（臺北：藝文印書館，2002年10月初版），頁339。

六、小　結

　　本篇之△1、△2字，當可隸作「戩」、「戔」，其共同聲旁「㦬」，應是「㦬（散）」之異體。原考釋讀作「散」，可謂有一定根據。

補　記

　　文成後見朱賜麟《〈曹劌之陣〉思想研究》認爲「戩」字應有殺伐義，而「戩果」一詞應指「以突擊行動殺敵致果」〔註229〕，其立論所據爲如下：

（1）原考釋中將「戩果有幾」與「戔果之幾」之「幾」讀作「忌」，陳劍指出其當讀爲「可乘之機」之「機」〔註230〕。朱文接受陳說，而將「三軍未成陣、未豫、行阪濟障，此戔果之機。」解爲「敵軍在未成陣、未豫、行阪濟障之時，都是我方發動突擊的最佳時機。」

（2）典籍中常見以「果」爲戰陣勇決之意。

（3）「殺」、「散」古音相近，故可通假。

　　經過本論中的字形分析，我們應該可以確定「㦬」相當於後世的「散」字，故可推定「戩」、「戔」之讀音應與「散」相同或相近，但簡文中能否讀其爲「散」，確實需要重新考慮。

　　陳文中舉出簡文「未成陣、未豫（舍）、行阪濟障」與《吳子・料敵》：「陣而未定，舍而未畢，行阪涉險」〔註231〕甚相近〔註232〕。吳子所言爲「擊之勿疑」之時機，依前後文判斷，簡文「戔果之幾」之涵意應亦爲與之相當，朱文中對其之解釋，應可從，原考釋認爲是指「打破敵人包圍的辦法」，恐非。至於「戩」、「戔」之讀法，

〔註229〕朱賜麟《〈曹劌之陣〉思想研究——及其在春秋兵學思想史上的意義》（臺北：國立臺灣師範大學國文教學碩士班碩士論文，2006年6月），頁49。

〔註230〕陳劍〈上博竹書〈曹沫之陳〉新編釋文（稿）〉（簡帛研究網，2005年2月15日），注26。

〔註231〕《吳子・料敵》：吳子曰：「凡料敵，有不卜而與之戰者八：一曰、疾風大寒，早興寤遷，剖冰濟水，不憚艱難。二曰、盛夏炎熱，晏興無間，行驅饑渴，務於取遠。三曰、師既淹久，糧食無有，百姓怨怒，妖祥數起，上不能止。四曰、軍資既竭，薪芻既寡，天多陰雨，欲掠無所。五曰、徒眾不多，水地不利，人馬疾疫，四鄰不至。六曰、道遠日暮，士眾勞懼，倦而未食，解甲而息。七曰、將薄吏輕，士卒不固，三軍數驚，師徒無助。八曰、陳而未定，舍而未畢，行阪涉險，半隱半出。諸如此者，擊之無疑。」〔戰國〕吳起著〔民國〕傅紹傑注譯《吳子今註今譯》（臺北：商務印書館，1981年3月第3版），頁80。

〔註232〕陳劍〈上博竹書〈曹沫之陳〉新編釋文（稿）〉（簡帛研究網，2005年2月15日），注28。

本文認爲與其讀作「散」不如讀作「殺」來的好，理由有二：

（1）二字从㭭（㭭）聲，雖然「㭭」後來發展成「散」，但於此用爲「殺伐」字，《方言・三卷》：「虔，散，殺也。東齊曰：散。青徐淮楚之間曰：虔。」〔註233〕可見漢代以前部份地區的方言仍以散爲殺。依裘錫圭之說，「殺」、「散」同源〔註234〕，可見簡文用「散」字並非單純的音近假借，而是保留古老詞彙。

（2）但傳世文獻中「散」字從未見作「殺伐」字之用例〔註235〕，因而於此讀作「散」，不但未能表達詞意，而且不符合文獻之用字習慣。

已往楚簡材料中屢見「殺」字，一般作「䫀」形〔註236〕，由此可推，戰國時期楚語裡似乎是意爲殺伐之「殺」、「散」二語並存，但從目前所見材料中出現次數來看，一般已經全都使用「殺」字，「散」僅用於「散果」之類的特定詞彙。文獻中之所以看不到「散」字作「殺伐」字之用例，應當是因爲早已戰國時期「散」字已經幾乎不作「殺伐」字，楚文字亦然。當然，現代任何方言中也找不到以「散（或音近字）」爲「殺」之例〔註237〕。

第八節　說「髟」

一、引　言

〈曹沫之陳〉篇中有字作「𣏾（下文以△1代之）」形，原考釋未釋出。禤健聰指出其上半與郭店簡〈成之聞之〉篇之「𠂤（下文以△2代之）」字當爲一字。對於它的字形來源，各家眾說紛紜，其中較爲重要的說法有二：其一、認爲「旌旗類」之象形；其二、認爲「髟」字。本文認爲後者爲是，此字簡文中讀「冒」。「髟」、「冒」古音密近，當可通假。

〔註233〕〔東漢〕楊雄撰／〔民國〕周祖謨校箋《方言校箋》（北京：中華書局，2004 年 11 月第 2 刷），頁 22。

〔註234〕裘錫圭〈甲骨文中所見的商代農業〉《全國商史學術討論會論文集》（河南：殷都學刊編輯部，1985 年 2 月），頁 222～227。

〔註235〕宗福邦、陳世鐃、蕭海波主編《故訓匯纂》（北京：商務印書館，2004 年 3 月第 2 刷），頁 965 ～966。

〔註236〕李守奎《楚文字編》（上海：華東師範大學出版社，2003 年 12 月初版），頁 192～193。

〔註237〕北京大學中國語言文學系語言學教研室編《漢語方言詞彙（第二版）》（北京：語文出版社，2005 年 1 月第 3 刷），頁 386。

二、〈曹沫之陳〉的△1字

	既戰將量，為之【32】毋怠（怠），毋思（使）民疑，及爾龜筮（筮），皆曰「勝之」。改△1 爾鼓，乃遊（秩）其備。明日復陣，必過其所，此「復【52】盤戰」之道。【53 上】

〈曹沫之陳〉簡 52-53 上

原考釋未作解，認為待考字。〔註 238〕

三、學者討論

　　陳劍在其重編釋文中將之隸定作「芋」，讀為「作」，但加問號而表示存疑。〔註239〕陳斯鵬隸定作「祚」，亦讀「作」。〔註240〕二說皆將△字上半視作與「乍」有關。褚健聰則認為此形與「乍」並無關連，主張其上半是象旌旗飄帶類下垂飾物之形，即「旄」之象形古文，隸定作「槊」，並讀「冒」，云：

> 此字上部所從，與楚簡的「乍」字形體差異較大，與同篇「乍」字寫法區別明顯，所釋可疑。細審原簡，其上部乃左從「尸」，右半則是互不連屬的三彎畫，各自與「尸」相接。郭店〈成之聞之〉簡 22 有一個怪字作「（B）」，與 A 字（按：指〈曹沫之陣〉△1 字）上部所從極肖，當為一字。郭店簡〈成之聞之〉「唯 B 稱德」，乃引自《尚書‧君奭》，對應文句為「惟冒丕單稱德」。對於字，學者解釋不一……李零先生釋「旒」，謂「像旗旒，應即『旒』字，借讀為『冒』（『冒』是明母幽部字，『旒』是來母幽部字，讀音相近）」。諸家雖眾說紛紜，但多認為 B 與對應傳世文獻的「冒」互為通假，當是。以字形來看，似以李零先生「旗旒」之說為是。B 字之形，正像古代旌旗飄帶類下垂飾物，將之看作「旒」或「旄」（「旄」是明母宵部字，與「冒」讀音也相近）等的象形古體當大致不差。戰國文字「中」字多保存旗旒之形，可與此參照。楚簡雖為戰國中後期遺物，但若干文字形體卻仍保留了較古的寫法，不足為奇。
>
> 準此，B 可讀為「冒」，則從 B 得聲的 A 字也可讀為「冒」。「冒鼓」一詞見於《周禮‧考工記‧韗人》：「凡冒鼓，必以啟蟄之日，良鼓瑕如積環。」

〔註238〕馬承源主編《上海博物館藏戰國楚竹書（四）》（上海：上海古籍出版社，2004 年12 月初版），頁 278。

〔註239〕陳劍〈上博竹書〈曹沫之陣〉新編釋文（稿）〉（簡帛研究網，2005 年 2 月 12 日）。

〔註240〕陳斯鵬〈上海博物館藏楚簡〈曹沫之陣〉釋文校理稿〉（簡帛研究網，2005 年 2 月20 日）。

鄭注：「啓蟄孟春之中也，蟄蟲始聞雷聲而動，鼓所取象也。冒，蒙鼓以革。」簡文「改冒爾鼓」，意即改換戰鼓的皮革。其字从「示」，則「冒鼓」大概是一種與祭祀有關的儀式，此與〈考工記〉所述「啓蟄之日」云云及簡文所稱「及而龜筮，皆曰勝之」均相合。先以勝利之卜穩定軍心，繼而改換戰鼓的皮革，以示新氣象，鼓舞士氣。〔註241〕

四、字形分析

	《君奭》曰：「唯△2 丕單稱德」何？言疾也。【22】
	《郭店・成之聞之》簡22

襘健聰認爲上揭字形與△1 字上半爲一字，並對△1 字的寫法說：「其上部乃左从『尸』，右半則是互不連屬的三彎畫，各自與『尸』相接。」〔註242〕他對字形的瞭解非常正確。由於△1 字上半筆畫寫得過於緊密，導致不易辨認。茲爲方便讀者瞭解其寫法，姑且拆散各筆畫：

根據以上的字形瞭解，整個字形應可摹爲如下：

〔註243〕

從結構看，△1 字上半與△2 字當屬一字。至於這一點，襘氏的看法是對的。

郭店楚簡原考釋已指出此句可對應今本《尚書・君奭》：「唯冒丕單稱德」〔註244〕，即與△2 相應之字爲「冒」，但原考釋中對字形無說。學者對此字已提出各種意見，論者雖甚多，但大多學者贊成依照傳本讀作「冒」，就其字形解釋，大抵可分爲兩大類，如下：

（A）認爲與「扒」有關：廖名春〔註245〕、劉桓〔註246〕、李零〔註247〕、襘健

〔註241〕襘健聰〈上博楚簡釋字三則〉（簡帛研究網，2005 年 4 月 15 日）。

〔註242〕襘健聰〈上博楚簡釋字三則〉（簡帛研究網，2005 年 4 月 15 日）。

〔註243〕爲其結構看得更清晰，將各筆畫寫得略爲分開。

〔註244〕荊門市博物館《郭店楚墓竹簡》（北京：文物出版社，1998 年 5 月初版），頁 169。

〔註245〕釋「扒」。「乾」从軋得聲，「軋」則从扒得聲，因而「乾」、「扒」古音可通。「乾」、「冒」都有「勉力」之義，可見二字義近，故可換作。詳見廖名春〈郭店楚簡引《書》論《書》考〉《郭店楚簡國際學術研討會論文集》（武漢：湖北人民出版社，2000 年 5 月初版），頁 119。

〔註246〕釋「扒」。「扒」字典籍通作「偃」，二字古音亦密近，故可讀作「偃」，乃指「偃武」

聰〔註248〕等主張此說。

（B）認爲與「髟」有關：張光裕、袁國華〔註249〕、何琳儀〔註250〕、湯餘惠、
吳良寶〔註251〕、劉釗〔註252〕、李守奎〔註253〕等主張此說。

本文認爲 A 說在字形上難以成立，持 A 說者多舉甲骨文字形爲據，雖然甲骨文
「㐱」旁的部分寫法確與△2 字相近，但楚文字裡其寫法並非如此，大多已譌爲近
似「止」形，如：

【字形表1】

1 佚 735（旅）	2 前 6.18.1（旅）	3 京津 2102（族）	4 粹 258（族）	5 甲 366（族）
6 西周早·倗尊（旅）	7 西周早·明公簋（族）	8 西周中·師遽簋（旋）	9 春秋·鼻林父簋（旛）	10 春秋·王孫鐘（揚）

而言。詳見劉桓〈讀《郭店楚墓竹簡》札記〉《簡帛研究 2001》（桂林：廣西師範大
學出版社，2001 年 9 月初版），頁 67。

〔註247〕釋「旈」，其上古音在來紐幽部，「冒」則明紐幽部，二字讀音相近，故可通假。詳
見李零《郭店楚簡校讀記（增訂本）》（北京：北京大學出版社，2002 年 9 月第 2
刷），頁 124。

〔註248〕釋「旄」，其上古音在明紐宵部，「冒」則明紐幽部，二字讀音相近，故可通假。詳
見禤健聰〈上博楚簡釋字三則〉（簡帛研究網，2005 年 4 月 15 日）。

〔註249〕釋「髟」，但加問號而表示不確定。詳見張光裕、袁國華《郭店楚簡研究·第一卷
文字編》（臺北：藝文印書館，1999 年 1 月初版），頁 412。

〔註250〕何氏則提出兩種可能：第一、認爲「彪」之省，即省「虍」旁之後，所剩下的部分；
第二、認爲「髟」。「彪（幫／幽）」、「髟（幫／幽）」皆與「冒（明／幽）」讀音相
近，故可通假。詳見何琳儀〈郭店竹簡選釋〉《簡帛研究 2001》（桂林：廣西師範大
學出版社，2001 年 9 月初版），頁 164。

〔註251〕釋「髟」。「髟（幫／幽）」與「冒（明／幽）」讀音相近，故可通假。詳見湯餘惠、
吳良寶〈郭店楚簡文字拾零（四篇）〉《簡帛研究 2001》（桂林：廣西師範大學出版
社，2001 年 9 月初版），頁 201。／《戰國文字編》一書中仍在「髟」字條下收錄
此形。湯餘惠主編《戰國文字編》（福州：福建人民出版社，2001 年 12 月初版），
頁 614。

〔註252〕釋「髟」。亦認爲「髟」、「冒」二字古音相近，故可通假。詳見劉釗《郭店楚簡校
釋》（福州：福建人民出版社，2003 年 12 月初版），頁 146。

〔註253〕「髟」字條下收錄此形。李守奎《楚文字編》（上海：華東師範大學出版社，2003
年 12 月初版），頁 540。

11 包 2.4（旅）	12 曾 119（旅）	13 包 2.181（族）	14 郭・語三 14（族）	15 包 2.188（遊）

4 形所从之「㫃」（即劉桓說所據），形體固然近似於△2 字，但其在甲骨文字形中屬於較爲特殊的寫法，並且金文以後不再出現這種寫法的「㫃」字。簡言之，根據甲骨文的罕見寫法，把楚文字△2 字解成「旌旗類」之象形古體，似頗爲牽強。至於 B 說，因爲相關問題有點複雜，在下段作進一步討論。

五、略論「髟」

【字形表 2】

1 商・合 14294	2 商・合 6986	3 商・合 3074	4 商・合 14295	5 商・乙 1556
6 商・父乙髟莫觚	7 商・孤竹父丁罍	8 周早・太保盉蓋	9 周早・太保罍蓋	10 周中・史牆盤

上揭諸形舊多誤釋爲「長」或「兂（即「微」字所从）」。1976 年出土的史牆盤銘文中有此字（10 形），爲該字的釋讀提供了重要線索。該器銘文中有句作「永不巩狄虘　伐尸童」，各家對此句的釋讀及斷句則衆說紛紜〔註254〕，其中最早把「　」字釋作「髟」的是陳世輝，認爲「象一個頭髮下披的人形」，當釋「髟」，銘中用爲地名。〔註255〕其後林澐對相關字形作了全面性的整理〔註256〕，而證明出其確爲「髟」

〔註254〕（1）釋「長」者：徐中舒〈西周牆盤銘文箋釋〉《考古學報》1978 年第 2 期，頁 139。／李仲操〈史牆盤銘文試釋〉《文物》1978 年 3 期，頁 33。
（2）釋「兂」者：李學勤〈論史牆盤及其意義〉《考古學報》1978 年第 2 期，頁 151。／唐蘭〈略論西周微史家族窖藏銅器群的重要意義〉《文物》1978 年 3 期，頁 21、23。／裘錫圭〈史牆盤銘解釋〉《文物》1978 年 3 期，頁 26、31。／孫稚雛〈牆盤銘文今釋〉《古文字研究》第 24 輯（北京：中華書局，2002 年 7 月），頁 217。
（3）釋「麂」者：趙誠〈牆盤銘文補釋〉《古文字研究》第 5 輯（北京：中華書局，1981 年 1 月），頁 20。
（4）釋「嵩」者：于豪亮〈牆盤銘文考釋〉《古文字研究》第 7 輯（北京：中華書局，1982 年 6 月），頁 90。
〔註255〕陳世輝〈牆盤銘文解說〉《考古》1980 年第 5 期，頁 433。
〔註256〕可參林澐的以下二文：林澐〈釋史牆盤銘中的「逖虘髟」〉《林澐學術文集》（北京：中國大百科全書出版社，1998 年 12 月初版），頁 174～183。此文原載於《陝西歷

字無疑，其主要依據爲如下：

一、《說文・髟部》：「髟，長髮猋猋。从長、从彡。」實際上从髟的字大多與人髮有關，許慎的釋義應可信。該字的甲金文字形就象批頭髮的人形，正符合《說文》釋義。小篆其左旁作「長」形，是漢隸以後出現的寫法，可見《說文》釋形不確，字本爲獨體象形，不宜分爲二。「髟」字原本與「長」字毫無關係。

二、該字在卜辭中多用爲南方風名。傳世文獻裏南風謂之「飄風」或「猋風」〔註257〕，「飄（並／宵）」、「猋（幫／宵）」二字之古音皆與「髟（幫／幽）」密近。依照古書記載，其所指應爲「驟起的大風」，這類風在中原地區通常集中發生於夏季，故用以配南方，是合宜的。

《郭店・成之聞之》簡 22 字	《上博（四）・曹沫之陳》簡 52 字上部所

我們現在所討論的這兩個字，拿【字形表 2】裡所揭的甲金文字形與之相比較，可以發現兩者之間確有一脈相承的連續性。楚文字雖然人形有所省減，但描寫長髮的部分仍是該字的最大特徵，此二形應當釋「髟」。另外，睡虎地簡中有若干从髟之字，作：「髮（髮，日甲 13 背）」、「髮（髮・法 84）」、「髮（髡，日甲 60 背）」等形，其寫法已相當接近「長」，可見小篆作「髟」形是繼承秦文字的寫法。〔註 258〕楚文字中有些字的寫法與秦系文字相當懸殊，這往往會造成釋讀上的困難，但兩者畢竟都是殷周文字的後裔，萬變不離其宗，其形體大多能溯及於甲金文。「髟」也是如此，楚、秦二系中各自寫法迥異，但兩者皆從殷周文字演變而來的，因此【字形表 2】所列字形中都能找得到其字形原由。

史博物館館刊》第 1 輯（西安：三秦出版社，1994 年）。／林澐〈說飄風〉《林澐學術文集》（北京：中國大百科全書出版社，1998 年 12 月初版），頁 30～34。此文原載於《于省吾教授百年誕辰紀念文集》（長春：吉林大學出版社，1996 年）。

〔註257〕《詩經・大雅・卷阿》：「有卷者阿，飄風自南。」《詩經・小雅・蓼莪》：「南山烈烈，飄風發發。民莫不穀。我獨何害？南山律律，飄風弗弗，民莫不穀，我獨不卒。」《禮記・月令》：「孟春行夏令，則雨水不時，草木蚤落，國時有恐。行秋令則其民大疫，猋風暴雨總至，藜莠蓬蒿並興。行冬令則水潦爲敗，雪霜大摯，首種不入。」《老子》：「飄風不終朝，驟雨不終日。」《莊子・齊物論》：「泠風則小和，飄風則大和。」《楚辭・離騷》：「飄風屯其相離兮，帥雲霓而來卿。」

〔註258〕林澐認爲「髟」字从長是漢隸以後出現的寫法，但現在看來，其類化之原由應該要提早到戰國末期之秦隸。

六、小　結

　　《郭店・成之聞之》篇作「唯髟丕單稱德」，此句可與《尚書・君奭》「唯冒丕單稱德」對應。「髟」上古音在幫紐幽部，「冒」則明紐幽部，二字疊韻，聲屬一系，當可通假。《上博（四）・曹沫之陳》篇作「改鬃爾鼓」，其中「鬃」字從髟得聲，簡文中亦讀爲「冒」，禤健聰認爲其所言當係《周禮》「冒鼓」之「冒」相當〔註259〕，可從。

附　論

一、「髟」與「散」

　　首先臚列楚簡中所見「兂」字及從其之諸形：

【字形表3】

兂	1 郭・老乙4 兂與惡，相去何若？	2 上一・孔16 見其兂必欲反其本	3 上一・孔21 〈文王〉吾兂之	4 上一・孔22 吾兂之	5 上一・性12 君子兂其情
散	6 郭・老甲15 天下皆知散之爲娍也	7 郭・六38 君子不齊明乎民散而已	8 郭・唐17 求乎大人之興，散也	9 九56.16 散於午	10 九56.35 生子，男必散於人
	11 上二・容14 堯聞之而散其行	12 上四・曹3 此不貧於散而富於德歟？			
娍	13 郭・老甲15 天下皆知散之爲娍也	14 郭・老丙7〔註260〕 娍之，是樂殺人	15 郭・緇1 好娍如好〈緇衣〉	16 郭・性51 有娍情者也	17 上二・容21 衣不褻娍

〔註259〕禤健聰〈上博楚簡釋字三則〉（簡帛研究網，2005年4月15日）。

〔註260〕該形左旁寫法特殊，下從口，此應與「敢」字所混。楚文字「敢」字作「敢（包2.224）」、「敢（郭・老甲9）」、「敢（郭・老丙14）」等形。

頻	18 郭・六 26 頻此多也	19 郭・語一 15 有頻有善	20 上一・緇 1 好頻如好〈緇衣〉	21 上一・緇 18 民不能大頻而少其惡	

上揭諸形中「𡥣」、「娪」、「頻」三形，簡文中均讀「美」，學界並無異議。至於「敚」的讀法，目前則有三種：

（1）讀「美」：6、10、11、12 形

其讀法與「𡥣」、「娪」、「頻」相同。

（2）讀「微」：7、8 形

《郭店・六德》簡 38：原考釋讀作「微」〔註 261〕，無詳解。劉釗云：「『微』字古訓爲『隱』，《說文》：『微，隱行也。』『民微』即『民隱』，『民隱』意爲『民眾之苦痛。』」〔註 262〕

《郭店・唐虞之道》簡 17：原考釋讀作「美」，劉釗改讀爲「微」，以爲簡文此段不易解，疑其大意謂「與大人興起相比，顯得很微小。」〔註 263〕

（3）讀「媚」：9 形

《九店》第 56 號墓簡 13、14、15、16、17、18、19、21、22、23、24〔註 264〕：其文例皆相同，即「敚於＋地支名」，李家浩云：「此建除名，秦簡《日書》楚除甲種作『媚』，乙種作『羸』。『敚』、『媚』古音相近，可以通用。」〔註 265〕

綜上所述，「𡥣」、「敚」、「娪」、「頻」等字在楚簡裡可以讀作「美」、「微」、「媚」。「美（明／脂）」、「微（明／微）」、「媚（明／脂）」三字古音俱近，故可確定「𡥣」、「敚」、「娪」、「頻」四形應屬同音。單憑楚文字字形來看，「敚」、「娪」、「頻」皆從「𡥣」聲，但《說文》並無載「𡥣」字，僅收「敚」。《說文・人部》：「𢾭，妙也。從人、從攴，豈省聲。」學界一般認爲《說文》釋形有誤，「豈（曉／微）」、「敚（明／微）」二字古聲紐有一定距離，並且其解不符先秦古文字字形。「敚」字見於甲金文，如：

〔註 261〕荊門市博物館《郭店楚墓竹簡》（北京：文物出版社，1998 年 5 月初版），頁 188。

〔註 262〕劉釗《郭店楚墓校釋》（福州：福建人民出版社，2003 年 12 月初版），頁 119。

〔註 263〕劉釗《郭店楚墓校釋》（福州：福建人民出版社，2003 年 12 月初版），頁 156。

〔註 264〕凡 11 例，寫法全同，茲選取其中最爲清晰者，收錄於【字形表 3】。

〔註 265〕湖北省文物考古研究所・北京大學中文系編／李家浩考釋《九店楚簡》（北京：中華書局，2000 年 5 月初版），頁 67，注 34。

【字形表 4】

1 商·陳 23	2 商·京都 2146	3 西周早·召尊	4 西周早·召卣
5 西周中·史牆盤	6 西周晚·牧師父簋	7 西周晚·散盤	

高鴻縉〈散盤集釋〉中將 7 形釋作「敳」，云：「應从攴 會意。 爲『髮』字之最初文，象人戴髮形。……髮既細小矣，攴之則斷而更敳也。於是隱行之微，从敳从彳。」〔註 266〕其字形分析應可從，但其左半並非「髮」，而是「彭」。（參【字形表 2】）「彭」古音在幫紐幽部，「敳」則明紐微部，二字聲紐雖屬同系，然韻部隔絕，「敳」應爲「从彭、从攴」之會意字。小篆作「」形，其左半實爲「彭」之譌。季師曰：「《說文》『敳』字不從『𢁥』，也沒有『𢁥』字，確實透露了『敳』字似乎本不該從『𢁥』的訊息。」〔註 267〕

茲爲讀者方便，將其字形嬗變圖示於後：

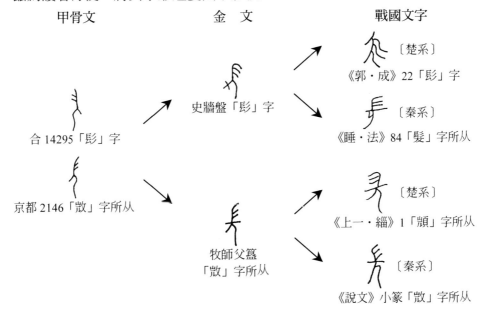

甲骨文	金　文	戰國文字

合 14295「彭」字

史牆盤「彭」字

《郭·成》22「彭」字〔楚系〕

《睡·法》84「髮」字所從〔秦系〕

京都 2146「敳」字所從

牧師父簋「敳」字所從

《上一·緇》1「顡」字所從〔楚系〕

《說文》小篆「敳」字所從〔秦系〕

前文已述，「敳」字本不從『𢁥』，但楚文字卻出現獨體的『𢁥』字及从其得聲

〔註 266〕高鴻縉〈散盤集釋〉此說見於周法高主編《金文詁林》（京都：中文出版社，1981年 10 月），頁 1334。
〔註 267〕季師旭昇《說文新證》下冊（臺北：藝文印書館，2004 年 11 月初版），頁 5。

之「娀」、「頹」等字。現在我們可以很清楚地瞭解到其所以然，如同上表，到了戰國時期「髟」與「散」左半的寫法已有明顯的差別，尤其楚文字裡兩者的寫法則判然有別。換言之，「散」的左半在形體上已獲得了獨自的辨別性，因此「散」可省作「兇」，並且能以它為聲旁而造出新字〔註268〕。季師曰：「從文字發展史來看，這個『兇』字似乎應該看成『散』字的省體。」〔註269〕經過以上的字形分析，我們可以確信師說。

最後，附帶解釋卜辭中所見「𰀀」、「𰀁」二形的關係，林澐云：

> 𰀀和𰀁在字形上有一定的差異，有的甲骨學者作爲兩字處理。《甲骨文編》就是把𰀀作爲4378號，而把𰀁列入4300號。近出的松丸道雄、高嶋謙一《甲骨文字字釋綜覽》也仍分別爲兩個字頭。但是，由於這兩種形體在兩版四方風名刻辭中是互作的，而且從髟爲「長髮猋猋」的觀點來看，兩種形體在表現手部上的差異是無關緊要的。就像何字既可作𰀀，又可作𰀁；鬥字既可作𰀀，也可作𰀁。因而，𰀁雖然可推定即後世散、微中的兇之原形，但後代字書並沒有獨體的兇字，還是應該把𰀁和𰀀都釋爲髟。也就是說，散字本爲從髟從攴的會意字，並不含有聲符，我在〈釋史牆盤銘中的「迺虘髟」〉中仍把𰀁隸定爲兇，而假定它是散的初文，並懷疑四方風名刻辭中作𰀁者爲刻誤，應一並更正。〔註270〕

本文贊成其說，認爲「𰀀」、「𰀁」實屬同字，即皆爲「髟」字的初文。從形體看，二形差別僅在於手形的有無，正如林文所指甲骨文字中這種差異是無關緊要的；從文例看，卜辭中二形均指南方風名。但林氏卻在補記中根據郭店相關字例而放棄己見，云：

> 新出郭店楚簡有獨體的兇和從兇的娀、頹、散，均用作美字。可證《説文》散從兇聲的説法是有根據的。所以甲骨文中的𰀀、𰀁仍應區分爲不同的兩個字。𰀀爲髟字，而南方風名作𰀁者乃是刻誤，不是髟字。〔註271〕

林氏根據郭店「兇」字及從其得聲之字，而認定爲甲骨文的「𰀁」是其初文，並非「髟」字。然而，前面我們已經詳細地討論過，楚簡所見「兇」，只是「散」之省，其並非有獨立來源的字。楚文字中之所以能把「散」省作「兇」，是因爲「散」字的

〔註268〕即「娀」、「頹」字。
〔註269〕季師旭昇《説文新證》下冊（臺北：藝文印書館，2004年11月初版），頁5。
〔註270〕林澐〈説飄風〉《林澐學術文集》（北京：中國大百科全書出版社，1998年12月初版），頁33。
〔註271〕林澐〈説飄風〉《林澐學術文集》（北京：中國大百科全書出版社，1998年12月初版），頁34。

左半（即「髟」）在形體上已與獨體的「髟」字迥然有別。（當然，這很可能是因為楚人已完全不知「敄」本从「髟」。）古文字中往往出現單字和偏旁的不同發展面貌，「髟」字與「敄」字所从之間的關係亦然。

　　總言之，甲骨文的「𣬠」、「𣬛」二形皆當為「髟」字，卜辭中南方風名作「𣬛」者亦當非誤刻。

第六章 結 論

本論文研究成果總結

　　自 2001 年起，上海博物館所藏之戰國楚簡資料陸陸續續整理公佈，迄今已出版至第六冊。此一批新材料吸引了各領域的專家學者投入，蔚成一股新的學術風潮，漸成顯學。其影響範圍甚廣，無論在先秦思想史、歷史考古學、文獻學、文字聲韻學，皆造成極大迴響。其中受惠於此新材料最深者，無疑是古文字學界。這幾年間，眾家學者討論得非常熱烈，研究成果自然頗為可觀。筆者能在這樣的時代研究古文字，因而感到無比的自豪與欣喜。本論文共討論《上海博物館藏戰國楚竹書（四）》一書中的十六個疑難字，茲將其重點略述於下：

一、〈采風曲目〉篇

第 1 節：「𨞨」

　　竊以為从邑、共聲者本為地名字。本篇「𨞨」字，从邑、㕚聲，「共」、「㕚」同音，「𨞨」形只是更換聲旁，故亦當可視為「巷」字。其在簡文中用為「分類聲名」，當屬假借。據楚簡材料，从行（或辵）、㕚聲之字才是「巷弄」之「巷」的本字，今字改从共聲，作「衖」形。

第 2 節：「薻」

　　字从艸、从索（亦可視為「素」。「索」、「素」為一字之分化），古文字中多以其為「葛」（陳劍說），然其字形結構仍待考。

二、〈昭王毀室、昭王與龔之脾〉篇

第1節：「袼」

〈昭王毀室〉篇中見「袼」、「条」、「袼」三種寫法，皆爲「落成」之「落」字（孟蓬生、董珊說）。其中「条」形，依照文例應可確定亦爲「落」字，其上从「夂」乃「各」之省，然而目前古文字資料中，似尚未見同樣从各省聲之字例。

第2節：「狀」

字从午、从犬，通過〈昭王毀室〉、〈姑成家父〉之例證，應可確定是「幸」字（陳劍說）。「午（矢）」、「犬」古音皆與「幸」字隔絕，「狀」應是個會意字。至於「从矢、从犬」如何會意，目前尚無理想的解釋。

附論1：甲骨文中「矢」字正倒無別，單複體均見。但楚文字中似單複有別，則以單體之倒矢爲「矢」字，複體則爲「箭」字。

附論2：甲骨文「至」从倒矢。既然「矢」字正倒無別，「至」所从「午」當可視爲兼聲（「至」、「矢」古音相近）。

附論3：鄙見認爲「矢」、「箭」同源。

第3節：「督」

楚文字中「歲」字分化爲二：「戧」从月，即「歲月」之「歲」的專字；「炭」則相當於後世「劃」字，楚簡中一般讀作「衛」（秦樺林、季師說）。本篇有「督」字，當析爲「从日、炭聲」，竊以爲簡文中當讀「羹」。「歲」、「衛」、「羹」古音同屬匣紐月部。

附論1：據邵榮芬之統計結果，匣紐一般不與脣音互通。

附論2：楚簡所見「暴」字，其結構與《說文》「暴」、「曓」迥異，兩者必有不同來源。就形體言，楚文字「暴」，應是從「畢」借過來的（禤健聰說），然而「暴（並／藥）」、「畢（幫／質）」韻部有一定距離。

三、〈柬大王泊旱〉篇

第1節：「庶」

字从鹿頭、从衣省。《說文》「表」字條收古文「襺」，《集韻》「表」字條收「麌」，其形體之簡省過程應爲「襺」→「麌」→「庶」。簡文中讀「孚」，訓爲「信」（「表」、「孚」古音相近／陳劍說）。沈培指出這種用法之「孚」見於卜辭，顏世鉉指出《尙書》中亦見相關用例。

第2節：「害」

今用「害」字，並非「傷害」之「害」的本字。傷害字甲骨文原本作「虫」，然

而至戰國時期楚文字廣泛流行借「害」爲傷害字或虛詞「曷」、「蓋」。雖然楚文字裡傷害本字「蚩（蠆）」已被「害」逐漸取代，但同時流行在「害」的頭上加「五」的寫法，其無疑是受「蠆」的影響而形成（馮勝君說）。此外，楚簡中還見數種異體，然而大多屬於這種混合寫法的變形，其演變脈絡皆可尋。

　　附論：古文字中偶見將兩個字的某一部分拼湊而成的字形，這種構形方式吳振武稱之爲「文字的糅合」。《上博（四）・曹沫之陳》「馭」字應屬此例，其字形當爲由「馭」、「御」混合而成。

第3節：「吩」

　　字從口無疑，但至於「ㄟ」旁，則看法不一，季師旭昇、禤健聰認爲「勹」，陳劍、周鳳五認爲虎足，楊澤生認爲「今」之省，何有祖認爲「臨」字下從。論者多以△字爲某字的省體，然而目前並無任何旁證。季師析爲「從口、勹聲」，認爲「訽」之異體；禤氏析爲「從勹、口聲」，讀「哭」。本文暫從師說。

四、〈曹沫之陳〉篇

第1節：「襲」

　　字從衣、埶聲，確爲「襲」字無疑。部分學者主張爲「褺」之誤，其說出於「埶」、「執」形近而混的疑慮。本文對「埶」、「執」二字的字形發展作了全面性的探討，認爲楚文字裡二字並無相混的可能，其互誤之例皆僅見於隸楷以後的文字資料。至於本篇「居不襲文」一句中的讀法，竊以爲應讀「設」。

第2節：「㬎」

　　字上從「民」，下從「夏」，二旁皆爲聲符。依陳劍說，「文」乃「拇」之象形初文，銘文中「夏」字讀「慜」。該字楚簡中一般作「㬎」，或加彡作「㬎」，均讀「文」。「民」、「慜」、「文」古音俱近。

第3節：「盦」

　　金文有「鬺」字，可析爲「從粥、釆聲」。楚簡字改從皿，作「盦」形，或省作「盉」（禤健聰說）。該字相當於後世「菜」字，「鬺」、「盦」、「菜」皆以「釆」爲聲。

第4節：「祝」

　　本篇「𦊙」字，即「祝」字之初文。新蔡簡中仍用爲「祝」，本篇中則借用爲「篤」（祝、篤古音相近／沈培說）。此外，郭店簡有兩個從耳之字形，簡文中各讀爲「揖」、「緝」，其寫法近似該字，但末筆的寫法仍有差別，故本文初步判定爲應屬不同字。

附論 1：柞伯簋「稅」字，右旁寫法雖然有點特殊，但應可視爲「祝」字初文。

附論 2：鄙見認爲「臬」也許是截取「猒」的左旁而造出來的字。

第 5 節：「𡘋」

關於「𡘋」字，目前較爲可信的說法有二：第一、據古文《尚書》「虞」作「𡘋」，推論其音應與「虞」相同或相近，故可假爲「御」或「武」；第二、《汗簡》、《古文四聲韻》裡有一些原本从「翟」得聲之字改从「㚇（裼之初文）」聲，其中《汗簡》「燿」字所从之「㚇」則譌作四人形，據以認爲「𡘋」之讀音當與「翟」相同或相近，故可假爲「耀」或「擢」。兩種說法各有所據，出現更多相關材料之前，姑且二說並存。

第 6 節：「忮」

楚文字「忮」，依一般造字規律，其左半應是聲旁。學者一般認爲是數目字「十」，徐在國讀「執」，陳劍讀「審」，蘇建洲讀「協」，皆出於與「十」的聲韻關係。孟蓬生則提出新的看法，認爲其左旁也許是《說文》的「丨」字，楚文字中「訢（慎）」字从其得聲，據以將「忮」字讀作「慎」。諸說皆有據，但目前除字形解釋之外，編連方面亦有許多疑處，因此尚無法確知在簡文中該讀爲什麼詞。

附論 1：裘錫圭認爲「丨」乃「針」之象形初文。「𠦃（朕之聲旁）」原本以「丨」爲聲，楚方言中一些从「𠦃」聲字變讀爲諄部（沈培說）。

附論 2：楚文字裏「愼」字作「訢」形。「愼」古韻屬眞部，眞諄二部關係密近，可知所从「丨」爲聲符。

第 7 節：「戠」、「𢦏」

本篇有「戠」、「𢦏」二字，依照文例，二字所記錄爲同一詞。其共同聲旁「𣏟」，應是「𣏟（散）」之異體。原考釋釋爲「散」，簡文中似以讀「殺」爲妥。依裘錫圭之說，「散」、「殺」同源。

第 8 節：「㣇」

本篇「㣇」字，下从示，對於上方所从的字形來源，各家之說大抵可分爲二：其一、認爲「旌旗類」之象形；其二、認爲「㣇」字。竊以爲後者爲是。簡文中讀「冒」（禤健聰說）。

附論：甲骨文「𢼸」字，左旁原本从「㣇」。金文以後，獨體的「㣇」與「𢼸」字左旁的形體漸漸呈現不同的發展面貌，尤其楚文字裡兩者形體頗爲懸殊。

徵引論文及書目

※說明：
（1）依作者姓氏筆畫排列。
（2）凡見於簡帛研究網站者，標題後加注發表日期。其網址爲 http：//www.jianbo.org/。
（3）凡見於武漢大學簡帛網站者，亦標題後加注發表日期。其網址爲 http：//www.hhbsm.org.cn/。

一、民國以前

1. 〔東漢〕楊雄撰／〔民國〕周祖謨校箋《方言校箋》，北京：中華書局，2004年11月第2刷。
2. 〔東漢〕許愼撰／〔宋〕徐鉉等校定《說文解字》，北京：中華書局，2004年2月第22刷。
3. 〔東漢〕許愼撰／〔清〕段玉裁注《新添古音說文解字注》，臺北：洪葉文化事業有限公司，2001年10月增修1版第2刷。
4. 〔北宋〕郭忠恕／〔清〕鄭珍、鄭知《汗簡箋正》，臺北：藝文印書館，1991年1月初版。
5. 〔明〕張自烈《正字通》，安徽：安徽教育出版社，2002年。
6. 〔清〕朱駿聲《說文通訓定聲》，北京：中華書局，1998年12月第2刷。
7. 〔清〕阮元《十三經注書》，臺北：藝文印書館2001年12月初版14刷。
8. 〔清〕顧藹吉《隸辨》，北京：中華書局，2003年12月第2刷。
9. 〔清〕王引之《經傳釋詞》，臺北：華聯出版社，1975年8月初版。
10. 〔清〕方濬益〈榮伯鬲〉《綴遺齋彝器考釋》，臺北：台聯國風出版社，1976年。
11. 〔清〕周懋琦《荊南萃古編》，臺北：新文豐出版公司，1979年。

12. 〔清〕王國維〈說彝〉《觀堂集林》，石家莊：河北教育出版社，2002 年 1 月第 2 刷。

二、近人著述

二　劃

1. 丁原植《郭店竹簡老子釋析與研究（增修版）》，臺北：萬卷樓圖書股份有限公司，1999 年 4 月。

三　劃

1. 于省吾〈釋夒〉《甲骨文字釋林》，北京：中華書局，1999 年 11 月第 4 刷。
2. 于省吾〈釋篝〉《甲骨文字釋林》，北京：中華書局，1999 年 11 月第 4 刷。
3. 于省吾〈釋牵、䎬〉《甲骨文字釋林》，北京：中華書局，1999 年 11 月第 4 刷。
4. 于省吾〈牆盤銘文十二解〉《古文字研究》第 5 輯，北京：中華書局，1981 年 1 月。
5. 于省吾〈羌伯殷銘〉《雙劍誃吉金文選》，北京：中華書局，1998 年 9 月初版。
6. 于省吾主編、姚孝遂按語《甲骨文字詁林》，北京：中華書局，1999 年 12 月第 2 刷。
7. 于豪亮〈牆盤銘文考釋〉《古文字研究》第 7 輯，北京：中華書局，1982 年 6 月。
8. 大西克也〈論古文字資料中的「害」字及其讀音問題〉《古文字研究》第 24 輯，北京：中華書局，2002 年 7 月。

四　劃

1. 王力《同源字典》，北京：商務印書館，2002 年 11 月第 6 刷。
2. 王力〈訓詁學上的一些問題〉《中國語文》1962 年 1 月號。／此文後收於王力《語言學論文集》，北京：商務印書館，2003 年 4 月第 2 刷。
3. 王文耀《殷周文字聲類研究》，上海：上海辭書出版社，2004 年 7 月。
4. 王宇信、楊升南主編《甲骨學一百年》，北京：社會科學文獻出版社，1999 年 9 月初版。
5. 王貴民〈申論契文「雉眾」為陳師說〉《文物研究》，1985 年第 1 期。
6. 王輝〈秦器銘文叢考（續）〉《考古與文物》1989 年第 5 期。
7. 王輝《秦文字集證》，臺北：藝文印書館，1999 年 1 月初版。
8. 王靜如〈跋高本漢的上古中國音當中幾個問題〉《中央研究院歷史語言研究所集刊》第 1 本第 3 分，臺北：中央研究院歷史語言研究所集刊編輯委員會，1971 年 1 月再版／此文後收於《上古音討論集》，臺北：學藝出版社，1970 年 1 月初版。

五 劃

1. 白於藍〈釋包山楚簡中的「巷」字〉《殷都學刊》1997 年第 3 期。

2. 白於藍〈《郭店楚墓竹簡》讀後記〉《中國古文字研究》第 1 輯，長春：吉林大學出版社，1999 年 6 月初版。

3. 白於藍〈《上海博物館藏戰國楚竹書（一）》釋注商榷〉，簡帛研究網，2002 年 1 月 8 日。

4. 白於藍〈上博簡〈曹沫之陳〉釋文新編〉，簡帛研究網，2005 年 4 月 10。

5. 田煒〈讀上博竹書（四）瑣記〉，簡帛研究網，2005 年 4 月 3 日。

6. 北京大學中國語言文學系語言學教研室編《漢語方言詞彙（第二版）》，北京：語文出版社，2005 年 1 月第 3 刷。

7. 古文字詁林編纂委員會編纂《古文字詁林》第 1 冊～第 11 冊，上海：上海教育出版社，2000 年 12 月～2004 年 12 月。

六 劃

1. 朱歧祥《殷墟甲骨文字通釋稿》，臺北：文史哲出版社，1989 年 12 月初版。

2. 朱德熙〈鄂君啓節考釋（八篇）〉《朱德熙古文字論集》，北京：中華書局，1995 年 2 月初版。

3. 朱賜麟《《曹劌之陣》思想研究——及其在春秋兵學思想史上的意義》，臺北：國立臺灣師範大學國文教學碩士班碩士論文，2006 年 6 月。

七 劃

1. 何有祖〈上博五楚竹書〈競建內之〉札記三則〉，武漢大學簡帛網，2006 年 2 月 18 日。

2. 何有祖〈〈季庚子問孔子〉與〈姑成家父〉試讀〉，武漢大學簡帛網，2006 年 2 月 19 日。

3. 何有祖〈釋〈簡大王泊旱〉「臨」字〉，武漢大學簡帛網，2007 年 2 月 20 日。

4. 何琳儀〈包山竹簡選釋〉《江漢考古》，1993 年第 4 期。

5. 何琳儀《戰國古文字典》，北京：中華書局，1998 年 9 月初版。

6. 何琳儀〈仰天湖竹簡選釋〉《簡帛研究》第 3 輯，南寧：廣西教育出版社，1998 年 12 月初版。

7. 何琳儀〈楚王熊麗考〉《中國史研究》，2000 年第 4 期。

8. 何琳儀〈郭店竹簡選釋〉《簡帛研究 2001》，桂林：廣西師範大學出版社，2001 年 9 月初版。

9. 何琳儀、徐在國〈釋「苛」及其相關字〉《中國文字》新 27 期，臺北：藝文印書館，2001 年 12 月。

10. 何琳儀《戰國文字通論（訂補）》，南京：江蘇教育出版社，2003 年 1 月初版。

11. 何琳儀、程燕〈滬簡〈周易〉選釋〉，簡帛研究網，2004 年 5 月 16 日。

12. 何琳儀〈第二批滬簡選釋〉《上博館藏戰國楚竹書研究（續編）》，上海：上海書店出版社，2004 年 7 月初版。

13. 李方桂《上古音研究》，北京：商務印書館，2003 年 9 月第 5 刷。

14. 李天虹〈〈葛覃〉考〉《國際簡帛研究通訊》，2002 年第 2 卷第 2 期／此文後收於《新出簡帛研究——新出簡帛國際學術研討會文集》，北京：文物出版社，2004 年 12 月初版。

15. 李天虹〈釋楚簡文字「慶」〉《華學》第 4 輯，北京：紫禁城出版社，2000 年 8 月／此文後收於李天虹《郭店竹簡〈性自命出〉研究》，武漢：湖北教育出版社，2003 年 1 月初版。

16. 李天虹〈〈性情論〉文字雜考〉《郭店竹簡〈性自命出〉研究》，武漢：湖北教育出版社，2003 年 1 月初版。

17. 李天虹〈楚幣文「忻」字別解〉《第四屆國際中國古文字學研討會論文集》，香港：香港中文大學中國語言及文學系，2003 年 10 月。

18. 李玉《秦漢簡牘帛書音韻研究》，北京：當代中國出版社，1994 年 10 月。

19. 李守奎《楚文字編》，上海：華東師範大學出版社，2003 年 12 月初版。

20. 李守奎〈楚璽文字六考〉《古文字研究》第 25 輯，北京：中華書局，2004 年 10 月。

21. 李仲操〈史牆盤銘文試釋〉《文物》1978 年 3 期。

22. 李家浩〈包山竹簡所記楚先祖名及其相關的問題〉《文史》第 42 輯，北京：中華書局，1997 年 1 月。

23. 李家浩〈南越王墓車駙虎節銘文考釋——戰國符節銘文研究之四〉《容庚先生百年誕辰紀念文集》，廣州：廣東人民出版社，1998 年 4 月初版。

24. 李家浩〈楚大府鎬銘文新釋〉《語言學論叢》第 22 輯，北京：商務印書館，1999 年／此文後收於李家浩《著名中年語言學家自選集·李家浩卷》，合肥：安徽教育出版社，2002 年 12 月初版。

25. 李家浩〈包山楚簡中的「枳」字·補正〉《著名中年語言學家自選集·李家浩卷》，合肥：安徽教育出版社，2002 年 12 月。

26. 李零《上博楚簡三篇校讀記》，臺北：萬卷樓圖書股份有限公司，2002 年 3 月初版。

27. 李零〈郭店楚簡中的「敏」字和「文」字〉《古文字研究》第 24 輯，中華書局，2002 年 7 月。

28. 李零《郭店楚簡校讀記（增訂本）》，北京：北京大學出版社，2002 年 9 月第 2 刷。

29. 李銳〈〈曹劌之陣〉釋文新編〉，簡帛研究網，2005 年 2 月 25 日。

30. 李銳〈〈曹劌之陣〉重編釋文〉，簡帛研究網，2005 年 5 月 27 日。

31. 李學勤〈論史牆盤及其意義〉《考古學報》1978 年第 2 期。

32. 李學勤〈形音義〉《古文字學初階》臺灣版，臺北：萬卷樓圖書有限公司，1993年4月第2刷。

33. 李學勤〈柞伯簋銘考釋〉《文物》1998年第11期。

34. 李學勤〈釋郭店簡祭公之顧命〉《文物》1998年第7期／此文又見於《中國哲學》第20輯——郭店楚簡研究，瀋陽：遼寧教育出版社，1999年1月初版。

35. 李學勤〈試解郭店簡讀「文」之字〉《孔子‧儒學研究文叢（一）》，齊魯書社，2001年初版／此文後收於《中國古代文明研究》，上海：華東師範大學出版社，2005年4月初版。

36. 吳九龍《銀雀山漢簡釋文》，北京：文物出版社，1985年初版。

37. 吳振武〈古璽姓氏考（複姓十五篇）〉《出土文獻研究》第3輯，北京：中華書局，1998年10月。

38. 吳振武編《珍秦齋藏印‧戰國篇》，澳門基金會，2001年6月初版。

39. 吳振武〈戰國文字中一種值得注意的構形方式〉《姜亮夫、蔣禮鴻、郭在貽先生紀念文集》，上海：上海教育出版社，2003年5月初版。

40. 沈培〈卜辭「雉眾」補說〉《語言學論叢》第26輯，北京：商務印書館，2002年。

41. 沈培〈上博簡〈緇衣〉篇「悉」字解〉《華學》第6輯，北京：紫禁城出版社，2003年6月。

42. 沈培〈上博簡〈姑成家父〉一個編聯組位置的調整〉，武漢大學簡帛網，2006年2月22日。

43. 沈培〈從戰國簡看古人占卜的「蔽志」——兼論「移崇」說〉《第一屆古文字與古代史學術研討會論文集》，臺北：中央研究院歷史語言研究所，2006年9月。

44. 沈培〈說古文字裏的「祝」及相關之字〉《中國簡帛學國際論壇2006》，武漢：武漢大學簡帛研究中心，2006年11月。

45. 巫雪如《包山楚簡姓氏研究》，國立臺灣大學中國文學研究所碩士學位論文，1996年。

八　劃

1. 邵榮芬〈匣母字上古一分為二試析〉《語言研究》1991年第1期。

2. 邵榮芬〈匣母字上古一分為二再證〉《中國語言學報》1995年第7期。

3. 周法高主編《金文詁林》，京都：中文出版社，1981年10月。

4. 周振鶴、游汝杰《方言與中國文化》臺灣版，臺北：南天書局，1990年10月初版。

5. 周鳳五〈郭店〈性自命出〉「怒而盈而毋暴」說〉《新出土文獻與古代文明研究》，上海：上海大學出版社，1994年4月。

6. 周鳳五〈讀上博楚竹書〈從政（甲篇）〉箚記〉，簡帛研究網，2003年1月10日。

7. 周鳳五〈上博四〈柬大王泊旱〉重探〉《簡帛》第 1 輯，上海：上海古籍出版社，2006 年 10 月初版。

8. 周曉陸、路東之、龐睿〈秦代封泥的重大發現〉《考古與文物》1997 年第 1 期。

9. 周曉陸、路東之編著《秦封泥集》，西安：三秦初版社，2000 年 5 月初。

10. 季師旭昇〈讀郭店楚墓竹簡札記：卞、絕爲棄作、民復季子〉《中國文字》新 24 期，臺北：藝文印書館，1998 年 12 月。

11. 季師旭昇《說文新證》上冊，臺北：藝文印書館，2002 年 10 月初版。

12. 季師旭昇主編《上海博物館藏戰國楚竹書（二）讀本》，臺北：萬卷樓圖書股份有限公司，2003 年 7 月初版。

13. 季師旭昇《甲骨文字字根研究》，臺北：文史哲出版社，2003 年 12 月初版。

14. 季師旭昇《《上博三・周易》簡六「朝三褫之」說〉，簡帛研究網，2004 年 4 月 18 日。

15. 季師旭昇主編《上海博物館藏戰國楚竹書（一）讀本》，臺北：萬卷樓圖書股份有限公司，2004 年 7 月第二刷。

16. 季師旭昇《說文新證》下冊，臺北：藝文印書館，2004 年 11 月初版。

17. 季師旭昇《《上博四・柬大王泊旱》三題〉，簡帛研究網，2005 年 2 月 12 日。

18. 季師旭昇〈上博四零拾〉，簡帛研究網，2005 年 2 月 15 日。

19. 季師旭昇主編《上海博物館藏戰國楚竹書（三）讀本》，臺北：萬卷樓圖書股份有限公司，2005 年 10 月初版。

20. 季師旭昇〈上博五芻議（上）〉，武漢大學簡帛網，2006 年 2 月 18 日。

21. 季師旭昇〈上博五芻議（下）〉，武漢大學簡帛網，2006 年 2 月 18 日。

22. 季師旭昇主編《上海博物館藏戰國楚竹書（四）讀本》，臺北：萬卷樓圖書股份有限公司，2007 年 3 月初版。

23. 孟蓬生〈上博竹書（四）閒詁〉，簡帛研究網，2005 年 2 月 15 日。

24. 孟蓬生〈上博竹書（四）閒詁（續）〉，簡帛研究網，2005 年 3 月 6 日。

25. 林素清〈利用出土戰國楚竹書資料檢討《尚書》異文及相關問題〉《龍宇純先生七秩晉五壽慶論文集》，臺北：臺灣學生書局，2002 年 11 月。

26. 林清源《楚國文字構形演變研究》，臺中：私立東海大學中國文學系博士論文，1997 年 12 月。

27. 林詳祺〈上博三〈周易〉「乂」字與《楚帛書》韻讀〉，簡帛研究網，2003 年 6 月 13 日。

28. 林澐〈釋史牆盤銘中的「逖虘髟」〉《陝西歷史博物館館刊》第 1 輯，西安：三秦出版社，1994 年／此文後收於《林澐學術文集》，北京：中國大百科全書出版社，1998 年 12 月初版。

29. 林澐〈說飄風〉《于省吾教授百年誕辰紀念文集》，長春：吉林大學出版社，1996

年／此文後收於《林澐學術文集》，北京：中國大百科全書出版社，1998 年 12 月初版。

30. 林志強〈說「牵」〉《古文字研究》第 24 輯，北京：中華書局，2002 年 7 月。

31. 邴尚白〈上博楚竹書〈曹沫之陳〉注釋〉《中國文學研究》第 21 期，臺北：國立臺灣大學中國文學研究所，2005 年 12 月。

32. 河南省文物考古研究所《新蔡葛陵楚墓》，鄭州：大象出版社，2003 年 10 月初版。

33. 宗福邦、陳世鐃、蕭海波主編《故訓匯纂》，北京：商務印書館，2004 年 3 月第 2 刷。

34. 金俊秀〈《上博（四）・曹沫之陣》「居不設文，食不二菜」解〉《第十三屆國立臺灣師範大學國文學系研究生學術論文研討會》，臺北：國立臺灣師範大學國文學系，2007 年 4 月。

35. 金俊秀〈說害〉《第十八屆中國文字學國際學術研討會論文集》，臺北：輔仁大學中國文學系，2007 年 5 月。

九 劃

1. 姚孝遂主編《殷墟甲骨刻辭類纂》，北京：中華書局，1989 年。

2. 施謝捷〈釋「索」〉《古文字研究》第 20 輯，北京：中華書局，2000 年 3 月。

3. 范常喜〈讀《上博四》箚記四則〉，簡帛研究網，2004 年 3 月 31 日。

4. 范常喜〈新蔡楚簡「尋禱」即「罷禱」說〉，武漢大學簡帛網，2006 年 10 月 14 日。

十 劃

1. 容庚《金文編（第四版）》，北京：中華書局，2002 年 11 月第 7 刷。

2. 孫海波《校正甲骨文編》，臺北：藝文印書館，1974 年 10 月再版。

3. 孫啟康〈楚器「王孫遺者鐘」考辨〉《江漢考古》1983 年 4 期。

4. 孫詒讓〈封敦〉《古籀拾遺・古籀餘論》，北京：中華書局，2005 年 1 月第 2 刷。

5. 孫稚雛〈牆盤銘文今釋〉《古文字研究》第 24 輯，北京：中華書局，2002 年 7 月。

6. 唐蘭〈略論西周微史家族窖藏銅器群的重要意義〉《文物》1978 年 3 期。

7. 唐蘭〈釋丮羿習罶〉《殷虛文字記》，臺北：學海出版社，1986 年 8 月初版。

8. 馬承源主編《商周青銅器銘文選》，北京：文物出版社，1986 年初版。

9. 馬承源主編《上海博物館藏戰國楚竹書（一）》，上海：上海古籍出版社，2001 年 12 月初版。

10. 馬承源主編《上海博物館藏戰國楚竹書（二）》，上海：上海古籍出版社，2002 年 12 月初版。

11. 馬承源主編《上海博物館藏戰國楚竹書（三）》，上海：上海古籍出版社，2003

年 12 月初版。

12. 馬承源主編《上海博物館藏戰國楚竹書（四）》，上海：上海古籍出版社，2004 年 12 月初版。

13. 馬承源主編《上海博物館藏戰國楚竹書（五）》，上海：上海古籍出版社，2005 年 12 月初版。

14. 徐中舒〈西周牆盤銘文箋釋〉《考古學報》1978 年第 2 期。

15. 徐中舒《徐中舒歷史論文選輯》，北京：中華書局，1998 年 9 月初版。

16. 徐中舒《甲骨文字典》，成都：四川辭書出版社，1998 年 10 月第 5 刷。

17. 徐在國〈郭店楚簡文字三考〉《簡帛研究 2001》，南寧：廣西師範大學出版社，2001 年 9 月。

18. 徐在國〈上博竹書（三）札記二則〉，簡帛研究網，2004 年 4 月 26 日。

19. 徐在國〈說「聑」及其相關字〉，簡帛研究網，2005 年 3 月 4 日。

20. 袁國華〈「包山楚簡」文字諸家考釋異同一覽表〉《中國文字》新 20 期，臺北：藝文印書館，1995 年 12 月初版。

21. 袁國華〈郭店竹簡「卬」（卲）、「其」、「卡」（下）諸字考釋〉《中國文字》新 25 期，臺北：藝文印書館，1999 年 12 月。

22. 袁國華〈上博楚竹書（四）〈昭王毀室〉字詞考釋〉《出土簡帛文獻與古代學術國際研討會》，臺北：國立政治大學，2005 年 12 月。

23. 袁俊杰、姜濤、王龍正〈新發現的柞伯簋及其銘文考釋〉《文物》1998 年第 9 期。

24. 高亨《古字通假會典》，濟南：齊魯書社，1997 年 7 月第 2 刷。

25. 高明《古文字類編》，北京：中華書局，2004 年 7 月第 4 刷。

26. 高明《古陶文彙編》，北京：中華書局，2004 年 10 月第 2 刷。

27. 高佑仁〈談〈競建內之〉兩處與「害」有關的字〉，武漢大學簡帛網，2006 年 6 月 13 日。

28. 高佑仁《《上海博物館藏戰國楚竹書（四）·曹沫之陣》研究》，臺北：國立臺灣師範大學國文研究所碩士論文，2007 年 6 月。

29. 高鴻縉《中國字例》，臺北：三民書局，1992 年 10 月第 9 版。

30. 秦樺林〈「訾」字所從聲旁「戔」試說〉，簡帛研究網，2005 年 9 月 4 日。

31. 秦樺林〈釋「戔」「戩」〉，簡帛研究網，2004 年 9 月 10 日。

32. 秦樺林〈楚簡佚詩〈交交鳴鷺〉箚記〉，簡帛研究網，2005 年 2 月 20 日。

33. 荊門市博物館《郭店楚墓竹簡》，北京：文物出版社，1998 年 5 月初版。

十一劃

1. 許師錟輝《文字學簡編》，臺北：萬卷樓圖書股份有限公司，2001 年 10 月第 4 刷。

2. 張光裕、袁國華《郭店楚簡研究・第一卷文字編》，臺北：藝文印書館，1999年1月初版。

3. 張玉金《西周漢語代詞研究》，北京：中華書局，2006年4月初版。

4. 張亞初〈古文字分類考釋論稿〉《古文字研究》第17輯，北京：中華書局，1989年6月。

5. 張亞初編著《殷周金文集成引得》，北京：中華書局，2001年7月初版。

6. 張桂光〈〈東大王泊旱〉編聯與釋讀略説〉《古文字研究》第26輯，北京：中華書局，2006年11月。

7. 張富海〈北大中國古文獻研究中心「郭店楚簡研究」項目新動態〉，簡帛研究網，2000年10月。

8. 張新俊《上博楚簡文字研究》，長春：吉林大學博士學位論文，2005年6月。

9. 郭沫若《兩周金文辭大系圖錄攷釋》，上海：上海書店出版社出版，1999年。

10. 郭沫若〈周公殷釋文〉《金文叢攷》收於《郭沫若全集》考古編第5卷，北京：科學出版社2002年10月初版。

11. 郭錫良〈漢語的同源詞和構詞法〉《第二屆國際暨第四屆全國訓詁學學術研討會論文集》，臺北：國立臺灣師範大學國文學系，1998年12月／此文後收於《漢語史論集（增補本）》，北京：商務印書館，2005年10月。

12. 郭錫良〈古漢語詞類活用淺談〉《漢語史論集（增補本）》，北京：商務印書館，2005年10月初版。

13. 梅祖麟〈漢藏語的「歲、越」、「還（旋）、圜」及其相關問題〉《中國語文》1992年第5期／此文後收於《梅祖麟語言學論文集》，北京：商務印書館，2000年10月初版。

14. 陸志韋《古音説略》，臺北：學生書局，1979年9月再版。

15. 陳世輝〈牆盤銘文解説〉《考古》1980年第5期。

16. 陳秉新〈害即胡篹之胡本字説〉《考古與文物》1990年第1期。

17. 陳偉〈〈語叢〉一、三中有關「禮」的幾條簡文〉《郭店楚簡國際學術研討會論文集》，武漢：湖北人民出版社，2000年5月。

18. 陳偉《郭店竹書別釋》，武漢：湖北教育出版社，2003年1月第1版。

19. 陳偉武〈舊釋「折」及从「折」之字平議〉《古文字研究》第22輯，中華書局，2000年7月。

20. 陳斯鵬〈上海博物館藏楚簡〈曹沫之陣〉釋文校理稿〉，簡帛研究網，2005年2月20日。

21. 陳斯鵬《戰國簡帛文學文獻考論》，廣州：中山大學博士學位論文，2005年。

22. 陳鼓應、趙建偉《周易注譯與研究》，臺北：臺灣商務印書館，1999年。

23. 陳師新雄《古音研究》，臺北：五南圖書，2000年11月第2刷。

24. 陳夢家《殷虛卜辭綜述》，臺灣翻印版，1971 年。

25. 陳嘉凌《楚系簡帛字根研究》，臺北：國立臺灣師範大學國文研究所碩士學位論文，2002 年 6 月。

26. 陳劍〈柞伯簋銘補釋〉《傳統文化與現代化》1999 年第 1 期。

27. 陳劍〈說慎〉《簡帛研究 2001》，桂林：廣西師範大學出版社，2001 年 9 月。

28. 陳劍〈郭店簡〈窮達以時〉、〈語叢四〉的幾處簡序調整〉《國際簡帛研究通訊》第 2 卷第 5 期，2002 年 6 月。

29. 陳劍〈上博簡〈子羔〉、〈從政〉篇的拼合與編連問題小議〉，簡帛研究網，2003 年 1 月 8 日。

30. 陳劍〈上博簡〈容成氏〉的拼合與編連問題小議〉，簡帛研究網，2003 年 1 月 9 日。

31. 陳劍〈甲骨金文舊釋「尤」之字及相關諸字新釋〉《北京大學中國古文獻研究中心集刊》第 4 輯，北京：北京大學出版社，2004 年 10 月初版。

32. 陳劍〈上博竹書〈昭王與龔之脽〉和〈柬大王泊旱〉讀後記〉，簡帛研究網，2005 年 2 月 15 日。

33. 陳劍〈釋上博竹書〈昭王毀室〉的「幸」字〉《漢字研究》第 1 輯，北京：學苑出版社，2005 年 6 月初版／此文又見武漢大學簡帛網，2005 年 12 月 16 日。

34. 陳劍〈上博竹書「葛」字小考〉，武漢大學簡帛網，2006 年 3 月 10 日。

35. 陳劍〈也談〈競建內之〉簡 7 的所謂「害」字〉，武漢大學簡帛網，2006 年 6 月 16 日。

36. 陳劍〈釋造〉《出土文獻與古文字研究》第 1 輯，上海：復旦大學出版社，2006 年 12 月初版。

37. 梁立勇〈釋「啓」〉《上博館藏戰國楚竹書研究續編》，上海：上海書店出版社，2004 年 7 月初版。

十二劃

1. 曾憲通撰集《長沙楚帛書文字編》，北京：中華書局，1993 年。

2. 湯漳平〈論唐勒賦殘簡〉《文物》，1990 年第 4 期。

3. 湯餘惠、吳良寶〈郭店楚簡文字拾零（四篇）〉《簡帛研究 2001》，桂林：廣西師範大學出版社，2001 年 9 月初版。

4. 湯餘惠《戰國文字編》，福州：福建人民出版社，2001 年 12 月初版。

5. 黃易青〈論上古喉牙音向齒頭音的演變及古明母音質〉《古漢語研究》2004 年 1 期。

6. 黃德寬・徐在國〈《上海博物館藏戰國楚竹書（一）・孔子詩論》釋文補正〉《安徽大學學報・哲學社會科學版》，2002 年第 2 期。

7. 黃錫全《汗簡注釋》，武漢：武漢大學出版社，1990 年 8 月初版。

8. 黃錫全〈讀上博《戰國楚竹書（三）》箚記六則〉，簡帛研究網，2004 年 4 月 29 日。

9. 傅嘉儀《新出土秦代封泥印集》，杭州：西泠出版社，2002 年 10 月初版。

10. 馮勝君〈讀上博簡《孔子詩論》札記〉《古籍整理研究學刊》2002 年第 2 期。

11. 湖北省博物館編《曾侯乙墓》，北京：文物出版社，1989 年 7 月初版。

12. 湖北省荊沙鐵路考古隊《包山楚簡》，北京：文物出版社，1991 年 10 月初版。

13. 湖北省文物考古研究所・北京大學中文系《望山楚簡》，北京：中華書局，1995 年 6 月初版。

14. 湖北省文物考古研究所・北京大學中文系《九店楚簡》，北京：中華書局，2000 年 5 月初版。

十三劃

1. 鄒安《周金文存》，臺北：台聯國風出版社，1978 年 1 月。

2. 楊伯峻《春秋左傳注》，北京：中華書局，2000 年 7 月第 6 刷。

3. 楊樹達〈釋晉〉《積微居小學金石論叢（增訂本）》，北京：科學出版社，1955 年 10 月。

4. 楊樹達〈姜林母毀跋〉《積微居金文說（增訂本）》，北京：中華書局，2004 年 1 月第 2 刷。

5. 楊樹達〈井侯彝再跋〉《積微居金文說（增訂本）》，北京：中華書局，2004 年 1 月第 2 刷。

6. 楊樹達〈筍白大父盨跋〉《積微居金石說（增訂本）》，北京：中華書局，2004 年 1 月第 2 刷。

7. 楊樹達〈茻伯毀再跋〉《積微居金文說（增訂本）》，北京：中華書局，2004 年 1 月第 2 刷。

8. 楊樹達〈邾王糧鼎跋〉《積微居金文說（增訂本）》，北京：中華書局，2004 年 1 月第 2 刷。

9. 楊澤生〈《上海博物館所藏竹書（二）》補釋〉，簡帛研究網，2003 年 2 月 15 日。

10. 楊澤生〈竹書《周易》中的兩個異文〉，簡帛研究網，2004 年 5 月 29 日。

11. 楊澤生〈讀《上博四》箚記〉，簡帛研究網，2005 年 3 月 24 日。

12. 董妍希《金文字根研究》，臺北：國立臺灣師範大學國文研究所碩士學位論文，2001 年 6 月。

13. 董珊〈古璽中的燕都薊及其初封問題〉《江漢考古》1993 年第 4 期。

14. 董珊〈讀《上博藏戰國楚竹書（四）》雜記〉，簡帛研究網，2005 年 2 月 20 日。

15. 裘錫圭〈史牆盤銘解釋〉《文物》1978 年 3 期。

16. 裘錫圭〈出土古文獻與其他出土文字資料在古籍校讀方面的重要作用〉《中國社會科學》1980 年 5 期。／ 此文後收於裘錫圭《中國出土古文獻十講》，上海：

復旦大學出版社，2004 年 12 月初版。

17. 裘錫圭〈甲骨文中所見的商代農業〉《全國商史學術討論會論文集》，河南：殷都學刊編輯部，1985 年 2 月。

18. 裘錫圭〈釋殷虛甲骨文裏的「遠」「𫝼（邇）」及有關諸字〉《古文字研究》第 12 輯，北京：中華書局，1985 年 10 月／此文後收於裘錫圭《古文字論集》，北京：中華書局，1992 年 8 月初版。

19. 裘錫圭〈釋殷墟卜辭中的「卒」和「𢎥」〉《中原文物》1990 年第 3 期。

20. 裘錫圭〈釋「蚩」〉《古文字論集》，北京：中華書局，1992 年 8 月初版。

21. 裘錫圭〈說字小記・6、說「去」「今」〉《古文字論集》，北京：中華書局，1992 年 8 月初版。

22. 裘錫圭〈古文獻中讀爲「設」的「埶」及其與「執」互訛之例〉《東方文化（Journal of Oriental Studies）》第 26 卷 1998 年第 1、2 期合訂。

23. 裘錫圭〈簡帛古籍的用字方法是校讀傳世先秦秦漢古籍的重要根據〉《兩岸古籍整理學術研討會論文集》，南京：江蘇古籍出版社，1998 年／此文後收於裘錫圭《中國出土古文獻十講》，上海：復旦大學出版社，2004 年 12 月初版。

24. 裘錫圭〈以郭店〈老子〉簡爲例談談古文字的考釋〉《中國哲學》第 21 輯，瀋陽：遼寧教育出版社，2000 年 1 月。

25. 裘錫圭《文字學概要》，臺北：萬卷樓圖書股份有限公司，2002 年 7 月再版。

26. 裘錫圭〈釋「厄」〉《紀念殷墟甲骨文發現一百周年國際學術研討會》，北京：社會科學文獻出版社，2003 年 3 月。

27. 裘錫圭〈談談上博簡和郭店簡中的錯別字〉《華學》第 6 輯，北京：紫禁城出版社，2003 年 6 月／此文後收於裘錫圭《中國出土古文獻十講》，上海：復旦大學出版社，2004 年 12 月初版。

28. 裘錫圭〈釋郭店〈緇衣〉「出言有丨，黎民所言丨」——兼說「丨」爲「針」之初文〉《古墓新知——紀念郭店楚簡出土十周年論文專輯》，香港：國際炎黃文化出版社，2003 年 11 月初版／此文後收於裘錫圭《中國出土古文獻十講》，上海：復旦大學出版社，2004 年 12 月初版。

29. 裘錫圭〈𤔲公盨銘文考釋・追記〉《中國出土古文獻十講》，上海：復旦大學出版社，2004 年 12 月初版。

30. 裘錫圭〈關於《老子》的「絕仁棄義」和「絕聖」〉《出土文獻與古文字研究》第 1 輯，上海：復旦大學出版社，2006 年 12 月初版。

十四劃

1. 趙平安〈釋包山楚簡中的「衛」和「𨒪」〉《考古》1998 年第 5 期。

2. 趙誠〈牆盤銘文補釋〉《古文字研究》第 5 輯，北京：中華書局，1981 年 1 月。

3. 廖名春〈郭店楚簡引《書》論《書》考〉《郭店楚簡國際學術研討會論文集》，武漢：湖北人民出版社，2000 年 5 月初版。

4. 廖名春《郭店楚簡老子校釋》，北京：清華大學出版社，2003 年 6 月初版。

5. 廖名春〈楚簡《周易·大畜》卦再釋〉《清華大學學報（哲學社會科學版）》2004 年第 3 期第 19 卷。

6. 廖名春〈楚簡《周易》校釋記（一）〉，簡帛研究網，2004 年 4 月 23 日。

7. 廖名春〈楚簡《逸詩·交交鳴鳥》補釋〉，簡帛研究網，2005 年 2 月 12 日。

8. 廖名春〈讀楚竹書〈曹沫之陳〉劄記〉，簡帛研究網，2005 年 2 月 12 日。

9. 廖佳行、袁俊杰、王龍正〈柞伯簋與大射禮及西周教育制度〉《文物》1998 年第 9 期。

10. 睡虎地秦墓竹簡整理小組編《睡虎地秦墓竹簡》（臺灣翻印版），臺北：里仁書局，1981 年 11 月。

十五劃

1. 劉信芳《荊門郭店竹簡老子解詁》，臺北：藝文印書館，1999 年 1 月初版。

2. 劉信芳《包山楚簡解詁》，臺北：藝文印書館，2003 年 1 月初版。

3. 劉釗《古文字構形研究》，長春：吉林大學博士學位論文，1991 年。

4. 劉釗〈讀郭店楚簡字詞札記〉《郭店楚簡國際學術研討會論文集》，武漢：湖北人民出版社，2000 年 5 月。

5. 劉釗《郭店楚墓校釋》，福州：福建人民出版社，2003 年 12 月初版。

6. 劉桓〈讀《郭店楚墓竹簡》札記〉《簡帛研究 2001》，桂林：廣西師範大學出版社，2001 年 9 月初版。

7. 劉國勝〈郭店楚簡釋字八則〉《武漢大學學報（哲學社會科學版）》，1999 年第 5 期。

8. 劉國勝〈信陽長台關楚簡〈遣策〉編聯二題〉《江漢考古》2001 年第 3 期。

9. 劉翔〈王孫遺者鐘新釋〉《江漢論壇》1983 年 8 期。

10. 劉樂賢〈釋《說文》古文愼字〉《考古與文物》1993 年第 4 期。

11. 滕壬生《楚系簡帛文字編》，武漢：湖北教育出版社，1995 年 7 月初版。

十六劃

1. 禤健聰〈上博楚簡釋字三則〉，簡帛研究網，2005 年 4 月 15 日。

2. 禤健聰〈上博楚簡（五）零札（一）〉，武漢大學簡帛網，2006 年 2 月 24 日。

3. 禤健聰〈楚簡文字與《說文》互證舉例〉《許愼文化研究——首屆許愼文化國際研討會論文集》，中國文藝出版社，2006 年 2 月。

4. 禤健聰〈楚簡文字補釋五則〉《古文字研究》第 26 輯，北京：中華書局，2006 年 11 月初版。

5. 禤健聰〈戰國楚簡所見楚系用字習慣考察〉《第十八屆中國文字學國際學術研討會論文集》，臺北：輔仁大學中國文學系，2007 年 5 月。

十七劃

1. 謝世涯《新中日簡體字研究》，北京：語文出版社，2002 年 10 月第 2 刷。

十八劃

1. 魏宜輝〈讀上博楚簡（四）箚記〉，簡帛研究網，2005 年 3 月 10 日。

2. 顏世鉉〈上博楚竹書文字釋讀箚記五則〉《簡帛》第 1 輯，上海：上海古籍出版社，2006 年 10 月初版。

十九劃

1. 羅福頤主編《古璽文編》，北京：文物出版社，1998 年 5 月第 3 刷。

二十劃

1. 饒宗頤〈楚繒書疏證〉《中央研究院歷史語言研究所集刊》第 40 冊（上）。

2. 饒宗頤〈楚帛書新證〉《楚帛書》，香港：中華書局，1985 年 9 月初版／此文後收於《楚地出土文獻三種研究》，北京：中華書局，1993 年初版。

3. 蘇建洲《《上海博物館藏戰國楚竹書（二）》校釋》，臺北：國立臺灣師範大學國文研究所博士學位論文，2004 年。

4. 蘇建洲《《上博（四）·曹沫之陳》補釋一則（二）〉，簡帛研究網，2005 年 2 月 25 日。

5. 蘇建洲《《上博（四）·曹沫之陣》三則補議〉，簡帛研究網，2005 年 3 月 10 日。

6. 蘇建洲〈楚文字考釋四則〉，簡帛研究網，2005 年 3 月 14 日。

7. 蘇建洲〈楚文字雜識〉，簡帛研究網，2005 年 10 月 30 日。

8. 蘇建洲〈上博（五）柬釋（一）〉，武漢大學簡帛網，2006 年 2 月 27 日。

附錄、上古韻部對照表

（陳師新雄卅二部〔註1〕／王力廿九部〔註2〕）

陳師新雄 ə	王　力	陳師新雄 ᵊ	王　力	陳師新雄 a	王　力
之 ə	之 ə	支 ᵊ	支 e	魚 a	魚 ɑ
職 ək	職 ək	錫 ᵊk	錫 ek	鐸 ak	鐸 ɑk
蒸 əŋ	蒸 əŋ	耕 ᵊŋ	耕 eŋ	陽 aŋ	陽 ɑŋ
幽 əu	幽 u	宵 ᵊu	宵 ô	侯 au	侯 o
覺 əuk	覺 uk	藥 ᵊuk	藥 ôk	屋 auk	屋 ok
冬 əuŋ	（冬 uŋ）〔註3〕			東 auŋ	東 oŋ
微 əi	微 əi	脂 ᵊi	脂 ei	歌 ai	歌 ɑi
沒 ət	物 ət	質 ᵊt	質 et	月 at	月 ɑt
諄 ən	文 ən	眞 ᵊn	眞 en	元 an	寒／元 ɑn
緝 əp	緝 əp	怗 ᵊp		盍 ap	葉／盍 ɑp
侵 əm	侵 əm	添 ᵊm		談 am	談 ɑm

（1）幽、覺二部《漢語史稿》中本擬爲〔əu〕、〔əuk〕，後來《詩經韻讀楚辭韻讀》中改爲〔u〕、〔uk〕。

（2）宵、藥二部《漢語史稿》中本擬爲〔au〕、〔auk〕，後來《詩經韻讀楚辭韻讀》中改爲〔ô〕、〔ôk〕。

（3）歌部《漢語史稿》中本擬爲〔a〕，後來《詩經韻讀楚辭韻讀》中改爲〔ɑi〕。

（4）歌部之陽聲韻《漢語史稿》中本稱之爲寒部，後來《詩經韻讀楚辭韻讀》中改爲元部。

（5）談部之入聲韻《漢語史稿》中本稱之爲葉部，後來《詩經韻讀楚辭韻讀》中改爲盍部。

〔註1〕陳師新雄《古音研究》（臺北：五南圖書，2000 年 11 月第 2 刷），頁 435。

〔註2〕王力《漢語史稿》（北京：中華書局，2004 年 3 月第 8 刷），頁 74～77。／王力《詩經韻讀楚辭韻讀》（北京：中國人民大學出版社，2005 年 6 月第 2 刷），頁 9。

〔註3〕王力上古韻部訂爲廿九部，至戰國時代則卅部，即多出了「冬」部，王氏認爲它是從侵部分化出來的。《詩經韻讀楚辭韻讀》（北京：中國人民大學出版社，2005 年 6 月第 2 刷），頁 9～13。